自然权利理论嬗变研究

张晗 著

中国出版集团
东方出版中心

图书在版编目（CIP）数据

自然权利理论嬗变研究 / 张晗著. 一上海：东方
出版中心，2023.5
ISBN 978 - 7 - 5473 - 2191 - 1

Ⅰ. ①自… Ⅱ. ①张… Ⅲ. ①权利—研究 Ⅳ.
①D90

中国国家版本馆 CIP 数据核字（2023）第 088966 号

自然权利理论嬗变研究

著　者　张　晗
策划组稿　张爱民
责任编辑　黄　驰
封面设计　钟　颖

出版发行　东方出版中心有限公司
地　　址　上海市仙霞路 345 号
邮政编码　200336
电　　话　021 - 62417400
印 刷 者　上海盛通时代印刷有限公司

开　　本　710mm×1000mm　1/16
印　　张　13
字　　数　176 千字
版　　次　2023 年 5 月第 1 版
印　　次　2023 年 5 月第 1 次印刷
定　　价　85.00 元

目　录

第一章
自然权利理论历史发展脉络之框架性分析

追本溯源,自然权利理论肇始于西方。第二次世界大战后,随着联合国大会于 1948 年 12 月 10 日通过并颁布《世界人权宣言》,由自然权利概念延伸而出的"人权"一词逐渐在全球范围得到普遍接受。然而关于自然权利的看法,世界各国并未达成统一。比如针对自然权利究竟包含了哪些具体的权利与利益等问题,仍存在诸多解释,并由此在学理上形成了关涉自然权利理论的不同流派。

为正确理解自然权利理论,以下以自然权利理论的纵向历史发展轴为视角,针对西方社会不同历史时段中涌现出的各类自然权利观念及自然权利思想、自然权利理论进行考察,追溯自然权利观的数次嬗变与转型进程,探究自然权利理论不同变迁阶段的内在特征,揭示内蕴其中且延续千年以来一脉相承的自然权利理论沿革与流变中的现实逻辑,以便于我们深刻理解自然权利理论体系的具体内涵与未来发展趋向。

第一节　自然权利理论的历史嬗变

自然权利理论是一个随历史发展而演进的产物。纵观西方社会古代、中世纪、近代以及现当代的历史进程可以看出,基于不同时期、历史传统和文化背景,人们对自然权利概念与内涵会产生不同的理解;即使是处于同一种文化背景中,不同的学者对自然权利问题也存在不同的观点和理论。深入探究各类自然权利理论流派,可以发现它们之间既存在相融的一面,也有相互冲突的一面,因而我们无法对这一如此复杂的研究对象作出简单的概括,更不能对这些不同的观念和理解进行先进或落后、正确或错误、正面或反面之类的简单评判,对于自然权利理论含义的理解与评述需要置于当时的历史视阈中进行。只有将自然权利概念放置于纵向历史发展演变的背景之下方才有助于我们彻底撩开笼罩在自然权利之像上的神秘面纱,还原其本来面目;方才有助于我们对自然权利理论作更为全面的了解,进而探寻自然权利的本质。

大体而言,自然权利是一个来自西方国家的概念。此处谓之"西方"[①],在地理范围上是指西欧以及历史上 18 世纪后的北美。具体而言,在古代,主要是指古希腊和古罗马;在中世纪,主要是指西欧大陆和英国;在近代以来,主要指英、美、法、德等西方发达国家。[②] 自然权利在意识形态上专指资产阶级的自然权利理论。"自然权利观"是指散落于西方社会政治法律制度中所体现出的关涉自然权利的思想和精神以及西方各国法学思想家对于自然权利问题的一系列看法、观点及观念的汇总;"自然权利理论"则是指前述关于自然权利问题的一系列看法、观点、观念中所凝结、提炼出来的针对自然权利问题进行系统阐述与论证的完整的理论体系。任何系统性的理论均是由处于历史长河中的诸多思想家们关涉某一主题的思想、观点以及当时的人们对于该主题星星点点的看法和观念逐渐推动、演进从而成为一套完整理论的,任何思想理论及学术流派的形成均建立在其特定的社会历史条件和思想渊源基础之上,自然权利理论亦是如此。因而在梳理自然权利理论时,须首先关注该理论诞生之前社会上就已经呈现出的点状观念。

同西方文明的渊源并行不悖,西方法的起点应该是古希腊法。[③] 由

---

① "西方"的说法,最早可能源起公元 284 年,罗马帝国沿当时的潘诺尼亚与默西亚、阿非利加与奥里恩斯分裂为"东罗马"(the East Roman)和"西罗马"(the West Roman)这一重大历史事件。参见张乃根:《论西方法的精神》,载《比较法研究》1996 年第 1 期。
② 何勤华主编:《西方法律思想史》(第二版),复旦大学出版社 2009 年版,前言,第 1 页。
③ 张乃根:《论西方法的精神》,载《比较法研究》1996 年第 1 期,第 2 页。

此,从纵向的历史发展来看,西方自然权利观及自然权利理论的形成过程经历了五次历史性嬗变:首先是古希腊古罗马时代出现了自然权利观念的萌芽;其次是中世纪时期孕育出自然权利思想;再次是 17、18 世纪西方近代时期形成了系统的自然权利理论;再其次是自然权利理论的法典化与分支化阶段,一方面体现在自然权利理论的法典化,即 18 世纪末自然权利理论以人权一词为表现形式被陆续写入各国宪法性法律文件中,进一步以法典化形式确认自然权利思想,另一方面自然权利理论还出现了不同的流派与分支;最后是二战后当代自然权利理论的多元化发展。从流变历程可以看出,自然权利理论的形成经历了一个漫长的过程,从自然权利观出现到自然权利概念产生,从自然权利理论的确立到自然权利理论的多元化发展等五个不同的时代阶段。①

一、古代自然权利观的产生

人们对自身权利的思考与探索很早就开始了,自然权利思想与自然权利观念的产生和发展甚至可以向上追溯至西方古代奴隶制社会发展阶段。

古希腊古罗马时期最早产生了古代自然权利观。囿于时代局限性,该时期并未出现明确的自然权利概念,更遑论形成较为成熟系统的自然权利理论,不过从当时社会的传统文化与政治哲学思想中还是可以发现一些自然权利思想的萌芽。它们散见于古希腊、古罗马、中世纪时期西方的智者、思想家、政治家等在政治法律著作里所提出的些许、零星的观点中,散见于古代西方社会政治制度与历次改革举措背后所反映出的自然权利精神中,这些自然权利思想折射出古代西方社会已然存在着朴素的自然权利观,而且是零零星星地以点状样态呈现。

具体而言,古代自然权利观的萌芽体现在以下几个方面。首先,最早在公元前 12 世纪的荷马时代,由于古希腊奴隶制度的残酷性与非合理

---

① 自然权利的历史发展具有持续性与长期性,此处人为地划分为五个时代阶段,并不是说它们之间存在清晰的边界,而是仅仅为了研究的需要,以凸显并厘清自然权利理论发展的历史脉络与内在理路。

性,社会出现了多次大规模的反抗奴隶制度压迫的起义,这促使部分先哲开始思考并进而提出贵族、平民、奴隶等不同阶层的人都应当享有平等和自由的权利,在他们的思想中便蕴含着一定的自然权利思想萌芽。于公元前 5 世纪左右出现的古希腊智者(Sophist)学派对于人本思想作了学理上的阐述。如智者普罗泰戈拉(Protagoras)认为,"人是万物的尺度,是存在的事物存在的尺度,也是不存在的事物不存在的尺度"①,这体现了智者们对"人"自身的强调,主张人生而自由。此外,智者们还对自然权利起源提出了自己的关注。他们将自然万物皆存在的秩序视为理性,他们从人的本性出发,认为人也是理性的产物,每个人的理性要求都是平等的自然权利——权利来自于自然,是生来就有的、不可剥夺的和人人平等的。如果"非法"(非"自然法")限制或剥夺他人的自然权利,就是非正义的,当然要受到正义女神的惩罚。② 这体现了西方社会早期人们对于人类自然权利的探索与思考。

其次,公元前 5 世纪至公元前 4 世纪,古希腊苏格拉底(Socrates)、柏拉图(Plato)、亚里士多德(Aristotle)等哲学家通过对自然法的阐述进一步对自由、平等、正义与权利等概念进行了深化,将自然权利具体化为自由、平等、选举权利、参政权利、私有财产权等。在自然权利的社会实践方面,随着古希腊城邦制度的建立与完善,尤以雅典为例,经过梭伦(Solon,约公元前 638—前 559 年)、克里斯提尼(Cleisthenesis,公元前 6 世纪)、伯里克利(Pericles,约公元前 495—前 429 年)等政治家推行的一系列改革措施,当时的雅典公民享有较多的政治权利与公民权利,拥有较为强烈的人生而自由、人生而平等的朴素的权利意识。

再次,在希腊化时代,古希腊各城邦逐渐衰落,随之出现的伊壁鸠鲁(Epicurus,公元前 341 年至公元前 270 年)学派极为推崇个人主义,并在个人主义的基础之上建立起了快乐主义和功利主义的权利观。这种个人主义权利思想与利益契约观相结合,启蒙了近代自然权利思想的出现。

---

① 北京大学哲学系外国哲学史教研室编译:《古希腊罗马哲学》,生活·读书·新知三联书店 1957 年版,第 29 页。

② 陈驰:"人权思想的哲学基础及其历史解读",载《四川师范大学学报(社会科学版)》2004 年第 6 期,第 36 页。

此后,以芝诺(Zeno,前 336—前 264 年)为代表的斯多葛(Stoics)学派进一步发展了自然法思想,认为自然法具有更大的权威,是条例与习俗的准则。① 关于人的价值方面,该学派认为每个人都是拥有理性的,神赋予每个人以相同的理性,基于此种普遍的人性观,人与人之间都应当是平等的。他们还探讨了人性与自然法之间的关系,加深了人们对自然法具有平等性和普遍性的理解,逐渐形成了在理性的、万能的自然法面前人人平等的思想。

最后,希腊化时代以后,西方历史进入古罗马时期,古罗马思想家西塞罗(Cicero,前 106 年—前 43 年)、塞内卡(Seneca,前 4—65)等人对古希腊时期的自然权利思想继续发扬光大,使这一时期有关自然权利的观念与思想更为系统化与完备化。关于人的权利方面,西塞罗首先在斯多葛学派基础之上系统地提出了理性自然法学说,将理性视为自然法。西塞罗认为在罗马法律之上还存在一种更高地位的自然法则,人们在现实社会关系中拥有在自然法则中本就拥有的自然权利。他充分肯定人性与自然之间的紧密联系,认为"那个支配宇宙的永恒理性的印记"即为自然法,也是"伟大的天神用来支配一切的理性",②自然法等同于正义的理性,它"通过自己的命令鼓励人们履行它们的义务,又通过自己的禁令约束人们不为非作歹"。③ 它赋予每个人的理性都是相同的,因而人们有着共同的理性也即人性,人人平等;这一思想超越了城邦时代不同身份的人之间设立的界限,开始以一种普遍平等的眼光来看待所有的人。西塞罗的理性主义自然法思想是古希腊文明向古罗马文明递嬗的重要一环,他继承了古希腊的理性主义思想传统,并将之与罗马现实社会相结合进行了深入的阐释。④ 此外,在古罗马法律实践中规定有公民权、财产权、人身权、债权等具体权利类型,这些理论与法律实践均大大丰富了古罗马时

---

① 李步云:《论人权的本原》,载《政法论坛》2004 年第 2 期,第 11 页。
② 北大哲学系外国哲学史教研室编译:《十八世纪法国哲学》,商务印书馆 1979 年版,第 427 页。
③ 〔美〕乔治·霍兰·萨拜因:《政治学说史》(上册),盛葵阳、崔妙因译,商务印书馆 1986 年版,第 164 页。
④ 齐延平:《论西塞罗理性主义自然法思想》,载《法学论坛》2005 年第 1 期,第 144 页。

代的自然权利思想。

二、中世纪自然权利观的延续

西罗马帝国灭亡后,西方社会进入黑暗的中世纪时期①,在以神权与王权为核心的专制统治笼罩之下,社会进入了黑暗时代,政治经济发展缓慢,人民处于封建皇权的残酷剥削与基督宗教的精神管制等双重束缚之下,处于被统治地位的人民几乎不能享有任何权利,自我意识缺乏,更遑论自然权利理论的形成。

不过自然权利思想在中世纪时期内仍顽强地以各种不同样态的点状形式存在着,在西方古代自然权利思想及至近代自然权利理论的嬗变过程中起到了承上启下的作用。具体而言,中世纪自然权利观的延续体现在以下几个方面。

首先,基督教主宰着中世纪社会的文化与思想,基督教教义中所倡导的创世平等观以及《圣经》中所提及的公正、正义、权利等概念对人权观发展起到了一定的促进作用。如《圣经》中认为,人是由上帝制造出来的,人的生命来自上帝,每个人的身上都同样体现着上帝创世的目的与神性,在上帝之下,每个人在生命价值与尊严方面都是绝对平等的,"并不分犹太人、希腊人,自主的、为奴的,或男或女",因为"在基督耶稣那里都归于一了"②。这为人人生而平等的观念提供了一个最经典的神学注脚。其次,在政治哲学领域,自然法与神学相结合,产生的神学自然法学说使得自然权利思想于古希腊、古罗马时期产生的萌芽继续根植于中世纪法律思想传统中。在圣·奥古斯丁(Saint Augustinus,354—430 年)、托马斯·阿奎那(Thomas Aquinas,1227—1274 年)等基督教神学家的学说著作如《神学大全》中存在些许探讨自然法、自然权利的思想印迹。如托马斯·阿奎那以自然法思想为核心,型构了基督教的法哲学。他认为,整个宇宙由神、理性、政治权威三重秩序组成,并将法分为永恒法、自然法、神法和

---

① 中世纪时期是指大约起始于公元 476 年西罗马帝国覆灭,终止于 16、17 世纪的文艺复兴开始之前的这段时期,历经千余年。

② [美]乔治·霍兰·萨拜因:《政治学说史》(上册),盛葵阳、崔妙因译,商务印书馆 1986 年版,第 223 页。

人定法。① 最后,中世纪社会的限制王权思想是西方自然权利思想得以孕育的重要社会基础,在这一思想指导下,迫使国王授予封建贵族阶层、教会等一部分权利,从而诞生了自然权利思想史上极为重要的里程碑式法典——1215年《英国大宪章》,它的颁布使得人民也享有一定权利的观念深入人心,尽管囿于时代局限并未成为封建社会的主流思潮,但是它却以其历久弥新的力量再一次将古代西方自然权利萌芽与中世纪自然权利思想紧密联结起来。

三、近代自然权利理论的形成

西方社会进入近代时期以后,随着社会经济的发展,生产力得到提高,科学进步使人类思想受到启蒙,传统封建社会的宗教愚昧思想逐步被打破。新兴资产阶级开始对个人权益、对社会进步与人性解放有所要求,首先体现在对人性的关怀与人的权利的注重方面。从英国资产阶级革命运动到美国独立战争和法国资产阶级革命之前,这一段时期可以说是近代自然权利理论的形成时期。因为该时期内形成了明确的自然权利概念,形成了较为系统的自然权利理论,突出表现为霍布斯、洛克等英国思想家在自然法理论基础上提出的自然权利说、社会契约论,以及孟德斯鸠、卢梭等法国思想家提出的天赋人权说和人民主权论。

具体而言,自然权利思想经过两千余年的酝酿与发展,及至近代社会逐渐成形为一套完整的理论学说,它主要体现在以下几个方面。首先,在近代西方启蒙思想家中,荷兰法学家雨果·格劳秀斯(Hugo Grotius,1583—1645年)首次系统论述了理性自然法,他在《战争与和平法》(1625年)一书中对于人的普遍权利提出了自己的观点,对权利体系作了专章论述,同时首次提出了社会契约论。格劳秀斯创立了古典自然法理论。他摆脱了中世纪神学自然法的桎梏,认为即使没有上帝,自然法仍然存在并指导着世俗社会规则,将古代自然法从神学束缚中解脱出来,发展出了崭新的世俗化自然法,也被称为现代自然法;他还将中世纪文献中曾出现的

---

① 《阿奎那政治著作选》,马清槐译,商务印书馆1963年版,第206页。

"自然权利"一词代入现代的含义,作为现代自然法理论中的核心概念。此后,另一名荷兰思想家巴鲁赫·德·斯宾诺莎(Baruch de Spinoza,1632—1677年)在《神学政治论》(1670年)一书中明确提出"个人的天赋之权",认为人人生来就赋有自由,[①]人人都有天赋之权。

其次,英国哲学家托马斯·霍布斯(Thomas Hobbes,1588—1679年)在其代表作《利维坦》(1651年)中对自然状态作了清晰的描述。1690年,英国政治思想家、古典自然法学派的代表洛克(John Locke,1632—1704年)在《政府论》(1690年)中初步总结了"天赋人权"理论的几个基本观点,将自然权利理论系统化。他在总结前人关于自然法、自然权利学说基础之上批判性地继承了霍布斯的契约论,提出了较为体系化的"天赋人权"论。他认为在自然状态下,一切人的权利都是平等的、相互的:① 人权是天赋的,与生俱来;② 人权是抽象的、超阶级的,人人皆有;③ 人权的基点是个人;④ 人权的主要内容是生命权、健康权、自由权和财产权,而财产权是核心。[②] 如此,自然权利概念与理论及至洛克时期便初步成形,体现为早期近代资产阶级启蒙思想家们所提出的"天赋人权"学说中。天赋人权说建构了一套严密的逻辑推理模型,它假设了一个"自然状态"作为其理论前提,认为人类在原始社会时期是处于一种没有国家、政府,没有法律、权威的"自然状态"下,那时的人类社会行为秩序是受到自然法支配的,每个人都具有理性,均享有自然法赋予他的自然权利,如生命权、自由权、财产权、平等权等。这些自然权利是自然法赋予的,是人与生俱来的,同时也是不可转让、不可剥夺的。毫无疑问,自然权利理论的真正意义并不在于它描绘和论证了自然状态下人类的权利状况,而在于它从所谓人的理性出发,提出了一种崭新的政治观念,从而为宪政国家的产生和公民政治权利的保护提供了哲学基础。[③]

最后,在自然法学说基础之上,近代资产阶级肯定了对人性的推崇。这种人文主义思潮内蕴并形成于西方自然法传统中,它更加强调人的尊

① ［荷］斯宾诺莎:《神学政治论》,温锡增译,商务印书馆1996年版,第223页。
② 沈宗灵主编:《法理学》(第二版),高等教育出版社2004年版,第207页。
③ 周叶中、胡伟:《论古典自然法思想对近现代宪法与宪政的影响》,载《法学家》1997年第6期,第3页。

严和价值,强调个人解放,经由法国思想家孟德斯鸠(C. L. Montesquieu,1689—1755 年)、卢梭(Jean-Jacques Rousseau,1712—1778 年)等人的逐渐完善,生命权、自由权、平等权、财产权等被归纳为人固有的权利体系,至此,有关人天生具有的尊严、权利、自由、公平、正义等思想经霍布斯、洛克、孟德斯鸠、卢梭等自然法学家的论证,形成了较为系统、完整的近代自然权利理论——"天赋人权"学说。天赋人权学说肯定了人的主观作用及社会角色,极大地促进了人类的自我解放,是人类自我认知过程中关键的一步;同时,该学说体系性地阐述了自然权利是每个人与生俱来的权利这一突破性观念之理由,将自然权利理论的着力点放在公民个人身上,强调权利享有主体的普遍性和平等性,并明确了自然权利的具体内涵包括生命权、自由权、平等权和财产权等。因此,天赋人权学说是西方自然权利思想发展过程中的一座里程碑,是自然权利理论形成的标志。

四、现代自然权利理论的法典化与分支化

从以美国《独立宣言》宣布为标志的美国独立革命开始至第二次世界大战,是自然权利理论的法典化与分支化时期。该时期的西方自然权利理论主要体现在以下几个方面。首先,随着资产阶级在政治上取得统治地位,由自然权利演化而来的人权一词开始成为专门化的政治、法律术语,"天赋人权"思想不仅成了系统的理论学说,更是相继在美国和法国以宪法性文件的形式固定下来。自然权利概念通过在 1776 年美国《独立宣言》、1789 年法国《人权与公民权利宣言》(以下简称《人权宣言》)等宪法性文件输出为人权理论。1776 年美国《独立宣言》作为第一个资产阶级人权宣言,首先把"天赋人权"(natural rights)思想写进资产阶级革命的政治纲领,成为人类历史上"第一个人权宣言"。它宣称,人人生而平等,他们都从造物主那边被赋予了某些不可转让的权利(unalienable rights),其中包括生命权、自由权和追求幸福的权利。1789 年法国《人权宣言》作为法国宪法序言,第一次将"天赋人权"写进了国家宪法。它宣布:"在权利方面,人们生来是而且始终是自由平等的。"此后人权思想便一直作为资产阶级民主制度的象征被各国资产阶级统治者相继写入自己的国家宪

法中,如此一来,西方国家以法典形式确立的天赋人权理论被不断加以完善和充实。在学理上,自然权利或者说人权理论也得到了蓬勃发展,在此后的美国民主思想家的著作中被进一步规范化,如美国的托马斯·潘恩(Thomas Paine,1737—1809 年)和托马斯·杰斐逊(Thomas Jefferson,1743—1826 年)等人从理论及制度上进一步规范了"天赋人权"理论。

其次,尽管天赋人权理论在资产阶级向封建社会作斗争直至最终夺取政权的过程中起到了巨大的指引作用,不过随着资本主义政治制度的确立、巩固和资本主义经济的发展,天赋人权理论的局限性开始不断显现出来。19 世纪之后,国家政权已被资产阶级牢固掌握,古典自然法思想虽盛极一时却逐渐进入由盛而衰的阶段。功利主义法学派、分析实证主义法学派分别开始登上历史舞台,他们针对传统的自然法与自然权利学说提出了猛烈的批判。一方面是对自然权利理论的修正,另一方面同时也相应形成了自身独特的人权理论思想。19 世纪上半叶,以英国著名思想家杰里米·边沁(Jeremy Bentham)为代表的学者主张以功利主义为哲学基础的法律分析实证主义来修正天赋人权论,提出了"法律权利"理论。该种理论把抽象性的、自然法意义上的人权引入实证法层面,使人权理论更具有可操作性,这是其积极的一面。不过该种理论也存在不足之处,即它过于讲求法律标准,把人权变成了法律保护下人类追求功利的手段,这种片面性在一定程度上忽视了人权的价值属性,也抹杀了法律的阶级实质,在面对合法前提下的侵犯人权行为时容易出现佐证无力的情况,从而使人权理论丧失其价值功能的发挥。

与此同时,在德国,以康德、黑格尔为代表的唯心主义哲学发展至成熟阶段,从而提出了自己独特的"理性权利"理论。该种理论的构建基于唯心主义思想,无限推崇理性,将理性原则彻底本体化,认为权利来源于每个人的内在理性,权利是理性的产物。

20 世纪后,针对法律分析实证主义人权理论和"理性权利"理论等等这些现代自然权利理论的分支流派所存在的诸种缺陷,"社会权利"理论在美国应运而生。它以实用主义哲学基础为推导前提,该理论的典型代

表是罗斯科·庞德(Roscoe Pound,1870—1964 年)。在其代表作《通过
法律的社会控制》(1942 年)一书中,他阐释了建立在利益论基础上的社
会控制说,也称为社会工程学说。首先该学说视法律为国家进行社会控
制的主要工具和手段,认为法律的目的是"满足人之要求、保障利益和实
施主张或欲求之手段"①。与天赋人权理论所提倡的个人自由主义不同,
庞德的社会权利理论首先注意强调具体人的具体要求,而不是强调抽象
个人和抽象意志②;其次,他从各个方面承认合作并重新强调合作,重视
权利背后的利益、目的、权利背后的要求;最后,该理论认为人权作为法律
的重要组成部分,其作用应当在于承认、确立、实现和保障个人利益与社
会利益,并协调或调和各种关系。该种权利理论的视线从权利本身转向
权利背后的利益,为权利理论研究拓展出新的视野。

五、当代自然权利理论的多元化发展

第二次世界大战结束后至今是当代自然权利理论的发展时期。这一
时期的自然权利理论在深度和广度方面均发生了重大变化。第三世界发
展中国家和广大被压迫民族和人民逐渐成为争取基本人权运动的主体,
自然权利理论开始从西方中心化向全球化、多样化、民族化方向发展。尤
其在第二次世界大战结束以后,学界对自然权利的研究开始从国内范畴
走向国际舞台,产生了国际人权理论,使得人权理论呈现出前所未有的发
展态势。主要体现在以下几个方面:

首先,第二次世界大战结束以降,基于对以往法西斯主义的深刻反
思,人们开始意识到,如果法律没有"正义"的标准,不分善恶,那么就有可
能成为邪恶势力"合法"残害人民的工具。因而必须找寻一种站在法律背
后的、支撑法律正当性的那种永恒的力量,只有符合这种衡量标准的实在
法才具备有效性。人们普遍认为,那种永恒的力量或标准来自于自然法。
如此一来,古典自然法学开始复兴,由于这种新的理论建立在抽象的正义

---

① ［美］罗斯科·庞德:《法理学》(第一卷),邓正来译,中国政法大学出版社 2004 年版,第
555 页。
② ［美］罗斯科·庞德:《通过法律的社会控制》,沈宗灵译,商务印书馆 2010 年版,第 74 页。

论上,又被称为新古典自然权利理论,亦即新自然法人权理论。该理论强调重视尊重人的权利,并试图寻求一种永恒不变的人权保护原则。新自然法人权理论的典型代表有美国著名学者约翰·罗尔斯(John Rawls,1921—2002年),他提出了一种基于"正义"的人权理论;又如富勒(Lon Fuller,1902—1978年)等人都认为,任何一种正义的权利体系都必须对个人自由和自主权予以确认;耶鲁大学教授麦克杜格尔(McDougal)、拉斯韦尔(Lasswell)提出了一种"基于尊严"的人权理论;罗纳德·德沃金(Ronald Dworkin,1931—2013年)提出了一种基于"尊严与关心平等"的人权理论。

其次,新分析法学派在批判自然权利学说的前提下捍卫功利主义人权理论,其典型代表是英国牛津大学教授哈特(Herbert L.Hart,1907—1992年)。他提出了一种独特的"最低限度的自然权利"理论。该理论忠于分析法学的基本立场,继续强调"功利主义为人类选择自由时所提供的一种可靠的制度安排和程序保障"①,却也试图将自然权利与分析法学派加以适度融合,认为生存是人类行为的本来目的,将人类道德上的自由权、平等权这些自然权利视为"其他权利产生的预先假定",将权利纳入实证主义的理论体系。他指出,新的权利理论必须在结合功利主义的基础之上才能确立。②

最后,随着20世纪40年代后期联合国的成立,国际伦理和法理的正义化趋势明显增强,自然法以及自然权利的国际保护理念获得国际社会的广泛认可,由自然权利体系化与法定化而衍生出来的人权问题逐渐由一个国家内部的问题扩展演变成为当代国际社会以及国际交往中的核心问题。关于人权的思想学说及制度实践各式各样、生态纷纭。在国际法领域,已经产生了关于人权国际保护的实在法,如《公民权利和政治权利国际公约》《经济、社会和文化权利国际公约》等,反映出世界范围内人权保护意识正在不断加强。为适应世界大多数国家的实际情况,使国际人

---

① 谌洪果:《法律实证主义的功利主义自由观:从边沁到哈特》,载《法律科学》2006年第4期,第25页。
② [英]哈特:《在功利与权利之间》,载[英]哈特:《法理学与哲学论文集》,支振锋译,法律出版社2005年版,第217页。

权公约能够被各国认同并顺利签署,以自然权利为基础理论而缔结的国际人权公约对传统的建立在自然法道德基础之上的自然权利理论作出了部分修改,这些求同存异的努力使得世界范围内的人权规范体系与人权理论体系初显端倪。当代人权理论普遍认为,国际社会是人类共同生存的家庭,不同民族都拥有平等的权利和义务,各主权国家都有责任重视人的生命权和自由权等基本权利。不仅如此,随着全球化进程的深入,人权也逐渐与消除贫困、禁止酷刑、保护妇女儿童、反恐怖主义、民族独立、环境保护等主题联系起来,世界范围内对人权外延的认同不断扩大。人权问题不仅关乎单独的个体人格尊严的建立与生活品质的提高,而且成为人类社会整体发展方向的热点和焦点。推进人权国际化保护的实践推动着当代西方人权理论朝着国际人权理论面向继续发展。

第二节　自然权利理论的演进特征

从古希腊时期最早出现自然权利观的萌芽,到当代自然权利理论的多元化发展,自然权利观及自然权利理论迄今为止经历了两千余年的发展变迁过程,包含了数个不同的发展阶段。考察自然权利演进的历史进程可以发现,自然权利观及自然权利理论的演进存在以下几个方面的特征。

一、自然权利理论的演进呈现出动态变化性

自然权利观及自然权利理论从其观念的萌发到概念的提出,从对自然权利内涵的探索到完整的理论体系的形成,从自然法的兴起到衰退,直至再次复兴,在这一发展进程中,自然权利理论呈现出动态变化性。

在不同的社会、文化和时空场景之下,自然权利有不同的含义,不同的自然权利观会因自然权利的概念不同而不同。自然权利观是一个非常复杂的问题,人们很难对它作出简单的概括。有观点认为自然权利是天赋的,也有观点认为权利是人赋的;有观点认为自然权利是一种应然性

的、理想性的权利,也有观点认为自然权利应当是落实到具体法律条文中的实实在在的权利;有观点认为由自然权利演变而来的人权仅具有普适性,是适用于人类存在的世界各个国家之中的,也有观点认为人权还具有特殊性,需要根据各国、各地区社会发展程度不同而在适用时强调人权的因地制宜性。有观点认为人权在内容上仅指向公民权利和政治权利,也有观点认为人权范畴内还应当包括并更加注重经济、社会、文化等权利。有观点认为人权是由个人专属的,也有观点认为人权除了个人人权之外还包含集体人权。

自然权利观念的特殊性是由不同国家的社会制度、经济发展水平、宗教文化、个体差异等各方面原因共同形成的。在同一历史时期内存在不同的自然权利观。在不同的历史发展阶段,自然权利观更是呈现动态变化性,主要体现在以下几个方面。

首先,对自然权利性质理解上的变化。自然权利概念最早出现于近代资产阶级革命时期,当时的人们对于自然权利性质的理解,均认为人权是天赋的,是一种应然性的、理想性的权利;进入19世纪后,随着古典自然法学的衰落,产生了新的观点,如认为人权是法定的,人权应当是落实到具体法律条文中的实实在在的权利。当代新自然法学说复兴之后,关于自然权利或者说人权的性质与概念,不同的学者之间也存在不同的定义。其次,自然权利享有主体的变化。早期的自然权利理论中,权利的拥有者被认为只能是个人专属的,且在事实上仅指西方国家的白种人,随着时代的发展,人权的享有主体逐渐扩展至黄种人、黑人等各种族,扩展至妇女、儿童等弱势群体。及至当代,普遍的观点认为人权的主体除了个人人权之外还包含集体人权。再次,权利具体类型的变化。近代自然权利理论中,启蒙思想家们认为自然权利在具体内容上仅指向生命权、自由权、财产权等权利。18世纪末的《美国独立宣言》中将自然权利的内涵扩展至追求幸福的权利。1948年《世界人权宣言》中首次将人权划分为两大类,即一类是公民权利和政治权利,另一类是经济、社会和文化权利。公民权利和政治权利,具体包括生命、自由、人身安全,言论、出版、集会、宗教等自由,法律面前人人平等,以及相对应的一系列程序权利,如选举权、参政权等。经济、社会、文化等权利通常又称为福利权，主要指教育、保健、医疗的个人权利或免于匮乏、免于恐惧的自由，以及思想自由、通讯自由等。最后，自然权利理论依托基础的变化。古希腊古罗马时期的自然权利观中认为人的平等自由权利来源于理性；中世纪时期认为人的权利来源于神的赋予；及至近代资产阶级革命时期，天赋人权观盛行，学者们认为权利来源于自然；而当代自然权利理论中逐步转变了这一观念，认为权利来自人的本性或者说人的尊严。不管怎样，这些不同理论依托的均是人之固有权利的理论外壳，将其剥离出来，不影响其核心内涵，所以当今在许多国家中，都在考虑作为承认人权的根据，已经没有必要再把神或自然法抬出来，而是以"人性"或"人的尊严"等作为人权的根据就足够了。① 此外，人权理论的变化还体现在人权标准的多样化方面、人权保障的道德谴责转向法律救济、人权保障的义务主体逐渐明确、人权流派的增多等各个方面。

二、自然权利理论的演进呈现出时代因应性

自然权利理论是特定历史阶段的产物，它的产生与发展离不开对特定历史阶段的影响，同时也反映出特定时期的价值观念。自然权利理论反映了西方各国当时、当地的经济、政治、文明发展程度，并随着历史的发展而不断发展。自然权利思想早在古希腊斯多葛学派时期就已经初露端倪，被古罗马法学家西塞罗继承总结后，在漫长的中世纪时期其理论的延续与发展几乎停顿了近千年，之后才被学者洛克、卢梭等近代启蒙思想家从旧纸堆里发掘出来，使得该思想重新散发出新的光辉。"天赋人权"理论的出现也是历史发展的产物，反映的是当时的资产阶级的核心利益。

自然权利理论的发展历经曲折，在一次次的进步中也曾存有倒退的情况，如在中世纪时期，其发展就几乎停滞了上千年。在这一总的过程中，自然权利理论发展的总体趋势是不断前进的，从古代奴隶制社会时期将不同人群人为地划分为贵族、平民、奴隶等不同等级的野蛮懵懂，到中

---

① ［日］芦部信喜、高桥和之：《宪法》（第三版），林来梵等译，北京大学出版社 2006 年版，第71 页。

世纪时期被宗教封锁的愚昧无知,再到近代形成一套道德伦理体系的趋于完善。直至进入现代法治社会,人们对自身固有权利的需求仍在持续提升,自我意识在逐步加强,开始不断寻求自我价值的完善与实现。

纵观整个西方文明史,在每个特定阶段所形成的自然权利观都是与其当时特定的社会政治制度、物质经济基础以及不同文化背景紧紧联结在一起的。这些自然权利观并不是从一开始就是完美的,也不是从一开始就体现正义及公平的,它们仅是当时的人们对自然权利思想的粗浅认识。由于该种认识在当时的历史条件下获得了大多数人的认可,而且,该时期的社会环境客观上也提供了使该制度继续向前运行并发展下去的社会认知环境,自然权利理论因之可以不断地汲取人类深入认知的养分蓬勃生长,并在人类文明发展史中不断验证现实、矫正自身,进化、嬗变成今天的这种形态。自然权利从观念的诞生到理论系统的形成,这种人之固有权利或者说人权理论的不断完善化与体系化不仅反映了各国社会政治经济的发展、时代的进步潮流,也反映了各国对世界性文明的认同与传承。

三、自然权利理论的演进呈现出绵延相传性

自然权利理论的形成渊源于人们对古代与中世纪时期权利思想的汲取和改造。文艺复兴时期以来,新兴的资产阶级思想家们不仅从激烈的反封建、反宗教的现实斗争中培养近代自然权利思想,而且亦从古希腊古罗马、中世纪时期已产生的权利思想中找寻近代自然权利思想的养料,并加以借鉴与改造,形成了自己独有的、较为完善的近代自然权利理论。自然权利理论生发于古代自然法思想,其绵延相传性体现在该种思想肇始于古希腊时期斯多葛学派的自然法思想,并被后续精密的古罗马法律所强化,古代自然法思想在漫长的中世纪时期以神学自然法的表现形式继续孕育着自身,直至17、18世纪近代资产阶级启蒙运动中,褪去了神学的外衣,诞生了正式的自然权利理论,即系统完整的天赋人权理论,推崇人之天赋的自然权利。历经19世纪短暂的低潮之后,自然权利理论在20世纪尤其是后半期再一次以第二次世界大战后新自然法的复兴为契机重

新焕发出活力,不仅以新自然权利理论的样态继续发展,而且进入当代社
会国际舞台,扩展了人权的国际保护,由此,自然权利理论随着历史的发
展愈加进步,形成了自己独特的、具有较大广度和深度以及厚重社会包容
度的当代自然权利理论,并继续呈现出一种多元化发展的型态。尽管目
前各国仍然存在诸多对人权的不同看法,但是人权理论在形成和发展中
仍然存在大量共性特征,这些共性使得人权思想被拢合、聚集在一起,糅
合并发展成为一套涵盖人权内涵与外延、人权思想、人权法律制度等各方
面完整的人权理论,并且其中的共性部分仍在不断扩张与充实、完善着。

　　对自然权利的理解,应当既看到其与自然法一脉相承的一面,同时也
应看到其与人权理论的承继性。各种关涉自然权利的理论虽具有不同的
侧重点,但更重要的是它们之间依然存在大量的共性。由此我们可以看
出,自然权利理论的沿革呈现出一定的承继性,其中存在一条核心主轴,
在这条公认的核心主轴之外,自然权利理论在当代也在继续不断作外扩
形发展,在各国衍生出不同的人权理论。在自然权利理论的发展过程中,
一种内蕴于其中的逻辑一致性似主轴般指导着这一变迁过程,使得这一
过程呈现出一脉相承的特性。自然权利观及自然权利理论发展的一脉相
承性体现在其建立在道德伦理之上,以自然法学说为核心,将人权视为一
种自然权利,也称道德权利,如米尔恩所言"最低限度的普遍道德权
利"[1]。因而梳理自然权利理论的历史发展,辨别自然权利理论发展的一
脉相承性对于我们了解当代国际人权问题可以起到十分重要的作用。

第三节　自然权利理论的现实逻辑

　　自然权利的演进呈现出的多样性好似一把万花筒,折射出不同的时
代色彩,同时也提示人们需要进一步揭示出一种必要性,即在当时特定的
时代背景下所形成的不同自然权利观之间究竟是否存在生发学上的一致

---

[1]　[英]A.J.M·米尔恩:《人的权利与人的多样性——人权哲学》,夏勇、张志铭译,中国大百
　　科全书出版社1995年版,第153页。

性与内在逻辑性。"现实是本质与实存或内与外所直接形成的统一。"①
现实逻辑体现的是事物发展运行的本质规律与内在逻辑。自然权利理论
的现实逻辑,不仅包含古代自然权利观演进为当代自然权利理论这一过
程中的内在逻辑,而且包括自然权利理论内部不同流派相互之间异同的
内在逻辑。

一、自然法学说构筑了自然权利理论的逻辑基础

毋庸置疑,近代自然权利理论与古典自然法理论之间存在逻辑关联
性。从传统的思想文化来看,近代自然权利理论的产生主要受古典自然
法理论、人文主义思想以及西欧宗教改革思想的影响,其中,前两者的影
响更大一些。对近代自然权利理论由此产生之逻辑基础的挖掘,有助于
厘清近代自然权利理论与古希腊时期古代自然法思想之间的内在逻辑关
系,以从纵深层面系统地梳理和归纳自然权利观及自然权利理论的纵向
历史发展脉络。自然权利观及自然权利理论两千余年的发展进程尽管其
中有诸多变化,但总体而言呈现出一种承继性,这使得自然权利理论体系
内部存在一套完善及自洽的逻辑结构:其中以自然法为至上,亦即存在
一个最具权威性的"自然",自然赋予人理性,自然赋予人法律,自然也赋
予每个个体的人以某些固有权利,由此个人的权利便具有普遍性。在现
实社会中,与自然法相对,存在一个实在法,人固有之权利并不依赖于实
在法而存在。

自然法学说的发展共分为三个阶段:第一阶段启于公元前 5 世纪古
希腊思想家提出"自然法",至欧洲中世纪时期发展为等同于上帝法的内
涵,这一阶段的自然法被称为古代自然法思想传统;第二阶段从欧洲中世
纪后期到 19 世纪资产阶级革命胜利结束,这一阶段的自然法高举"自然
权利"的旗帜,积极投入资产阶级推翻封建统治的革命洪流中,被称为古
典自然法理论;第三阶段自 20 世纪初重新复兴起,尤其是第二次世界大
战后至今,为了与之前的自然法理论相区别,这一阶段的自然法被称为新

---

① 〔德〕黑格尔:《小逻辑》,贺麟译,商务印书馆 1980 年版,第 295 页。

自然法理论。

公元前 5 世纪,在自然法观念的影响下,早在古希腊、古罗马时期便出现并形成了人人生而平等的思想。古代自然法诞生于古希腊时期,其核心内容以斯多葛学派的理论为基础。它认为自然界的一切发展和变化都是有规律的、是符合理性的。带有理性的自然高居于实在的社会之上。世界万物均由神所创造和主宰,这一原理引申至社会发展的规律中,可以得出人的本性也是整个自然的其中一部分,人们需要遵循自然法则生活,受自然法的支配。自然法代表了自然中的正义规则,无论每个人的出身、社会地位如何不同,人人都具有平等的自然所赋予的理性,因而自然法具有普遍适用性。事实上,斯多葛学派所提出的诸种观点只是自然权利思想的萌芽,还不是系统的自然权利理论,其内容强调更多的是人对法律的服从和对权利的内心感受,而不是对自然权利的系统、全面的主观体认以及由此衍生出来的制度性保护。

古罗马时期的思想家们进一步发展了斯多葛学派所提出的自然权利思想,为近代自然权利理论的诞生提供了更为直接的思想素材。诸如,古罗马哲学家西塞罗也肯定自然法的普遍适用性。他指出,自然法源自神,是人们日常生活一切行为的标准和指南。这一时期的自然法尽管带有一定程度的神学色彩,不过它对人之固有权利的重视为之后近代自然法的阐述奠定了重要的思想基础。至中世纪时期,基督宗教教义中上帝造人、创世平等观的阐释也加深了对人人平等观念的理解。此后文艺复兴运动使得古代希腊、罗马文化得以被继承和发扬,随之而起的宗教改革使人们被禁锢的思想得到解放。

启蒙运动中,自然权利学说得到基本建立与光大,罗马法精神复兴,正义与人的权利紧紧连在一起。近代理性主义自然法,又称为古典自然法,它建立在古代自然法与中世纪自然法理论自身发展演变的基础之上,吸收了其中的理性主义思想精华,摒弃了古代自然法中朴素直观的自然主义理念与中世纪自然法中虚无蒙昧的神学主义理念,演变成了一种概念清晰、推理严密、结构完善、特征明显的自然法理论体系。近代自然法的产生推动了资产阶级反封建斗争运动,启蒙了人们的思想,具有较大信服力,被实践证明是反封建斗争的有力思想武器。近代洛克等思想家提出的天赋人权理论将自然权利理论系统化、定型化。自然法学说的主要功能体现为使人之固有权利来源诉诸为权威的"自然"与理性,为自然权利理论提供了坚实的逻辑基础。由此,以自然法为内核发散出人人在本性上是自由的,每个人都享有自由的权利,人都拥有理性因而是平等的,人是有尊严的等价值理念,构成了当代自然权利理论的基本组成部分。

二、对人的尊严的推崇是自然权利理论的主导价值

西方社会进入近代时期以后,随着社会经济的发展,新兴资产阶级开始对社会进步与人性解放、个人权益有所要求,首先便体现在对人性的关怀方面。人文主义(humanism)肯定并推崇人的尊严与人的伟大,提倡个性解放和个人幸福,以人为本位。人文主义思潮主要涉及以下三个方面的内容:第一,以人性论反对神权论,认为人不是神的奴仆,人有理性和智慧,可以创造一切,这就把人从神的统治下解放出来,使人开始从上帝的身影下走出来;第二,用个性解放反对禁欲主义,认为现世的幸福高于一切,人生的目的在于追求个人自由和个人幸福;第三,用理性反对教会的蒙昧主义,人文主义追求科学知识,探索自然,认为"知识就是力量"。①

人文主义思想萌芽于古代希腊,形成于文艺复兴时期,它是近代自然权利或者说天赋人权理论的重要思想渊源。与此前欧洲盛行的"上帝中心论"相比,人文主义思想否定了"神"对于社会生活的统治作用,"上帝"并不是世界运行的最高指挥者,亦不是万能的;它着重于从实体的个人出发,强调世俗的个人在社会秩序中的核心作用,世界的本质仅在于人本身,只有人才是世界的核心,因此它认为要用人对抗神,用"人道"代替"神道"。人文主义思想提倡个性解放,肯定和尊重人的价值、提高人的地位、维护人的尊严、发展人的个性,使人从封建桎梏中解放出来,使人过人的生活,而不像奥古斯丁等经院哲学家们所说的那样,听命于上帝的安排。上述观念把个人从上帝的安排中脱离出来,这对于人获得解放和个性自

---

① 张定河、白雪峰:《西方政治制度史》,山东人民出版社 2003 年版,第 346 页。

由起到了积极作用。人文主义代表了自文艺复兴以来西方最普遍、最主要的人文理想,强调人的尊贵,认为人在上帝的所有创造物中是仅仅次于天使的卓越之辈,对人类的高贵、价值和发展前景持有坚定的信念。① 人文主义理念中对自由、平等的追求其结果就是确立了人至高的地位,人是世界运行的目的而非手段的新理念在这时合乎逻辑地形成了,该理念成为西方文明的重要标志;人的自由和权利是人之为人最起码应当享有的,该理念成为近代启蒙思想家们提出"天赋人权"理论的思想源泉。对人的尊严、人的价值的肯定为自然权利学说奠定了伦理基础,是自然权利观及自然权利理论的主导价值。

人本主义思想与权利主义相结合于法典中,便奠定了近代资产阶级启蒙运动之后自然权利理论的形成基础。被马克思称为"第一个人权宣言"的美国《独立宣言》就明确宣布:"人人生而平等,他们从他们的造物主那里被赋予了某些不可转让的权利,其中包括生命权、自由权和追求幸福的权利。"为了保障这些权利,人们才建立政府;政府的权力来自被统治者的同意,任何政府一旦损害这些权利,人民就有权改变或废除它,建立新的政府。法国的《人权和公民权宣言》也沿承并强调了同样的人权观念。"天赋人权"观念便从在"自然"面前人人平等形式化为在"法律"面前人人平等。

三、权利理论的演进是自然权利理论的内在轴心

自然权利理论的构建以权利理论的形成为前提。权利理论的演进是自然权利观及自然权利理论发展的内在轴心。权利概念自身就是从古希腊时期人们对"自然"这一概念的理解产生演化而来的,即遵循着一段"自然"(理性)—"自然法"—"自然权利"—"人权"的发展过程。这一思想的演进过程伴随了西方从古代至近代共两千余年的整个历史阶段。在"国家"这一机器组织形成之前,人类社会处于一种"自然状态"中,它是一种初级样态的社会,人与人之间处于原始的自我生存保护的关系。"国家"

① 〔美〕菲利普·李·拉尔夫等:《世界文明史》(上),赵丰等译,商务印书馆1998年版,第811—812页。

机器下的制度生成以后,人们在"自然理性"状态下生活,遵循"自然法"的规定,从而形成"自然状态、自然理性、自然法"这一理论框架。历史唯物主义的权利发展观是自然权利概念、自然权利理论产生的社会条件与社会基础。所有制、阶级关系的变化、经济生产方式的变化、社会关系的变化增进权利发展,经济发展又使得社会发展,人们对应当拥有的权利也产生了新的看法和观念,相应的理论也会有所完善。

古希腊时期以来,从自然法(理性)到自然权利再到人权,权利概念的演进是一个漫长而又复杂的历程。首先,自然权利实际上植根于传统的自然法之中,并不是现代性的独创。关于自然权利观念的具体产生时间,论战长达五百年。从 17 世纪的霍布斯一直上溯到格劳秀斯,都曾被认定是自然权利的始作俑者,但如美国教会法学家布赖恩·蒂尔尼(Brian Tierney)所指出的,如今最为广泛接受的观点是,主观自然权利(subjective rights)最先形成于中世纪晚期。① 按照蒂尔尼的研究,在 12 世纪以来的晚期中世纪的教会法学家文本中,ius 这个概念至少包含三层含义:① 客观的、正当的或理性的秩序;② 作为道德的或法律的戒律;③ 主体意义上的个体权利。② 从古典的自然法到现代的自然权利,最关键的转换就是:ius 的第一层与第二层含义在重要性上逐渐让位于第三层含义。③ 其次,自然权利转化为法律权利是在欧洲启蒙运动时期。随着"天赋人权"论的提出,单薄的自然权利概念被启蒙思想家们一步步升华为系统性的自然权利理论,该理论建立在抽象的人性论基础之上。如霍布斯、洛克、卢梭等人都认为,人人生而自由、平等,即在"自然状态"下,除了在年龄、体力和健康上的差别之外,人们绝无"某些人享有损害他人的各种特权"的不平等。但是当私有制的出现造成了人们经济与政治地位的差异后,人也随之而失去了平等的权利。因此,人们有理由用暴力要回自己所应有的平等权利。卢梭在《社会契约论》一书中指出,真正的国

---

① Brian Tierney, "The Idea of Natural Rights-Origins and Persistence," *Northwestern Journal of International Human Rights*, vol.2(Spring 2004), pp.3 - 4.

② Brian Tierney, "The Idea of Natural Rights: Studies on Natural Rights," *Natural Law and Church Law 1150 - 1625*, Atlanta: Emory University Scholars Press, 1997, p.7.

③ 周濂:《后形而上学视阈下的西方权利理论》,载《中国社会科学》2012 年第 6 期,第 49 页。

家,应当按照"公意"来组成。所谓"公意"即是个别意志互相抵消后剩下的共同意志。如此一来,自然权利通过"社会契约"便合法化为"真正的权利"。随着自然权利转换为法律权利,人的平等才获得了法律意义上的普遍形式。法律的平等在很大程度上弥补了自然所造成的人与人之间在身体与智能上的差异。在卢梭看来,自然权利既是法律的目的和最高的立法原则,同时也是法律的结果,要受到保护。自然权利在国家和法律中同时表现为"政治权利"和"公民权利",从而使人权概念的含义进一步普遍化了,权利超越了个人的范围,具有了集体的、民族的、社会的和国家的特征。① 最后,法律权利被进一步抽象为"人权"一词,分析从人权词源来看,人权的英文表达是 human rights,它正式出现于 1945 年《联合国宪章》中,在此之前人们通常使用的是 rights of man(人的固有权利)或者 natural rights②(自然权利),英语词源的变化也充分说明自然权利的演进过程。

　　总体观之,自然权利理论作为世界人权理论学说的滥觞之地,为当代社会人权理论的形成提供了积极的养分,其中有不少是人类思想认识的精华。首先,自然权利观及自然权利理论注重从权利本原角度探讨人权的产生、内容、发展,也注重从多个相联学科视角对人权进行探讨,这些都对世界人权理论的形成、完善与系统化起着重要作用。其次,自然权利理论中尤以"天赋人权"理论为闪亮点,天赋人权理论适应了资产阶级反对封建专制、推翻封建奴役制度的需要,在反神权和反封建专制、特权的斗争中所向披靡,具有一定的历史进步性。再次,自然权利理论起源于西方社会,它是世界人权理论的重要组成部分。自然权利理论的确立与其在第二次世界大战之后再度复兴,使得人权思想在世界范围内被加以推崇,

---

① 盛晓明、吴畏:《人权观念的历史发展与内在逻辑》,载《浙江大学学报》1993 年第 2 期,第 40 页。

② natural rights 直译是为"自然权利",但是其中文表述大多为"天赋人权",据考证,natural rights 最初被翻译为"天赋人权"是在 1875 年,在日本学者加藤弘之(1836—1916 年)所著的《国体新论》中首次出现这样的表述。20 世纪初,该词引入中国时,便也都翻译为"天赋人权"了。何兆武先生对 natural rights 所对应的"自然权利"与"天赋人权"这两种译法进行过探讨(见何兆武:《天赋人权与人赋人权》,载《读书》1994 年第 8 期)。对 natural rights 中文翻译的追溯也可以看出,人权概念来自自然权利。

为构建一种公平的、正义的社会秩序奠定了理论基础。第二次世界大战结束后，全世界人民对法西斯暴行的忿恨以及对民主与世界和平的强烈要求，有力地推动了自然权利学说继 17、18 世纪之后的再次兴起。《联合国宪章》第一条中关于增进人权是联合国宗旨之一的规定，以及 1948 年《世界人权宣言》的通过，都体现了战后全世界人民对民主与和平要求的高涨。在人权理论的内容方面，重心已从自由权向平等权倾斜。实践中，尊重和保障人权写入各国宪法中，并且推动着人权理论的实践和发展。自然权利理论的发展在客观上推动了世界人权理论与实践的发展。这不仅体现了文明社会的人文关怀，而且促进了社会的进步，是世界文明之瑰宝。

第二章
古代自然权利观之产生

    西方自然权利观及自然权利理论的发展可以按照时间顺序划分为几个阶段,其中第一个阶段乃是古代时期的自然权利观。此处西方古代时期特指处于奴隶社会制度中的古希腊、古罗马时期①。"希腊人不仅奠定了一切后来的西方思想体系的基础,而且几乎提出和提供了两千年来欧洲文明所探究的所有问题和答案。"②

第一节　古希腊时期的自然权利观

    公元前 8 世纪至公元前 4 世纪是古希腊发展最为繁盛的时期,亦称为古典希腊时期。公元前 323 年,马其顿国王亚历山大去世,希腊进入希腊化时代。公元前 146 年,希腊被罗马所灭亡,沦为罗马的一个行省。本书所研究的"古希腊时期"是指涵盖自公元前 8 世纪至公元前 2 世纪的一段时期,前后共持续 600 余年。公元前 8 世纪至公元前 6 世

---

① 在西方文明中,古希腊、古罗马不仅是地理性概念,而且更多的是文明性、历史性概念。就地域范围而言,古希腊包括希腊半岛、爱琴海和爱奥尼亚海上的群岛和岛屿、土耳其西南沿岸、意大利西部和西西里岛东部沿岸地区。

② 〔美〕梯利:《西方哲学史》,葛力译,商务印书馆 1995 年版,第 7 页。

纪,古希腊城邦制①逐渐形成,各城邦之间、古希腊与附近其他各国之间的贸易往来大大促进了希腊的经济发展。同时古希腊各城邦中实行的是公民政治,公民享有一定政治权利,尤以雅典城邦的民主制为例。在雅典,诞生了由全体男性公民组成的公民大会,行使选举权等举措,促使古希腊在政治文化方面也不断朝着民主化、自由化方向发展。古希腊时期这些朴素的自然权利观可以视为古代西方自然权利理论的萌芽,正是在对古代自然权利观不断充实、不断完善的基础上,经过了时间的沉淀和历史的变革,才能够产生近代完整意义上的自然权利理论。从思想渊源上来看,17—18 世纪西方启蒙思想家们所提出的自然权利理论、自然权利学说并不是凭空出现的,而是从古代、中世纪有关自然权利思想的萌芽中演变而来的。例如,自然权利理论的核心观念"人的平等""人的价值""人的权利"等观念,均在西方古代时期的思想家论著研究中有所涉及,在当时的社会制度中亦有所体现。

一、古希腊诸多思想家表达出的自然权利思想

公元前 8 世纪之后,此时的古希腊已形成了奴隶制,奴隶和农民占据人口的大多数,他们并没有公民权利。时代局限性使古希腊时期并未出现系统、完整的自然权利理论。不过在这一时期涌现出了诸多著名政治家、思想家,为奴隶、平民的利益呐喊,反对奴役和压迫,呼唤人的尊严和权利,他们所主张的政治法律思想流露出他们对个体人性、人自身价值的关注,从追求自然权利到追求公民权利,斗争矛头直接指向统治者阶级。从这些思想里最早孕育出了朴素的古代西方自然权利思想及观念,这些有关自然权利的思想或观念便形成一种朴素的自然权利观。古希腊的思想家们大多同时也是政治学家、法学家,依据他们对法律、人性以及公民权利的不同表达,可以将其分为不同的流派。这些自然权利思想的共同

---

① 城邦是指古希腊的一种国家形态,典型的城邦通常以某一个城市或城堡为中心,逐渐联合附近数公里的周边村社构成。山、河、海洋是它与其他城邦相分隔的主要界线。希腊文中叫作波里斯(Polis),英文译为 city-state,中文常常将其译成"城邦"。城邦的基础是公民,公民又是城邦的主体。参见杨共乐:《古代希腊城邦特征探析》,载《北京师范大学学报》(社会科学版)2008 年第 6 期,第 67 页。

点都是呼唤人性、推崇公民权利尤其是平等权。具体而言,古希腊时期的自然权利观体现在以下几个方面:

（一）古希腊智者学派的自然权利思想

公元前 5 世纪,以普罗泰戈拉为代表的智者学派,首次提出了自然法的概念,主张自然法思想,强调自然法就是正义,它高于作为人为法的城邦法。公元前 5 世纪中叶,随着希腊社会政治经济情况日渐复杂,智者们从对物质世界的关注转移至对人以及有关人的各种问题上来。如普罗泰戈拉认为,"人是万物的尺度,是存在的事物存在的尺度,也是不存在的事物不存在的尺度",[①]即人是世间一切事物和真理的基础,一切事物皆因人的不同需要而异,这体现了智者们对"人"自身的强调,表达了一种朴素的人本主义思想,这一观念使得当时的社会逐渐开始对平民,甚至包括对奴隶的权益加以重视,要求真正实现人与人之间、阶层与阶层之间的平等,主张人生而自由。此外,普罗泰戈拉还强调人的政治平等权。

智者安提丰（Antiphon,前 426—前 373 年）也是在自然法观念上提出人生而平等的,否认希腊人与野蛮人之间存在任何"天然的差别"[②],认为"根据自然,我们大家在各方面都是平等的,并且无论是蛮族人,还是希腊人,都是如此。在这里,应当适当地注意,所有人的自然需求都是一样的"。[③] 从而将人与普遍性相联系,倡导普遍平等,赋予"自然"以规范的含义。安氏还明确主张自然法具有普遍性和稳定性,是公正的最高规范,它高于人定法,并处在一个折中的位置。他指出,"法律的规定是任意的（人为的）,而自然的指示则是必然的。此外,法律的规定是人们约定的结果,并非产生于自身（自然的产物）;而自然的指示则与生俱来（源于自身）,并非人们之间约定的产物"。[④] 以人在本性上都是平等的为基础,他

---

① 北京大学哲学系外国哲学史教研室编译:《古希腊罗马哲学》,生活・读书・新知三联书店 1957 年版,第 29 页。
② ［美］乔治・霍兰・萨拜因:《政治学说史》（上册）,盛葵阳、崔妙因译,商务印书馆 1986 年版,第 54 页。
③ ［苏联］涅尔谢相茨:《古希腊政治学说》,蔡拓译,商务印书馆 1991 年版,第 105 页。
④ 同上。

将法律明确地划分为自然法(自然规律)和制定法(城邦法),并明确自然法高于制定法,因为自然正义高于法律正义。关于人的自由方面,智者阿尔西达马强调,"神使人人自由;自然也不曾使任何一个人成为奴隶"。[①]人们的"自然禀赋在一切点上都一律平等"。[②]总之,智者学派认为人们基于自然法则天生地就拥有自由、平等的权利,他们关于自然法、人生而自由、生而平等的这些论述中反映出古希腊时期学者们有关人的自然权利的思考和想法,是古代自然权利思想初露的端倪。

在古希腊,尽管城邦众多且各城邦之间相互独立,但是它们对于公民权一致高度推崇。哲学家德谟克利特认为:"在一种民主制中受穷也比在专制统治下享受富裕要好。"[③]柏拉图和亚里士多德在其关于国家与人的学说中看法较为一致,他们都十分强调个人对社会、对国家的责任,以及个体与集体的辩证关系。智者派将人性与普遍性联结起来,强调权利主体的普遍性,如同伯里克利《在阵亡将士国葬典礼上的演说》悼念在伯罗奔尼撒战争中死去的雅典人时所述说:"我们的制度之所以被称为民主政治,是因为政权是掌握在全体公民手中,而不是在少数人手中……任何人,只要他能够对国家有所贡献,绝对不会因为贫穷而在政治上湮没无闻。"[④]

(二)古希腊三贤的自然权利思想

公元前5世纪至公元前4世纪上半叶,希腊社会经济文明高度发达,人文哲学思想高度文明,主要体现在古希腊三贤,即苏格拉底、柏拉图与亚里士多德的著述之中。他们的自然权利思想既赋有传承性,又具有各自不同的特征。

(1)苏格拉底(Socrates,前469—前399年)的自然权利思想。苏格拉底继承了智者的思想,也将法划分为自然法和人定法,认为作为神的意

---

① [美]乔治·萨拜因:《政治学说史:城邦与世界社会》,邓正来译,上海人民出版社2015年版,第79页。
② 周辅成编:《西方伦理学名著选辑》(上卷),商务印书馆1964年版,第33页。
③ 朱德生、李真:《简明西方哲学史》,人民出版社1979年版,第54页。
④ [古希腊]修昔底德:《伯罗奔尼撒战争史》,谢德风译,商务印书馆1978年版,第130页。

志的自然法要高于作为国家政权颁布之法律的人定法,强调自然法更为重要。① 不过相比前述智者学派对广大民众的重视,苏格拉底则属于保守派,认为要对平民的个人行为给予国家层面上的指导。苏格拉底还是最早提出国家与其成员即公民之间的关系是契约关系的思想,② 这种思想称为权利契约论,即以契约论解释国家法律和权利义务的观点。他认为,每个人都有自由意志,个人的权利义务均源自他与国家以及象征国家权力的法律所签订的契约。这体现了他强烈的个人自由主义理念。

苏格拉底对什么是正义提出了自己的看法,他认为法律是全体公民协商一致制定的协议,因而法律是正义的表现,"守法就是正义"③。苏格拉底还将道德与真理相联系,把正义纳入社会伦理范畴予以研究,他坚信正义是一种客观的知识。苏格拉底提出了富有见地的平等观,认为平等分为"几何平等"与"算术平等"。"几何平等"是指政治正义,无论在诸神之间,还是在人与人之间,都是平等的。他最重要的贡献是唤醒了人类的理性和权利意识。苏格拉底率先以人能认识自己并知晓自己有灵魂来证明人有精神的价值。

(2) 柏拉图(Plato,前 427—前 347 年)的自然权利思想。柏拉图在其代表性著作《理想国》(*The Republic*,又译为《国家篇》《共和国》)中集中探讨了正义问题,他以对话体的方式通过分析城邦、国家的正义,专门阐述了其关于正义和公正的理论,即给每个人以公平对待。他认为,建立国家的目标"并不是为了某一个阶级的单独突出的幸福,而是为了全体公民的最大幸福"。④ 不仅如此,他还提出了系统的正义观,认为法律是维护正义的手段,只有当统治者在制定法律时考虑的是被统治者的利益,符合全体社会成员利益,才是正义观之体现。这种正义观是政治体制和各种具体法律的内在生命。⑤ 他认为人类天生就存在不同的社会分工,每个人都需要从事适合自己禀赋的职业,在此基础上,他按照不同的分工将

---

① [古希腊]色诺芬:《回忆苏格拉底》,吴永泉译,商务印书馆 1984 年版,第 15—16 页。
② [苏联]涅尔谢相茨:《古希腊政治学说》,蔡拓译,商务印书馆 1991 年版,第 122 页。
③ [古希腊]色诺芬:《回忆苏格拉底》,吴永泉译,商务印书馆 1984 年版,第 164 页。
④ [古希腊]柏拉图:《理想国》,郭斌和、张竹明译,商务印书馆 1986 年版,第 133 页。
⑤ 何勤华主编:《西方法律思想史》(第二版),复旦大学出版社 2009 年版,第 6 页。

人们分为护国者、哲学家、士兵和劳动者四个等级,甚至认为不同等级的人是由金银铜等不同的元素构成的。① 由于柏拉图所处时代以及所处阶级的局限性,他所论及的平等正义观仅限于贵族之间,他论述的目标是要实现一个既能维持贵族特权、又可为被统治的平民能接受的社会管制模式。尽管这是一种明显的不平等的自然正义观,宣扬的其实是天赋特权,但是柏拉图在论述中所提出的正义理论本身带有一定的进步性。

此外,柏拉图晚年时首次提出了系统的法律思想,专门书写了《法律篇》(The Laws)以阐述他对于法律和国家制度等问题的看法。他认为理性是正义的基础。他在《法律篇》中重释了自然法的规范特征,将"自然"(physis)概念推至整个宇宙。柏拉图认为人生来就是不平等的,因此,社会分工的不同是一种自然的存在,而法律正是维护这种社会分工和社会秩序的手段。②

(3) 亚里士多德(Aristotle,前 384—前 322 年)的自然权利思想。亚里士多德继承了柏拉图《理想国》《法律篇》中的思想,亦论及城邦的正义问题。当时的希腊社会人民相信自然、本体的东西,他们认为只有自然才能体现真实性,自然反映着人之本性,符合人的本性才能说是符合自然性质的,才能说是正义的东西,同理推而广之,符合人的本性的政治组织生活才能说是符合正义的,才是具备道德性的。亚里士多德由此推导出城邦(国家)等政治活动同样需要符合人的本性,符合自然法则。例如,他在其代表著作《政治学》中写道:"城邦出于自然的演化,而人类自然是趋向于城邦生活的动物(人类在本性上,也正是一个政治动物)。凡人由于本性或由于偶然而不归属于任何城邦的,他如果不是一个鄙夫,那就是一位超人。"③"这里所谓'自然'指的是某物或某类物的特征、外观和活动方式。同时也指某物或某类物不是由神或人创造的。"④亚里士多德认为自

① [古希腊] 柏拉图:《理想国》,郭斌和、张竹明译,商务印书馆1986年版,第128页。
② [古希腊] 柏拉图:《柏拉图全集》,王晓朝译,人民出版社2002年版,第375页。
③ [古希腊] 亚里士多德:《政治学》,吴寿彭译,商务印书馆1997年版,第7页。
④ [美]列奥·施特劳斯、约瑟夫·克罗波西主编:《政治哲学史》(上),李天然等译,河北人民出版社1993年版,第2页。

然不造无用之物,"每一自然事物生长的目的就在显明其本性"。① 亚里士多德还首次提出"人是天生的政治动物"理念,这一观念包含了明确的自然人性思想和潜在的自然人观念,为后来个人主义的形成提供了前提理念。

亚里士多德在考察当时希腊多个城邦制度后,认为城邦事务由城邦共同体成员,即公民②来共同决定。公民参与城邦公共事务管理,同时也享受政治权利。公民身份的确定、公民的本质就在于享有政治权利,他对公民的定义,即"凡有权参加议事和审判职能的人,我们就可说他是那一城邦的公民"。③ 公民是城邦政治的主体。城邦是公民的依靠和归宿,公民的命运与城邦的命运紧密联系在一起,离开城邦,人便会失去公民这种身份,失去公民所享有的一切政治权利,因而每个公民都需要献身于城邦整体来实现自己的个人价值。相应地,公民也要积极参与城邦政治活动,发生战争时公民必须随时准备奋起保卫城邦等等,这些不仅是公民的权利、公民的荣誉同时也是公民的当然义务。"由于全体公民都天赋有平等的地位","依据公正的原则……也应该让全体公民大家参与政治"。④ 亚里士多德认为,城邦是自由人的联合体。"城邦以正义为原则。由正义衍生的礼法,可凭以判断(人间的)是非曲直,正义恰正是树立社会秩序的基础。"⑤

对于公正的理解方面,亚里士多德将公正进一步作了明确的界分,他继承了苏格拉底的平等观,认为自然的公正规则是先天的、普遍的。亚里士多德在其名著《尼各马可伦理学》中将公正划分为两种形式,即自然的公正与约定的公正。"自然的公正对任何人都有效力,不论人们承认或不承认",⑥比如,火在希腊和波斯都是以同样的方式燃烧的。而约定的公正都是为具体的事情,如"法令的颁布"⑦、赎金的约定等。亚氏从自然的公正概念中推导出自然法,将自然法视为人类理性的体现,认为自然法不仅是人们

---

① [古希腊] 亚里士多德:《政治学》,吴寿彭译,商务印书馆 1997 年版,第 7 页。
② 在希腊文里,"公民"(Polites)一词本身就源自 Polis,意为"属于城邦的人"。
③ [古希腊] 亚里士多德:《政治学》,吴寿彭译,商务印书馆 1997 年版,第 113 页。
④ 同上书,第 46 页。
⑤ 同上书,第 9 页。
⑥ [古希腊] 亚里士多德:《尼各马可伦理学》,廖申白译注,商务印书馆 2003 年版,第 149 页。
⑦ 同上。

行为时的道德标准,而且是国家制定法的依据,位于制定法之上。

亚里士多德沿袭了柏拉图关于平等的分类,认为平等的概念包括数值上的相等与比值上的相等两大类,其中,"数值上的相等"是指个人所得的相同事物在数目和容量上与他人所得者相等;"比值上的相等"是指根据各人的真价值,按比例分配与之相衡称的事物。①

关于财产权,亚里士多德是持拥护与肯定态度的,他指出,私有产权能够而且应服务于社会利益,"因为,如果划清了人们所有利益的范围,那么就能消除彼此争吵的根源;每个人注意自己范围以内的事业,从而各家生活条件都能够得到改善。在这种制度下,在有益于大众的基础上使用财物,用道德风尚对人们进行督促,这种互帮互助的精神可用一句谚语来表示,'友谊会使财物变成公共财物。'"②

(三) 伊壁鸠鲁学派和斯多葛学派的自然权利思想

公元前 4 世纪后半叶,在马其顿的亚历山大统治下,希腊历史进入了希腊化时期,古希腊城邦制日渐式微。在城邦时期,每个个体都是处于不同的、特定的身份之中,并无真正的平等、正义等意识,在当时身份偏见思想是根深蒂固的。然而进入希腊化时期后,随着地中海海上商业贸易领域的逐渐拓展,不同地域、不同民族的人们之间相互交流、融合、迁徙,各种不同身份、不同阶层之间的固有界限被不断打破,大量的外邦人涌入希腊,自由人数量逐渐不断增加,其政治地位、商业地位也都在发生着变化,这一切都使得过去仅少量享有公民权的城邦公民这一概念逐渐淡化,人们对于城邦制的认可也在趋于瓦解。在自然权利思想方面,希腊化时期产生了两大学派,即伊壁鸠鲁学派与斯多葛学派。创始人分别为伊壁鸠鲁(Epicurus,前 341—前 270 年)和芝诺(Zeno,前 336—前 264 年),两人均定居于雅典,这两大学派成形的时间相差无几,前者的理论较早被固定,后者随着时间推移呈持续发展,共延续了约五百年之久。

伊壁鸠鲁学派产生的背景是城邦制的日渐式微,该学派开始背离对城邦的推崇,并逐渐怀疑公共权力,对不公正提出了批判;极为推崇个人

---

① ［古希腊］亚里士多德:《政治学》,吴寿彭译,商务印书馆 1997 年版,第 234 页。
② 同上书,第 143 页。

主义,即崇尚个人内心精神上的快乐,坚持心灵的快乐不受干扰,并在个人主义的基础之上提出了快乐主义(Hedonism)和功利主义的权利观。从个体具体来说伊壁鸠鲁学派提倡个人价值优先于国家,个人的生活优先于城邦,由此对城邦的起源提出了质疑,认为城邦是后于个人而建立的,它只是自由平等的个体为了保护自身安全而共同形成的一种契约样式。"国家政权的主要目的和政治社会的基础是:确保人们相互间的安全,克服相互间的恐惧,避免相互间的损害。"①个人遵循自然、快乐,追求法律等公权力的目的是为了保护个体免受伤害。由于普遍对于城邦失去了信心,他们便提出了一个没有民族界限,或者没有历史和地域界限的理想的世界国家学说,要建立一个世界性的普遍的法律世界,因而它只能是理性的,也是人们必须要普遍遵循的自然法则。

伊壁鸠鲁认为自由的取得"一切取决于自己","不仰仗任何主人";人需要用理性抑制奢望,满足于少量的东西,"知足(限制奢望)的硕果是自由"。② 在他看来,"公正对于每个人都是一样的,因为它是相互交往中的一种互相利益"。③"渊源于自然的正义是关于利益的契约,其目的在于避免人们彼此伤害和受害。"④这种功利契约论的思想引发了近代社会契约论的形成。

斯多葛(Stoics)学派虽与伊壁鸠鲁学派形成于同一时期,然而其学说不仅经历的周期较长,⑤且内容在发展中不断出现不同变化。其代表人物主要有芝诺、克里西波斯(Chrysippos,前280—前207年)和巴内修斯(Panaitios,前185—前110年),等等。他们认为一切普遍知识的背后存在着一种作为演绎推理的最初原则,自然法就是由这些原则推出的。如芝诺提出:"整个宇宙乃是由一种实质构成的,而这种实质就是理性。因此在他看来,自然法就是理性法(law of reason)。人作为宇宙自然的一

---

① ［苏联］涅尔谢相茨:《古希腊政治学说》,蔡拓译,商务印书馆1991年版,第209—210页。
② 同上书,第209页。
③ 北京大学哲学系外国哲学史教研室编译:《古希腊罗马哲学》,生活·读书·新知三联书店1957年版,第347页。
④ ［苏联］涅尔谢相茨:《古希腊政治学说》,蔡拓译,商务印书馆1991年版,第210页。
⑤ 斯多葛学派的思想从公元前4世纪芝诺创立开始,延续至公元2世纪,经历周期大致为五百余年。

部分,本质上就是一种理性动物。在服从理性命令的过程中,人乃是根据符合其自身本性的法则安排其生活的。"①斯多葛学派主要的观点有,认为"逻各斯"是一个贯穿万物的永存不朽的理性。自然界的一切发展和变化都是有规律的、符合理性的。世界理性决定事物发展变化,世界理性即为神性,个人也是神的整体中的一分子,换言之,"人类世界不应当因其正义体系不同而建立不同的城邦国家"。② 这种观念打破了古希腊时期公民固有的城邦身份与国家界限,站在一个新的视角来重新审视人的身份与地位,将个人放置在于与整个世界的关系之中进行探讨,强调人不仅是某一城邦国的一个成员,其首要的身份还应当是世界公民。

斯多葛学派在自然(phsis)与正义(nomes)之间的联系方面提出了更深入的看法。斯多葛学派在赞同伊壁鸠鲁派认为个人生活优先性的基础上,进一步提出,个人的幸福就是来源于生命具有尊严,尊严与自然权利相关。斯多葛学派将正义扩展至宇宙的固有特性,认为自然与正义是一致的,自然法带有普遍性,这种普遍性超越了当时存在的阶级划分,模糊了奴隶阶级与奴隶主、国王等特权阶级的界限,让带有理性的自然法高居于实在社会之上,发挥出其作为正义标准的作用。斯多葛学派的主要贡献在于系统、明确地阐述了自然法理论,将此前讨论的自然中的正义规则等抽象概括为自然法。关于人的价值方面,该学派认为人的价值在于人的精神特征,包括是否具有理性与向善的能力,每个人都是拥有理性的,他们根据自然界的规律性推导出人类的普遍理性,认为神赋予每个人以相同的理性,基于此种普遍的人性观,人与人之间都应当是平等的。早期斯多葛学派的代表人物之一克里西波斯曾指出,没有任何一个人生来就是奴隶。至于现实生活中人与人之间存在阶级差异这一现象,是由于社会制度造成的,而并非自然如此。斯多葛学派的前述主张已大体上具备了自然权利思想的一些重要因素,那就是人们之间生而平等,不因种族、身份、国籍、财产等因素而有所区别。斯多葛学派所主张的古代自然法思

---

① [美]E.博登海默:《法理学——法律哲学与法律方法》,邓正来译,中国政法大学出版社1998年版,第16—17页。
② 同上书,第17页。

想中这种原始性的"人生而平等"的观念成为西方近现代自然权利理论的主要思想来源与核心价值。后世的自然权利思想家多为该学派的追随者，或多或少地受到了该理论的影响，尤其是在古罗马时期，斯多葛的思想被执政官西塞罗（Cicero，前106—前43年）、塞内卡（Seneca，约1—65年）、马可·奥勒留（Marcus Aurelius，121—180年）大帝等人强有力的支持与进一步阐释下继续发扬光大。

斯多葛学派的主张使得自然法的普遍有效性得到了更进一步的确立。他们认为，世界万物均由神所创造和主宰，这一原理引申至社会发展的规律中，便可以认为，人的本性也是整个自然的其中一部分，人们需要遵循自然法则生活，受自然法的支配。每个人都具有平等的自然所赋予的理性，因而无论其出身、社会地位有何不同，在至高无上的自然法的照耀之下，人与人之间的都是平等自由的。

二、古希腊政治、法律制度中体现出的自然权利观

古希腊的自然权利思想不仅内蕴于该时期诸思想家们的经典著述中，而且外现于古希腊人的日常生活、民主政治、法律规则之中。古希腊自然权利思想、自然权利观念的出现是与其民主政治制度、法律制度的具体规定紧密联结在一起的。古希腊最重要的城邦代表为雅典，以其为例，雅典实行了人类历史上最早的民主政治制度，该制度为后世西方社会的政治制度运行树立了一个优质的模板，为西方近现代社会制度的构建提供了丰富的实践养分。在雅典所有政治制度里，最为瞩目的便是其民主政制。在雅典百年（约前500—前400年）的民主制历史中，历届执政官所进行的民主改革逐渐赋予古希腊城邦中的公民一系列权利，这些改革制度与法律规定中均蕴含着自然权利思想的萌芽。

公元前594年，雅典执政官梭伦（Solon，约前638—前559年）实行了强有力的改革。他颁布"解负令"，废除债务奴隶制，确保了雅典人的人身自由。[①]"在政治方面，他将雅典人按照其财富分为四个等级，其中第三

---

① 黄洋：《希腊城邦政治与西方法治传统的建立》，载《经济社会史评论》2015年第2期，第38页。

个等级有权利在选举出的四百人议事会中服务。第四个等级也被允许参加民众大会,负责对四百人会议提出的议案进行表决,甚至可以选举地方长官",①公民均有参与城邦政治决策的权利。希腊的政治权力被赋予一个政治主体即公民群体,其中每个成员享有近乎绝对平等的政治权利。如在民众大会上,全体公民可以进行重大审判,决定战争与媾和等国家大事。此外,他还立法规定,人民除犯有杀人罪之外,不得被判处死刑,并赋予任何公民替受害者伸张正义的权利以及向公民陪审法庭上诉的权利。伸张正义的权利意味着任何公民都可代表被害者提起控诉,即将起诉权交到了公民群体手中,这其实是现代司法中公诉人制度的源头;上诉意味着官员的裁断受到象征公民群体的公民陪审团的制约。亚里士多德评论说,梭伦制定的政体中最为民主的三个特征分别是废除债务奴隶制、第三者起诉权和向陪审法庭的上诉权。② 新法律还禁止买卖婚姻,保障妇女孤儿的利益。③ "梭伦自诩他的立法是要在富人和穷人之间形成一种和谐或平衡(a harmony or a balance),而在这样一种和谐或平衡中,贫富双方都能得到公平的对待。"④此后,雅典公民的各项权利随着改革的进一步深入而不断扩大化。

执政官克里斯提尼(Cleisthenesis,约前 6 世纪)是雅典民主制度的开创者,他将城邦的最高权力交由市政会议与立法会议。其中市政会议由全体雅典男性自由民组成,按照专门目的召集的会议作出影响城邦未来的关键决定。每一个人都可以自由发言;所有人都可以当选任何职位;所有人都可以在雅典卫城山下中心广场举行的市政会议上投票。⑤ 立法会议是一个由 500 名公民组成的议会,议员由抽签选出,任期一年。作为日常立法与执法机构,它在市政会议的总体监督之下制定和实施政策。

公元前 461 年,伯里克利(Pericles,约前 495—前 429 年)作为雅典的

① 赵立行:《世界文明史讲稿》,复旦大学出版社 2012 年版,第 86 页。
② 黄洋:《希腊城邦政治与西方法治传统的建立》,载《经济社会史评论》2015 年第 2 期,第 38 页。
③ 张定河、白雪峰:《西方政治制度史》,山东人民出版社 2003 年版,第 343 页。
④ 〔美〕乔治·萨拜因:《政治学说史:城邦与世界社会》,邓正来译,上海人民出版社 2015 年版,第 72 页。
⑤ 〔美〕菲利普·J. 阿德勒、兰德尔·L. 波韦尔斯:《世界文明史》(第四版),林骧华等译,上海社会科学院出版社 2012 年版,第 127 页。

首席执政也推行了他的民主改革并出台法律,规定不论出身和财富,任何人都可以成为执政官(Archon,国家的九个中心领导人之一)。"民众大会是国家的中心权力机构,由雅典所有出身自由的男性公民组成,公民大会拥有对每一项国家决定唯一的赞成或否决权利,公民大会在选举官员方面被赋予了至高无上的权力。公民大会不是代议制政府,而是涵盖所有的男性公民。"①伯里克利改革政治制度,让更多的普通公民参与政治,对于履行陪审职责和出席会议的公民支付报酬,以保障普通公民在工作时间参与政治而经济上不受损失。此时,雅典进入民主化程度最高的"直接民主制"。在伯里克利时代,雅典所有的官职向全体公民开放,任何人都可以通过抽签选举方式(雅典十将军除外)担任政府中的各级官职。雅典的政府官员都有任期,通常为一年,而且大多数的官职,不得连选连任,以避免结党营私。雅典还实行委员会制,凡是重大事务均由集体作出决定,而不是由一个人说了算,从而避免了专制独裁和官僚主义。他提出国家权力属于全体公民,他尤其强调人的主体地位和能动作用,认为"人是第一重要的,其他一切都是人的劳动成果"②。伯里克利的上述一系列改革举措体现了古希腊民主、自由的自然权利思想。

第二节 古罗马时期的自然权利观

古希腊后期,罗马逐渐崛起,开始成为古代西方社会里最重要的城市,并最终发展成为当时世界上实力最强大的帝国。古罗马延续时期较长,具体可以分为三个时期,在早期的王政时代实行的是君主政体,不过君主的权力也要受到元老院和公民大会的制约。在罗马共和国时期,国家权力主要掌握在执政官、元老院和公民大会手中,公元前 367 年,平民通过与贵族的斗争获得了担任执政官的权利,及至公元前 300 年,平民也有权参与各级行政事务。由于罗马版图不断扩张,被征服的土地该如何

---

① 赵立行:《世界文明史讲稿》,复旦大学出版社 2012 年版,第 90 页。
② [古希腊]修昔底德:《伯罗奔尼撒战争史》,谢德风译,商务印书馆 1978 年版,第 103 页。

治理成了摆在罗马人面前的一个棘手问题。为了解决这一问题,罗马有时会赋予这些领土上的人完全的罗马公民权。公元前 2 世纪左右,经过数次马其顿战争,罗马战胜了希腊,整个地中海都在罗马的控制之下。公元前 30 年左右,罗马进入实质上由屋大维开创的帝国时期,屋大维授权行省上层领导以罗马公民权。

　　罗马时期的自然权利思想不仅体现在以西塞罗为代表的古罗马诸多思想家的著述中,而且还体现在罗马时期的政治制度以及罗马法的规定中,尤其是罗马法为近现代欧洲法律奠定了基础。早在公元前 450 年左右的《十二铜表法》中就存在关于个人权利的规定。此后《十二铜表法》以及基于该法律不断扩展着的解释共同影响了"市民法"。

一、古罗马思想家西塞罗的自然权利观

　　古罗马法律的逐步丰富与发展主要是受益于古罗马时期诸多著名法学家的法律解释及大力推动。其中关涉自然权利思想的阐述集中反映在西塞罗(Marcus Tullius Cicero,前 106—前 43 年)等法学家的著作论述中。罗马被看作希腊文明的后继者,同样,在法律思想及自然权利观方面,罗马也继承并发展了古希腊时期的自然权利思想。作为一名从古希腊时期到欧洲进入中世纪这一历史时期唯一具有代表性的政治思想人物,西塞罗的自然权利思想并没有非常突出的独创性,但正是他"继承了古希腊的理性主义的思想传统,对当时的各派希腊哲学学说作了详细解释,因此是希腊文化的传承人"。① 古罗马共和国末期著名的哲学家西塞罗极为推崇斯多葛学派的自然法思想,他沿袭了这一思想并将其反映在其《国家篇》《法律篇》等著作中。西塞罗的自然权利观主要体现在以下几个方面。

　　首先,西塞罗极力倡导人本主义。人本主义的英文为 humanism,来自拉丁文的 humanitas,最早出现在西塞罗的著作中,它的意思是指"人性""人情""万物之灵",也指一种能促使个人的才能得到最大限度的发展

---

① 　[古罗马]西塞罗:《国家篇 法律篇》,沈叔平、苏力译,商务印书馆 1999 年版,译者前言。

的教育制度。西塞罗主张建立起一种以个人为人类生活重心的哲学，即人本主义。他将人的地位抬高，认为"我们称之为人的那种动物，被赋予了远见和敏锐的智力，他复杂、敏锐、具有记忆力、充满理性和谨慎，创造他的至高无上的神给了他某种突出的地位"；"因为在如此众多的不同种类的生物中，他是唯一分享理性和思想的"。①

西塞罗认为，由于每个人都被神赋予了理性，因而人类在共同拥有理性基础上是平等的。他尤其强调看似不同的个体之间的平等性，如西塞罗曾经指出，虽然考虑到每个人在具备的知识、拥有的财产、与生俱来的种族或者国别等各个方面都是不平等的，但是有一个很重要的方面——人人都平等，每个人都是具有理性的人，人类与其他生物不同的特征在于人类能够进行学习和思考，他们都具备一种共通的心理素质，能够让他们有能力对于光荣与耻辱或者善与恶作出近乎一致的判断。人们所具有这一共同本性成为人类区别于其他物种的根本特性。西塞罗有力地解释道："没有任何一件事物同另一件相应的事物之间，像我们人相互之间那样的极其相似。"如果"我们给人下定义，应该是一个能适用于所有的人的定义"，因为"在种类上，人与人没有区别"。西塞罗的平等思想代表着西方自然权利思想史上的一次重大进步，这一思想对人性的认识更为深刻，它使得人们开始以普遍平等的眼光来对待其他所有的人，相较古希腊城邦时期将人分为金银铜等不同身份等级的观念而言是一场历史性的跨越。

其次，西塞罗最先较为系统地提出了自然法的学说。他认为自然法来自统治宇宙之上帝的理性，因而自然法具备最高的权威性，等同于公平与正义，它超越了人定法，是人定法的制定标准。"自然法的本质是正确理性，正义隶属于理性，自然法是正义和法律的基础，构成了西塞罗法哲学的基本逻辑体系。"②尽管古希腊的亚里士多德已经在其《政治学》一书中从法学的角度论证了自然法的基本思想，但却不够系统，西塞罗在其代表性著作《法律篇》中系统阐述了自然法理论，将自然法推向其发展史上

① ［古罗马］西塞罗：《国家篇　法律篇》，沈叔平、苏力译，商务印书馆 1999 年版，第 160 页。
② 齐延平：《论西塞罗理性主义自然法思想》，载《法学论坛》2005 年第 1 期，第 142 页。

的第一个高峰。萨拜因曾指出:"西塞罗在政治思想史上的真正重要性在于这样一个事实,即他陈述了斯多葛学派的自然法学说,而正是根据他的陈述,这种自然法学说从他的时代直至 19 世纪才在整个西欧广为人知。"①

在谈及自然法时,首先,西塞罗肯定人有着共同的本性,人的这种本性是自然赋予个人的理性,人性源于自然。即他充分肯定了人性与自然之间的紧密联系。西塞罗认为自然法这种"真正的法律是与本性(nature)相合的正确的理性;它是普遍适用的、不变的和永恒的;……试图去改变这种法律是一种罪孽,也不许试图废除它的任何部分,并且也不可能完全废除它。……罗马和雅典将不会有不同的法律,也不会有现在与将来不同的法律,而只有一种永恒、不变并将对一切民族和一切时代有效的法律"。② 他认为,自然法是由上帝创造出来并予以执行的,自然法在人定法出现以前就存在于世界上,它普遍适用于整个人类,也即在任何国家、任何时期,自然法均是普遍有效的,它不得被任何人违反、改变或取消。人类社会制定的法律也必须服从于自然法。自然法既是根植于自然的"正确规则"或者"最高理性",又是体现了人的理性。

不仅如此,西塞罗还提出了自然法的要求,即人们要遵循正义的原则,做正当的事情,禁止人们做不正当的事情。"事实上存在着一种真正的法律(a true law)——正确的理性:它与自然或本性相符合,适用于所有的人,而且是永恒不变的。经由它的命令,这种真正的法律要求人们履行自己的义务;经由它的禁令,它制止人们去做违法的事情。"③由此可以看出,西塞罗所认为的正确理性既包含对自然的符合,也包含对人性的符合。在万民法与市民法之上存在一种更高位阶的自然法。自然法是普遍存在的、至高无上的,是一切个人和国家均须遵循的法则。自然法是理性的法律,"根据这种永恒法(the eternal law),所有的人都是平等的"。尽

---

① 〔美〕乔治·萨拜因:《政治学说史:城邦与世界社会》,邓正来译,上海人民出版社 2015 年版,第 270 页。
② 〔古罗马〕西塞罗:《国家篇 法律篇》,沈叔平、苏力译,商务印书馆 1999 年版,第 101 页。
③ 〔美〕乔治·萨拜因:《政治学说史:城邦与世界社会》,邓正来译,上海人民出版社 2015 年版,第 271 页。

管人与人之间存在着事实上的差别，但是他仍认为，理性是一种宇宙的主宰力量。"在具有理性这一点上，在其基本的心理结构方面，以及在他们对其所认为的高尚之举或卑劣之事的一般态度方面，所有的人却是相同的。"建立在普适性理性特征基础之上的自然法同样反映了公平与正义的原则，尽管它并未直接写进古罗马时期的万民法中，但可以肯定地说，自然法为万民法奠定了基础，是万民法的来源与指导原则。

最后，西塞罗将自然法与理性、正义和法律联系起来，认为自然法是理性与正义的体现。他认为，"那个支配宇宙的永恒理性的印记"即为自然法，也是"伟大的天神用来支配一切的理性"，他赋予每个人的理性都是相同的，因而人们有着共同的理性也即人性，人人平等；自然法等同于正义的理性，它"通过自己的命令鼓励人们履行它们的义务，又通过自己的禁令约束人们不为非作歹"。他还进一步探讨了法律与理性的关系，认为法律与理性是相通的，"正当的理性就是法"。"法律是植根于自然的、指挥应然行为并禁止相反行为的最高理性（reason）"，他认为理性，"当它在人类的意识中牢固确定并完全展开后，就是法律"。① 在西塞罗看来，人的本性即理性，而法律则根植于理性，因而法律与自然也是紧密相联系的。那种与自然相通的法律便为自然法。

西塞罗将有关自然法的论证纳入法律领域，他认为自然法应当是人定法产生的高级法，对人定法起着调控与指导性作用，并直接反映在罗马人的万民法中，相较于罗马的市民法，万民法反映的是全人类共同的自然理性。当时的罗马法学家也一般均认为一切法律都是从永恒和普遍的神法——自然法则中产生出来的。西塞罗将斯多葛学派抽象的自然法学说与罗马法的实在法［在当时即指罗马的市民法（Civile）和万民法（Ius Gentium）］紧密相联系。他坚定地宣称，在市民法及万民法这些人定法之上还存在着一个高于它们之上的自然法。自然法是存在人们头脑中非现实的观念性的东西，即"正当的理性"。西塞罗在《国家篇》中写道："［如果最高的神］为我们制定了法律，那么所有的人就要服从同样的法律，而

① ［古罗马］西塞罗：《国家篇　法律篇》，沈叔平、苏力译，商务印书馆1999年版，第158页。

且同样的人在不同时间不会有不同的法律。"①此处的"法律"即是指自然法。他认为,自然法是亘古不变、绝对正确的,因而处于最高地位。在自然法之下,还存在一种人定法,由于法律是最高的理性,源自自然法,是正义的表现形式,因而人定法中若是符合自然法的部分便是正当性的法律,若是不符合自然的部分,则非真正的法律,当权者不可以制定不合乎正义、不合乎自然法的法律。

二、古罗马政治、法律制度中体现出的自然权利观

古罗马时期不仅高度推崇自由精神,而且反映在古罗马法律中规定有公民权、财产权、人身权、物权、债权等具体权利类型,这些政治、法律实践同时也丰富了古罗马的自然权利思想。古代高度发达的罗马法律制度中对于人的法律地位、人的行为能力、婚姻家庭、物权、债权,以及刑事法制、诉讼流程等均作出了详尽的规定,这些制度为个人平等和个人权利保护提供了较完善的保障。古罗马的政制发展过程也是当时的平民阶层为争取自身权益与贵族阶层持续抗争的一个过程。在罗马共和国伊始,公元前 6 世纪初期,公民政治权利空前扩大,公民进入共和政制的每一级权力结构中,国家事务由贵族组成的元老院和由平民组成的公民大会共同管理,公民大会赋予了普通公民广泛的政治权利,如自由权、公民权和家庭权等,与罗马共和精神相一致的公民政治即得到迅速发展。但是之后不久元老院获得了各项事务的决策权,这样一来,占国家人口绝大多数比例的平民阶层权益迅速被削弱,此后,平民为争取自身权益提出了一系列的斗争,斗争的结果是个人拥有了不受他人和政府非法侵害的法定权利,国家需保护和尊重公民的私有财产,不能对人加以思想论罪等等。此外,罗马时期个人权利的主体范围也在逐步扩大,主要体现在公民身份的授予方面,古罗马先是仅赋予帝国平民这一身份,此后在广大被征服地区也将公民身份扩大至那些地方,最后将公民身份扩展至罗马疆域内多数男

---

① [古罗马]西塞罗:《国家篇　法律篇》,沈叔平、苏力译,商务印书馆 1999 年版,第 95—96 页。

性平民,仅留妇女和少数奴隶的身份被排除在公民之外,这些具体的政治举措均体现了距今约两千年的古罗马时期对自然权利思想的初步认知。

古罗马时期的自然权利思想不仅体现在西塞罗等伟大思想家的论述中,而且在其著名的法律——《十二铜表法》中也有体现,虽然《十二铜表法》被认为是对奴隶制和私有财产的维护,但是其中的一些规定如第三表关于债务中也部分地反映了平民的要求,如债务人若无力还款,可以被给予 30 天的宽限期,在监禁时不能使被监禁人受饿,等等。此后的《李锡尼-绥克斯图法案》(公元前 367 年)中赋予平民也可以担任执政官的权利;在《波提利阿法案》(公元前 351 年)中明确废除了债务奴隶制度;在《温图斯·荷田希乌斯法案》(公元前 287 年)中规定,平民阶层获得了与贵族阶层同等的政治权利。古罗马人在公法上的权利包括:宗教信仰、言论自由、出版、结社、请愿等自由,以及免受不合理的逮捕、搜查和拘禁等权利,其他还有诸如携带武器、刑事诉讼中的法律保障权,等等。

第三节　古代自然权利观评析

古希腊罗马时期,囿于当时的奴隶社会制度,并未形成也不可能形成清晰明确的自然权利理论。尽管如此,在这一时期,古代西方国家的自然权利思想萌芽却在悄然形成,主要表现在古代自然法观念的形成以及古希腊罗马学者们对人性的深入认知与人本主义的觉醒,为古代自然权利观的缓慢发展铺垫了个人主义基础。

一、古希腊自然权利思想评析

古希腊时期的自然权利思想主要起源于当时孕育在整体主义观念中的个人主义价值取向。尽管早期柏拉图《理想国》中极力推崇整体主义价值观念,个人被视为城邦整体利益服务的工具,没有任何独立的价值和意义,个人完全是城邦的一分子。不过其后的亚里士多德对个人的价值有了更加深入的看法,他后期在一定程度上肯定了个人利益、人格平等、权利等价值观念。古希腊晚期的斯多葛学派更是提出了一种有关自然法的最早的观念,这些思想初步具备了自然权利观中的个人主义以及自由、平等要素,反映了早期人类对自身认识观念的深刻转变。

(一)古希腊自然权利思想的进步性

西方自然权利理论最早孕育于古希腊时期,因而对自然权利理论的探索必须回溯至古希腊时期,方才能够发掘出其思想发展的源流与脉络。

其一,古代自然权利观的思想来源于古代自然法思想传统。对于"自然"(nature)一词的理解在古希腊各政治流派存在不同的具体解释,这些解释之间存在一些差异性。"自然"作为一种哲学概念被古希腊哲学家们提炼出来,标志着政治哲学最初开始形成,此后,"自然"在哲学史中的含义随着社会的发展也在不断发生变迁。古希腊思想家认为,"自然"首先是指事物的本性。自然界中万物的运行均是在某种特定规则的指引下进行的,从而形成一定的自然界秩序,不仅自然界运行中存在秩序,而且社会事务中同样也存在某种特定的运行规则,人与人之间的活动均是按照该规则行事,从而形成确定的秩序,这一整合秩序就是"自然法",或者称为"理性",这种自然法则是先验的,先于人们而存在的,人们只能用智慧去发现它。自然理性思想包含了三个环环相扣的环节,即首先,自然是普遍理性的;其次,每个人都是属于自然的;最后,人人均须服从于普遍理性。

古希腊最初之所以产生自然、公正等思想是与其持续地抵制传统权威和非正义关联在一起的。自然与正义等概念随着不断阐释逐渐演变为自然法思想。古希腊是"自然法"观念的发源地。早在公元前5世纪,前苏格拉底哲学家就试图发现支配宇宙的自然法。自然法思想萌生于古希腊早期自然哲学家赫拉克利特(Herakleitos,约前540—前480年)提出的"逻各斯"(logos)概念。他认为世界万物都是处于运动与变化之中的,而"在一切变化和矛盾中唯一常住或保持不变的,是位于一切运动、变化和对立背后的规律,是一切事物中的理性,即逻各斯"。① 它是自然的普

---

① [美]梯利:《西方哲学史》,葛力译,商务印书馆1995年版,第22页。

遍规律和法则,是最高支配力量,是高于人间法律的更高法律,是人间法律的源泉和准绳。赫拉克利特"借助这一概念形成了运动变化着的自然万物和永恒不变的逻各斯(规律、理性)之间的二元并立对应结构"。①

之后,苏格拉底、柏拉图和亚里士多德也都确信存在着实在法的某些不变标准,并断言通过运用理性可以发现这些不变的标准,通过将自然理性观念注入政治伦理学,由此形成了早期的自然法观念。他们借助自然与自然理性,又创设了自然正义这一概念,从而为社会正义伦理原则的确立提供了一个万变不离其宗的标准。如亚里士多德提出了自然正义和法律正义、普通的法律和特殊的法律,即自然法和实在法的区分问题。② 亚里士多德认为,有一种无论何处均具有同样权威、通过理性可以发现的自然法或者正义。

古希腊的权利思想最初来源于人们对自然权利和平等权利的探讨。古希腊时期的诸多智者、政治家、思想家,如梭伦、克里斯提尼、伯里克利、普罗泰戈拉、安提丰、苏格拉底、柏拉图、亚里士多德、伊壁鸠鲁、芝诺等,他们关于自然权利、公民权利的阐述和思考,无不反映了古希腊时期高度发达的社会政治文明,围绕着人所应当享有的权利这一问题的不懈追求与思考,不仅使得自然权利、公民权利等观念深入人心,而且还为此后西方社会政治哲学法律的发展指明了一个可以继续深入的方向。

自然法作为一个比较明确的概念始于斯多葛学派,这一学派形成于公元前300年前后,它的主要代表人物有芝诺、克里西普和巴内修斯。斯多葛学派将自然理解为整个宇宙的支配力量,即认为整个宇宙都是受制于一种普遍规律的支配,这一宇宙中所存在的普遍规律就是正当的理性,人是宇宙的一部分,人同样具有理性,人的理性属于整个宇宙理性的一部分,因而人必然也要受制于普遍法则的支配。这种宇宙普遍法则就是自然法,它具有最高效力,是国家一切法律的来源,是判断世俗法律善恶的唯一尺度。有理性的人首先应当服从自然法。自然法是高于各个国家法律和习惯的世界

---

① 齐延平:《论古希腊哲学中人权基质的孕育》,载《文史哲》2010年第3期,第15页。
② 参见何勤华主编:《外国法律史研究》,中国政法大学出版社2004年版,第306页。

法和理性法,自然法要求对于任何人都适用一个法则。① 斯多葛学派真正
使自然法形成一个传统。这里的宇宙,包含整个客观存在的自然、社会伦理
秩序以及习俗和法律规范。宇宙中的万事万物都有一个目标,如亚里士多
德认为,每个自然同时又是自身的目的。古希腊人认为,自然的存在是一种
目的性的运动,是一个由不完美趋向于完善的过程,实现了目的的完美状态
就是一种善,只有善才是合乎自然的,作为个人来说,若是拥有合乎自然的
权利,会有助于个人自我生活的趋于完善,有助于实现人的目的,因而这种
合乎自然的权利是个人在自然状态下所应当享有的。

其二,斯多葛学派的人类平等思想为近代自然权利概念的形成提供
自然法理论最早产生于古希腊古罗马时期,自然法理论实际上就是
规定人类的道德规范,开始强化个人在社会生活中的地位和对个人价值
的尊重,其核心内容以斯多葛学派的理论为基础,以至于有人认为该学派
是人类文明史上最早提出自然权利思想的学派。而事实上,斯多葛学派
所提出的诸种观点只是自然权利思想的萌芽,还不是系统的自然权利理
论,其强调的内容更多的是人对法律的服从和对权利的内心感受,而不是
对权利的系统、全面的主观体认以及由此衍生而出的制度性保护。

其二,斯多葛学派的人类平等思想为近代自然权利概念的形成提供
了一个关键性的要素。自然权利概念里包含了两个重要的构成要素,即
人本思想和权利。这里的"人"并非具体的个人,而是指从人的本性出发
抽象出来的"人"。自然权利概念形成的前提之一,就是人们能够从等级
制的、不同身份的各种具体的"人"中演化出一种抽象的、不分财产、不分
身份、不分等级的"人"的观念。只有这种观念的出现才表示人对自身地
位的觉醒,才体现了对人的价值的尊重。自古以来,人们对于自身在宇宙
中的存在现象就发出了许多疑问,比如,人作为一种特殊生命存在,是仅
仅以或者首先以个体的形式,还是以群体的形式而存在? 或者说,人是抽
象的、独立的人,还是具体的、社会的人? 古希腊时期的哲人们如柏拉图、
亚里士多德对此都有不少论述,他们比较强调从个人自身以及社会群体
两个方面出发来探讨这一问题,首先从善、正义和理性出发,来说明人性

---

① 〔英〕罗素:《西方哲学史》(上卷),何兆武、李约瑟译,商务印书馆 1963 年版,第 336 页。

的价值的;同时也强调个人在社会整体中的推动作用,以及个人对社会的责任、个体与群体的辩证关系等等问题。

古希腊后期,哲人们对人性的研究开始转向,逐步强调权利主体的普遍性,提出世界公民概念,使人的概念具有普遍性,即权利是被赋予世界上所有人的,一切人都享有权利。斯多葛学派在西方社会哲学中首次提出了世界理性的概念,将处于不同国家、不同地域范围内的人们放置于同一个世界、同一个宇宙的视野之内,即在世界主义观念下将人类视为生物学意义上的一个相同的种类,在此意义上,人与人之间都是一样的,都拥有着上帝所赋予的理性,人们的日常行为都需要遵循自然法,因而在每个人都具有自然法赋予其理性的这一前提下得出结论,认为所有的人,尽管其出身、阶级、地位、财富会有所不同,但是在人人具有理性这一方面却永远是相同的,进而推导出人人生而平等的思想。在当时古希腊奴隶制时代,斯多葛学派思想的进步性还体现在,他们将人人平等的思想覆盖至奴隶阶级。如该学派的代表人之一塞内卡就否定了奴隶制的道德性,为奴隶的精神平等而呼吁。

公元前 323 年亚历山大逝世后,马其顿王国随之分裂,希腊化时代开始。随着古希腊城邦的解体,亚里士多德时期提倡的整体主体国家观念也在逐步瓦解。个人与国家之间的关系不再像以往那样紧密无间了,个体较少参与政治生活,而逐渐注重个人的精神世界,这种社会状况促成了斯多葛个人主义观念的兴起。斯多葛主义是强调个人的自足性的,认为个人所感受的幸福仅仅在于个人内心的宁静,而无需借助外界的物质或事物来体现。这种观念尽管还不能说是现代意义上的个人主义,不过已经具备了个人主义的关键要素了。斯多葛学派所提倡的人人平等观念及其关于自然法普遍性适用的思想,有其重要的历史意义。正是这种理性、平等、自由观念的出现,才有可能在此基础上诞生出西方近现代自然权利理论。罗素亦认为:"像十六、十七、十八世纪所发现的那种天赋人权的学说也是斯多葛派学说的复活,尽管有着许多重要的修正。"[①]斯多葛学派

---

① [英]罗素:《西方哲学史》(上卷),何兆武、李约瑟译,商务印书馆 1963 年版,第 341 页。

上述思想是对当时存在的不平等的奴隶制度提出的挑战,它在古代西方社会的出现是十分先进的,对后世也产生了广泛而深刻的影响,如资产阶级近代启蒙运动正是在这一思想的激励下出现的。

其三,古希腊时期对权利内容作出了初步的分类。除了为之后的社会发展奠定基础之外,古希腊时期关于个人的权利还有一个重要的方面是值得着重肯定的,即该时期对公民权利作出了详尽的具体分类。随着城邦制政权的建立和经济社会的发展,以及海上贸易的逐步兴盛和扩张,人们对自然权利和平等权利的要求日益增多,公民可以不同程度地参与讨论和决定城邦内政、外交、诉讼、立法和选举公职人员等事务,他们也可以担任公职,公民权利的内容逐渐分化为生存权、自由权、政治权、选举权、重大事项决定权等众多权利。

总之,古代自然权利观的产生有其进步意义。古希腊时期智者学派有关自然权利,人生而平等、生而自由等观念的论述反映了古代西方人民对自然权利思想最早的理解,是西方自然权利观最初的表达,为近代自然权利概念和自然权利理论的产生提供了丰富的内容材料和形式框架基础。"古希腊的个人权利和自由观念给后来的西方思想家以莫大的思想启迪和精神鼓舞,提供了西方人权观念产生、发展的思想沃土,积淀了西方人权观最原始的文化基因,决定了西方人权发展的基调。"①可以说,近代自然权利概念和自然权利理论的内核与精神就是在古代西方自然权利思想进一步总结和系统化基础上产生的。近现代自然权利思想源自启蒙时代的自然权利哲学,自然权利哲学又发端于自然法这一西方哲学的基础性概念。

(二)古希腊自然权利思想的局限性

古希腊的自然法思想中将自然法基本上等同于自然法则,并没有包含抽象的道德内涵,具有明显的自然主义色彩。该时期的自然法理论也被称为古代自然法,与近代以后形成的古典自然法仍是有区别的,是近代资产阶级古典自然法的雏形。一方面,古希腊时期公民享有的政治权利

---

① 范德尚:《西方人权观的文化释读》,载《河南社会科学》2004 年第 3 期,第 35 页。

较多,权利种类较为丰富。但是另外一方面,并不是住在城邦里面的每一个人都能够平等地拥有公民权。古希腊时期的民主制度、自然权利观也存在不少局限性,并不太系统,显见得较为粗陋,主要体现在以下几个方面。

其一,古希腊时期对于公民权利与公民义务、国家权力之间界分不清,存在一定的模糊性,有时将三者等同而言,亦有时将国家权力放置得高于公民权利。如关于国家与公民的关系问题,一方面,古希腊政治学家普遍认为城邦(国家)的地位要高于公民。个人(即城邦公民)是紧密依附于国家的,亦即是与国家一体的,是国家城邦的重要组成部分,不存在独立于城邦的公民,没用独立于国家以外的个人本位的观念。例如,亚里士多德就认为,公民拥有参加议事、司法和行政机构的权利。在谈及城邦职司的分配时,他说:"在政治事务上,凭任何优点为要求分配职司的依据,实际上是不合理的,政治权利的分配必须以人们对城邦贡献的大小为依据。"①显然在这里,亚氏将公民的政治权利视为城邦的职司了,而城邦的职司无疑代表了一种国家统治权力。另一方面,他们同时主张个人也有自己的权利,要求实现城邦和公民利益的平衡。城邦追求的是公民间的整体主义。所谓整体主义,就是在对待个人与城邦之间的关系上,城邦第一位,个人第二位,个人只有融入城邦,为城邦献身,才能视作真正实现其价值。希腊人把城邦看作是一种天然的存在、一个有机的整体,公民仅是其中的组成部分。亚里士多德认为,"城邦[虽在发生程序上后于个人和家庭],在本性上则先于个人和家庭。就本性来说,全体必然先于部分;以身体为例,如全身毁伤,则手足也就不成其为手足,脱离了身体的手足同石制的手足无异,这些手足无从发挥其手足的实用,只在含糊的名义上大家仍旧称之为手足而已"。②

这种国家-公民观使得在古希腊,个人在身份上隶属于城邦,在法律上被称为"公民"(citizen)。个人权利的获得是来自城邦(国家)由上而下般的给予。因此在国家与个人的关系上,国家应是高于个人的。所谓雅

---

① [古希腊]亚里士多德:《政治学》,吴寿彭译,商务印书馆1997年版,第150页。
② 同上书,第8—9页。

典民主政治之下的公民享有各种政治自由实际上是存在一个服务于城邦整体的前提条件。由此看来,公民权利与国家权力在古希腊时期似乎并没有明确的分野,更加无法引申出类似"保障公民权利就必须限制国家权力"的近现代观念。因而古希腊时期的公民权利在本质及其获取来源上不可与我们现在所说的自然权利等同而言。

其二,古希腊的自然权利思想是有等级划分的。流行于古希腊早期哲学中的是一种人生而不平等的"天赋特权"观念,那时,人们认为自然秩序中,万物皆有定份,人与人之间身份的不平等是与生俱来的,是自然所赋予的。因而在城邦时代的希腊社会里,每个人自出生以来均被打上了身份的烙印,如本邦人和外邦人、自由人和奴隶、公民与无公民权的自由人、贵族和平民等,各种身份制度固有化,各个不同阶层之间的界限明晰。如亚里士多德在其著述《政治学》中亦根据这种不平等的自然性为当时的奴隶制辩护。他认为世界上有些人天生就有自由的本性,而另一些人天生应成为奴隶,这不仅是有利于社会的,而且是公正的。他发现自然界和人类生活中存在各个方面的秩序。亚里士多德认为在整个自然界,人类处于最高级别。同时人类也分为不同等级,并在其经典著作《政治学》中推崇人类的等级制,认为社会上的某些人天生就该作为统治者,而另一部分人生来就注定要服从。主人和奴隶都是天经地义的。奴隶制度是合乎自然的。他是奴隶制国家的忠实拥护者。他认为奴隶只是社会的工具,会说话的工具。作为大奴隶主阶级的代言人,亚里士多德的城邦观明显是建立在等级特权的奴隶制度之上的。他所谓的城邦公民是不包含奴隶阶层的,实质上指的仅是统治阶级的人。他认为奴隶只是"行为(消费)工具"①。他认为阶级分工是符合自然规律的、合乎理性的制度,阶级不同、分工不同的这些不平等现象具有本源性和先天性,受"万物皆有定份"观念的支配。

古希腊人通常认为自然界万物原本就是存在秩序的,社会成员之间的不平等,即"天赋特权"观念盛行不衰。严格的身份制如贵族与平民、自

---

① ［古希腊］亚里士多德:《政治学》,吴寿彭译,商务印书馆 1997 年版,第 13 页。

由人与奴隶、有公民权利的自由人与无公民权利的自由人（妇女、儿童）等使得各种不同身份之间界限分明，不同身份的人所拥有的权利截然不同，这一点在当时社会情况下被认为是理所应当的。如柏拉图、亚里士多德两人虽然认为人是"理性生物"，但并不平等。前者热衷于由哲学家统治的等级"理想国"，而后者虽主张正义，但仍然拥护奴隶制。但囿于当时社会制度，普遍性的观念仍然对身份等级制表示认可。在柏拉图那里，人是不平等的。人按其灵魂的类型可分为三种：理性、激情、欲望。与其相应，人可以区分为三个等级，用金子做成的统治者、用银子做成的武士和用铜铁做成的工农。三个等级的人各自做各自的事情，各自有各自的权利与义务。人与人之间的不平等是事实，将事实合理化为固定的秩序就是"公正"。柏拉图说过，当"他们在国家里各做各的事，而不互相干扰时，便有了正义，从而也就使一个国家成为正义的国家了"。

普通的个人要获得公民身份，在古希腊是存在较多限制性要求的。公元前451年雅典公民大会通过严厉的伯里克利公民权法，规定只有父母均为雅典人的人，才有资格取得雅典公民权。这里采取的是严格的双系血统主义，即只有基于特定条件下的出生，才能获得公民资格。这个规定一直保存到雅典城邦被马其顿人征服为止。① 由此推出在古希腊真正拥有公民权的公民，通常仅仅是社会中20岁以上的男性自由民，只有这部分人才享有完全的公民权。以当时最大的城邦雅典为例，"全盛时期，自由公民的总数，连妇女和儿童在内，约为9万人，而男女奴隶为365 000人，被保护民-外地人和被释奴隶为45 000人。这样，每个成年的男性公民至少有18个奴隶和2个以上的被保护民。"②这也意味着在古希腊，多达八成的人口会因为性别、国籍、年龄、社会地位等限制条件无法拥有公民身份，也就无法享有公民权利。具体表现在以下几个方面：

首先，女性是被完全排除在公民共同体之外的。在亚里士多德那里，妇女和男人的身份截然不同。妇女是不能拥有公民身份与公民权利的，因为，妇女与男性之间天然性地存在着明显的差异，男性是天然的统治阶

---

① ［古希腊］亚里士多德：《雅典政制》，日知、力野译，商务印书馆1999年版，第46页。
② 《马克思恩格斯选集》（第四卷），人民出版社2012年版，第133页。

层,女性是天然的被统治阶层,妇女的社会功能仅在于服侍家庭生活、繁衍后代。亚氏的看法反映了古希腊时期人们普遍对待妇女的态度,即妇女不属于公共政治生活范畴。其次,从希腊其他城邦移民来的自由人及其子女都不能被视为公民。在对待这些异乡人,即当时许多侨居在雅典城邦生活的外乡人方面,亚里士多德认为,这些异邦人也并不具有公民身份,他们中的一些人尽管在财产上非常富有,但是由于没有公民身份因而也无法参与生活所在地的公共事务管理,不具有任何政治权利。再次,20岁以下的儿童、青少年亦不可以获得公民身份。最后,大量的奴隶更加不属于公民共同体。古希腊时期,囿于当时的社会制度,奴隶并未被看作人,他们仅仅被视为"有生命的工具"。主人对奴隶的统治是"家务管理",不属于政治关系。亚里士多德认为,"非常明显,世上有些人天赋有自由的本性,另一些人则自然地成为奴隶,对于后者,奴役既属有益,而且也是正当的"。① 综上,在古希腊时期尽管社会上开始出现公民身份与公民权利的制度,但民主制度的覆盖面仍然很小。非公民的妇女、异邦人、奴隶等完全被排除在城邦政治生活之外,他们无法享有真正的政治参与权。

二、古罗马自然权利思想评析

尽管古罗马在自然权利思想发展的深入化上并未有关键性的突破,但是该时期最大的进步是古罗马思想家对古希腊自然法中凸显出的自然权利思想予以更加系统化,并以著述形式将这些难能可贵的思想予以书面化,尤其是西塞罗的诸多著述促进了当时微弱的自然权利思想得以被普遍传播,为其一脉相承的发展提供了文献保障。另外,古罗马时期的法律与政治制度对于自然权利思想的启蒙同样起到了促进作用。

(一) 古罗马自然权利思想的进步性

其一,古罗马自然权利思想是建立在古代自然法思想基础之上。古代自然法思想传统反映了西方自然权利思想的萌芽出现,体现了人类对自身人文精神的思考,尽管它似乎笼罩了一层神秘色彩的外衣,让人不可

---

① 〔古希腊〕亚里士多德:《政治学》,吴寿彭译,商务印书馆 1997 年版,第 16 页。

捉摸,我们应当正视古代自然法在自然权利理论形成过程中所起到的重要作用。英国知名学者梅因在《古代法》中指出:"如果自然法没有成为古代世界中一种普遍的信念,这就很难说思想的历史,因此也就是人类的历史,究竟会朝哪个方向发展了。"①斯多葛学派的自然法思想对罗马法学产生了重要影响。芝诺等人的思想使古希腊的"哲学思想渐渐从狭小的城邦国走出,进入世界理性,罗马帝国继承了这一思想",认为以"规范"(nomos)称之的上帝之法"在自然上适于一切人,而有别于不属于自然,只在一个有限范围内生效的人法"。② 罗马时期的著名法学家西塞罗首先较为系统地提出了自然法的学说。他认为真正的法律是和自然一致的正当理性,是普遍适用的、不变的和永恒的;③查士丁尼的《法学总论》也用自然法来证成人类的平等和自由。至共和国末期,随着各国商业交流情况的迅速增多,许多罗马共和国以外的平民无法用国内法予以规范,因而罗马法学家提出了一种可以适用于罗马本国人与周边外国人相互行为的法律,即万民法。而万民法的形成基础也是自然法,这时的自然法在罗马人心目中早已不是指柏拉图所认为的"天然秩序"了,而是指人类所具有的理性。在人人具有理性的理念指导下,社会开始承认罗马的异乡人也和罗马人一样享有平等的人身权和财产权,罗马后期万民法的出现同样反映自然法思想对当时社会的影响与作用。

其二,古罗马的自然权利思想中非常重视对个人权利的争取。古罗马时期的思想家们进一步发展了斯多葛学派所提出的自然权利观,为近代自然权利理论的产生提供了更为直接的思想素材。例如,西塞罗认为,自然法是普遍存在的,它源于上帝的存在,适于所有的人、所有的国家,它教导人们应该去干什么和不该去干什么。总体来看,西塞罗的思想虽然带有较大程度的神学色彩,但它尊重人、正视人的权利的看法对后来的罗马法学家和启蒙思想家们的思想产生了重要影响,比如近代思想家洛克等人提出的天赋人权理论在较大程度上受到了西塞罗权利观念的影响。

---

① [英]梅因:《古代法》,沈景一译,商务印书馆1984年版,第43页。
② [德]阿图尔·考夫曼、温弗里德·哈斯默尔主编:《当代法哲学和法律理论导论》,郑永流译,法律出版社2002年版,第66页。
③ 参见博登海默:《法理学——法哲学及其方法》,邓正来译,华夏出版社1987年版,第14页。

近代自然权利概念和自然权利理论的产生可以说是古罗马法精神的复兴。古罗马时期对个人权利较为强调,与古希腊时期不同,古罗马的强调重点不在于公民对国家政治活动的参与权,而是尤其关注国家对于公民必须提供的保护与服务。古罗马当时普遍的观念认为,"国家是社会性存在的一种必须的和自然的框架,但是个人而不是国家才是罗马法律思想的中心。与此相应,对于个人权利的保护被认为是国家存在的主要目标。国家因此被视为一个法人,它在确定的界限内行使自己的权力。公民也同样被视为一个法人,他拥有受到法律保护的不受别人以及政府自身非法侵害的权利。"①此外,在实践中,古罗马时期女性地位有了较大的提高,女性得以接受教育,并能够在部分行业从事工作。在有关奴隶制的态度方面,古罗马时期著名的五大法学家之一的乌尔比安继承了自然法的观念,认为一切人都应当是生而自由的,他指出,"自由属于自然法,贵贱是从万民法中生出来"。"奴隶制是万民法的一种制度,这种法律违反自然,使这个人屈服于那个人。""奴隶的解放属于万民法。"乌尔比安关于斯多葛学派的重述与西塞罗关于从理性上"解放奴隶"的思想均是当时罗马帝国后期奴隶制危机下平民社会中隐现的自然权利思想萌芽的反映。

(二) 古罗马自然权利思想的局限性

囿于两千年前的社会政治经济文化条件的各种限制,古罗马时期产生出的自然权利思想亦存在不少问题,给后世留下了较多更新发展的空间。

首先,古罗马时期的自然法理论仍带有明显的朴素性,这种古代自然法最终仍是与神联系在一起的;另一方面,这种古代自然法理论带有一定的空想性,它并未与当时的社会制度实践相结合。尽管西塞罗等法学家们对自然法极为重视,但它在古罗马社会里仍然是"空中楼阁",仅能以故纸堆的形式留待后世学者们承袭与挖掘。

其次,尽管古罗马时期公民所享有的政治权利普遍较高,公民权利种类较古希腊时期日渐丰富,不过该时期的民主制度同样也存在一定的局

---

① 陈义平:《论古希腊罗马的公民政治哲学》,载《南京政治学院学报》2006 年第 2 期,第 75 页。

限性,体现在古罗马对于享有公民权利的主体所规定的条件较为苛刻,即只有同时享有土地占有权、公民之间通婚权及由婚姻衍生出的财产继承权、参加公民大会权和担任公职权四项权利的人才能视为公民。因而在古罗马,能够行使公民权利的人数占比也是极其有限的。另外,在当时庞大的罗马帝国疆域内居住的不仅有罗马人,同时还有古拉丁人、殖民地拉丁人、优尼亚拉丁人及不少外国人。而其中只有罗马人中的大多数男性被赋予公民权,只有这些人的权利能够受到罗马市民法的保护,而那些其他大量不具有罗马公民权的人却缺少法律保障。可见,罗马法律对于不同类型的人采取不同的法律加以管理,从侧面也反映出了平等适用的公民权在罗马并不存在。

最后,古罗马时期的自然权利思想鲜有创新,在精神内核上基本上是沿袭古希腊时期柏拉图、亚里士多德及斯多葛学派的理论,只不过是将这些理论进一步本土化,兼收并蓄地运用于罗马社会的政治法律制度中。古罗马时期的自然权利思想仅从"自然"进化至对"自然法"的阐述与分析,但是对于权利义务等概念仍未作进一步的明确区分。在罗马共和国时期,自然与理性依然是一个意思。罗马帝国时期,在自然法理论本身方面,罗马法学家们几乎没有什么新的贡献……除了承认实在法在指导思想上来源于正义的观念,他们实际上已经抛弃了自然法的评判性。[1] 由此观之,自然权利思想在古罗马时期仍属于初步萌芽阶段,后续还需要不断完善与充实。

---

[1] 张乃根:《西方法哲学史纲》(第四版),中国政法大学出版社 2008 年版,第 66 页。

第三章
中世纪自然权利观之体现

　　欧洲中世纪长达千余年①的漫长岁月中，西欧社会各国处于君主专制统治之下，封建割据势力相互倾轧，战争频繁，各国政权更迭不止，经济发展几近停滞，生产力低下，文化落后，人们的思想较易受制于基督宗教②的神权力量，为教会所禁锢，普遍、长期处于混沌、愚昧状态。在此前的古希腊和古罗马时代，由于民主制度的建立一度使得人民享有较为充分的政治权利，而及至中世纪时期，在以神权与王权为核心的专制统治之下，社会进入了"黑暗时代"（Dark Ages）③，人民处于被统治地位，几乎不能享有任何权利。不过自然权利思想在该时间段内仍然以点状的形式存在着，在古代自然权利观至近代自然权利思想的嬗变过程中起到了承上启下的作用。如在《圣经》中出现的"上帝造人说"，该说使人们普遍接受了上帝造人时是要使所有人彼此平等的思想，这为人人生而平等的观念提供了一个尤为经典的神学注脚。又如在政治哲学领域，自然法与神学相结合，产生的神学自然法学说使得自然权利思想于古希腊、古罗马时期产生的萌芽状态继续根植于中世纪法律思想的传统承延之下，特别是彰

---

①　15 世纪后半叶，意大利人文主义者比昂多首次开始使用"中世纪"（Middle Times）一词。中世纪时期是指大约起始于公元 476 年西罗马帝国覆灭，终止于 16、17 世纪的文艺复兴开始之前的这样一段时期，历经千余年。

②　西方社会中的基督宗教（Christian）是指天主教（Roman Catholicism）、基督新教（Protestantism）和东正教（Orthodoxy）的统称。

③　封建专制统治使得中世纪的欧洲人民普遍生活在毫无希望的痛苦中，所以中世纪在西方国家也被称作"黑暗时代"，传统上认为这是欧洲文明史上发展比较缓慢的时期。

显于 1215 年《英国大宪章》的诞生中,进而在近代启蒙运动中开花结果。

第一节　中世纪自然权利观
出现的思想基础

西罗马帝国灭亡以后,欧洲社会制度逐渐转型进入封建统治下,其中从 10 世纪开始到 14 世纪为止的约四百年被称为典型意义上的封建社会。中世纪时期社会处在古希腊、古罗马的奴隶制社会与近代资本主义社会之间,具有过渡性。人们习惯上称之为西欧封建社会。中世纪时期,神权统治一切,"人成为上帝脚下驯服而软弱的羔羊",①宗教在世间的反映即教会在精神层面统治着各国民众,封建领主在世俗层面压迫着广大农奴阶层,在教会与王权的双重势力压迫之下,统治阶层可以多方面管制民众,封建时期的人民大众在现实生活中几乎没有任何政治权利。在思想层面上,古代自然法开始逐渐演变为宗教自然法。

一、中世纪的宗教自然法思想

中世纪时期的自然法思想深藏于封建神学法思想的外衣中,属于一种宗教自然法,也称为神学自然法。其思想渊源主要来自古罗马时期的西塞罗,并兼顾了斯多葛学派的传统思想。在此基础之上,基督教神父圣·奥勒留·奥古斯丁(Saint Aurelius Augustinus,354—430 年)等人开始改变古代自然法原有的理性基础和进步意义。他们用基督教教义取代斯多葛学派的"理性",将上帝及神学嵌入自然法理论中,认为自然法是受上帝支配的,且上帝享有最高的支配地位。他们还认为,教会有凌驾于国家之上的权力。政治统治的基础是一种天意的法则,这种法则是与公理、正义、理性联系在一起的。从此,"宗教自然法"成为维护教权和教义的工具。

---

① 张定河、白雪峰:《西方政治制度史》,山东人民出版社 2003 年版,第 344 页。

　　之后,经院派神学家代表托马斯·阿奎那(St. Thomas Aquinas,约1225—1274年)以自然法思想为核心,型构了基督教的法哲学。他认为,整个宇宙由神、理性、政治权威三重秩序组成,他将法分为永恒法、自然法、神法和人定法。[1] 永恒法是支配宇宙万事万物的法,是上帝的意志,也是万物存在的首要动因,被排在最高位;自然法是上帝统治人类,指引人类达到至善的理性命令,在上帝与人类之间起着联结桥梁的作用;神法即《圣经》,它是基督教教义的体现,其内容包含了神对人类的教诲,是对自然法的具体化和补充;人定法则是世俗君主所制定的律法。其中永恒法地位最高,其次是自然法、神法,最后才是人定法。托马斯·阿奎那通过对不同的法作出分类从而无形中抬高了教会的权力。

　　法学理论在中世纪时期处于低潮,和其他学科一起均沦为中世纪神学的附庸。不过当时一些著名的神学家为了更便利地宣扬神学,在他们的理论中延承了自然法这一概念,一方面将自然法与神学联系在一起,为神学注解添加学理正当性;另一方面,自然而然地将自然法放置在神法(即上帝所创造的永恒法)之下,在肯认自然法的前提下推崇神法。早期的神学自然法纯粹是为了提高永恒法的权威性,这种做法使得古代自然法开始转变为宗教自然法,也称为神学自然法。如此一来,古代自然法思想在中世纪并没有完全断裂,相反是在一种新的融合中发展。中世纪的自然法学说断定,人的存在具有一种不可避免的双重性:人既服从于上帝权力又服从于人类权力。作为公民的信徒听从上帝指引,在世俗政府实施严酷统治时,不惜拒绝忠诚、反抗当局,基督教信仰参与铸造了西方社会公民的不服从传统。在宗教背景下的公民在与上帝的直接联系中找到自己人生的支点,这减弱了他们对世俗社会组织的依赖,[2]逐渐成为与国家相分离、甚至相对抗的成员。

　　随着神学自然法的不断推进与演变,至中世纪晚期,出现了一个重要的转折点,即自然法开始逐渐与自然权利相结合。随着经院主义的成熟发展,人们在认识理性与自然法的关系时,慢慢出现了一种历史性的转

① 《阿奎那政治著作选》,马清槐译,商务印书馆1963年版,第206页。
② 丛日云:《西方政治法律传统与近代人权学说》,载《浙江学刊》2003年第2期,第66页。

向,即此前通常认为自然法的正当性源自上帝,上帝赋予了每一个人拥有的理性能力,人类通过这种天赋的理性能力便可以认识世间的善与恶。那么也就是说,人类若仅仅依靠理性而非神学,也是可以认识世界。如此一来,自然法学说足以摆脱神学的桎梏,仅仅依赖理性核心概念就足以回应政治社会中新出现的理论问题了。神学自然法由此转向世俗自然法。这种新的观念的产生使自然法学说逐渐褪去神学光环,复归理性化路径,这种转向同时开启了自然法学说的人性化历程,更加促进了 17、18 世纪古典自然法学说的诞生与发展。

二、中世纪时期的限制王权思想

封建社会时期,英国王权集中,无论是贵族阶层还是平民阶层皆受制于国王统治之下,被国王奴役,许多重大涉及个人利益的事务均须交由英王决定,贵族阶层逐渐心生不满,于是限制王权的行动便从英国贵族阶层的反抗开始向下蔓延,广大平民阶层也随之加入限制王权的斗争中。

12 世纪初,国王亨利一世在英国贵族的持续斗争下被迫签署了《亨利宪章》,该宪章的目的是为了保障英国教会自由,保证英国贵族的继承权等。至 13 世纪,英王约翰却收拢了王权,实行更为专制的统治,公然背离《亨利宪章》的规定,使得贵族阶层甚至于教会方面均对约翰产生强烈不满,在英国对法战争失利、国王威信扫地的情势下,贵族与教会趁机提出了限制王权的一系列举措。1215 年 6 月 15 日,英国国王约翰(John,1167—1216 年)在此压力下,签署了《英国大宪章》①,也称为《英格兰自由大宪章》。该份法律文件由贵族起草,其主要条款旨在限制英国国王权利,重新赋予贵族阶层与教会各类权利,如确立政教分离原则,给予教会充分的自由权;强调自由人享有同等审判权,享有公平听证权;规定"任何自由人,如未经其同级贵族之依法裁判,或未经国法裁判,皆不得被逮捕,监禁,没收财产,剥夺法律保护权,流放,或加以任何其他损害"②;明确国王不能剥夺人民的财产,占有人民的土地;禁止国王干预臣民的家庭事务

---

① 拉丁文 Magna Carta,英文 Great Charter。
② 参见《英国大宪章》第 1、39、40 条等。

自由;等等。这一系列规定削弱了王权,确立了个人权利至上、国王亦须守法的原则。

1215 年《英国大宪章》属于宪法性文件,该份法律文件的颁布具有划时代性意义,它体现了中世纪时期英国人民强烈抵制封建王权的需要,反映出肯定个人尊严、约束国王滥权的平等与限权精神,是当时的英国贵族、平民与封建国王曲折斗争、反复妥协之产物。它的一系列规定旨在强调个人权利,保证个人权利不受国王特权的侵害,而且还要以宪法来保证个人权利的实现,因而这是人类历史上首次以书面法律文件形式出现的人权保障书。在《英国大宪章》中,宣称人民推崇人权,但是这里的人权是在国王保护与统治下的人权,而且这里的人民是指拥有一定数量财产的人民,[1]虽然它与现代意义上的强调政府须承担尊重人权、维护人的尊严的义务这种层面上以及现代意义上的一切人都应平等享有人权的权利观是迥然不同的,不过它突破了以往封建社会中君主对于臣民、封建主对于农民的特权思想,对封建王权起到了限制性作用,在国王、贵族与平民关于权利的平等对待方面树立起了先例,并使人格平等、公平对待等自然权利精神开始渗入法律规定中,为自然权利的保护提供了法律性保障。13 世纪此后的数百年间,虽然英国国王屡次试图推翻大宪章的实施效力,但是英国贵族阶层为保证英国大宪章各项条款的贯彻实施,与国王展开了一次次的内部斗争,遂于 1258 年与国王亨利三世签署了"牛津条例",使得亨利三世不仅需承认大宪章的效力,而且还要将国家权力赋予由贵族组成的一个"十五人会议",规定非经该十五人会议同意,国王不得作出任何决定,至此国王的权力被完全限制。

中世纪社会的限制王权思想是自然权利思想得以孕育的重要社会基础,在这一思想指导下,由贵族阶层、教会等设计并颁布的《大宪章》孕育并催生了封建社会整个西方世界的自然权利思想,这种思想尽管囿于时代局限并未成为封建社会的主流思潮,但是它却以其历久弥新的力量再一次将古代自然权利萌芽与中世纪西方自然权利思想紧密联结起来,在

---

[1] Andrew Clapham, *Human Rights: A Very Short Introduction*, second edition, Oxford University Press, 2015, p.6.

黑暗的中世纪社会将自然权利这一珍贵的星星火种封存完好,待欧洲16、17世纪文艺复兴所掀起的人文主义思潮将其重新点燃。中世纪时期的限制王权思想迫使国王授予封建贵族一部分权利,并将这些权利载入法典,从而形成了似乎一切自由民均享有这些权利的观念,促使西方自然权利思想进一步孕育嬗变,不仅深入人心,而且逐步被国家予以正式化、法典化,赋予其法定的权威性。

第二节　中世纪自然权利观之不同体现

在希腊城邦衰落以及基督教神学兴起之后,"人间之国"让位于"天上之国"。当时西方社会的思想深受传统基督教的影响,西方社会的自然权利观也无处不体现着基督教教义的精神,尤其是在以基督教教会统治占主导地位的西方中世纪时期,这一时期的自然权利传统来自人们的宗教信仰与宗教意识中,以基督宗教为主导的神学势力对古典自然法作了重新解读,使得中世纪时期的自然权利观主要以基督教神学为基础,其中最具代表性的观念体现在奥古斯丁和阿奎那这两位神学家的著述中。

一、奥古斯丁的自然权利思想

圣·奥古斯丁是一位基督教神学家,虽然他身处于西罗马帝国时期,不过当时的西罗马正处于逐渐衰亡的阶段,社会变革动荡,即将进入以基督教神学为主导的中世纪时期。更为主要的是,奥古斯丁在其著述中所作出的神学释义形成了此后近千年间基督教教义的大致框架与基本来源,对于中世纪的神学发展起到了重要的指导作用,夹杂在奥古斯丁神学思想中的自然权利思想亦推动了中世纪自然权利观的演变。可以说,奥古斯丁的自然权利思想较为典型地体现和代表了中世纪时期的自然权利观。奥氏一生著述不懈,搭建起了一部庞大的基督教义阐述学。他沿承了古希腊柏拉图的思想,将哲学方法引入对神学的构建与解读中,将两者完美结合,以新柏拉图主义论证基督教教义,从而使得刚成型的基督教拥有了自己的哲学基础。在他对于基督教义的论述中也包含了对于古代自然法、自然秩序的一些看法,这些看法与观念便构成了奥古斯丁的自然权利思想,具体表现在以下两个方面:

其一,奥古斯丁对自然法基础进一步修正和创新性继承。奥古斯丁首次对古代自然法作了宗教性的系统阐释。他在其代表作《上帝之城》第八卷中探讨了自然神学,强调其思想与古希腊柏拉图的衔接,赞赏柏拉图的体系在哲学中是"流畅的典范",并且最接近基督教的真理。[①] 从对于古代自然法学说的分析出发,他指出其在新柏拉图主义的著作中看到了创造秩序的真理,那就是说世界既然是有序的,则一切顺从世界秩序的就是善的,一切违背世界秩序的就是恶的。他就以这种方式开启了古代自然法的神学转向,进而衍生出一种新的宗教自然法。在这一框架下,奥古斯丁发展出一种神学秩序观,即在《上帝之城》中占主导地位的思想,"是关于秩序(ordo)——也就是宇宙的神圣秩序——的正面教义"。[②] 他在这本著作中描述了一种自然秩序(ordo naturae):

> 在这些与上帝不同、由上帝所造的、具有不同程度存在性质的存在者中,有生命的被置于无生命的之上,有生育能力的,甚至有这种欲望的,被置于缺乏这种能力的之上。在那些有生命的事物中,有感觉的高于无感觉的,举例来说,动物高于植物。在有感觉的生物中,有理智者高于无理智者,举例来说,人高于牛。在有理智者之中,不朽的高于会朽坏的,比如天使高于人。这就是按照存在的性质排出的等级。[③]

奥古斯丁在《上帝之城》第十九卷第十三章中详细论述了关于秩序的概念,他认为:"一切事物的和平在于秩序的稳定,秩序是平等与不平等事

---

① [古罗马]奥古斯丁:《上帝之城》(上),王晓朝译,人民出版社 2006 年版,第 306 页。
② [芬]罗明嘉:《奥古斯丁〈上帝之城〉中的社会生活神学》,张晓梅译,中国社会科学出版社 2008 年版,第 28 页。
③ [古罗马]奥古斯丁:《上帝之城》(上),王晓朝译,人民出版社 2006 年版,第 464 页。

物的配置,使每一事物有其恰当的位置。"①

　　除了对古代自然法思想加以总结之外,奥古斯丁还在此基础之上,进一步将古代自然法思想完整地发展为宗教自然法思想。作为一名基督教的主教,他像所有其他基督徒所主张的那样,主张世界不是从任何物质中造出来的,而是从无中创造出来的。上帝创造了物质实体,他不仅仅是进行了整顿和安排。② 他严格阐述了基督教教义,认为宇宙中一切存在和一切运动的基础与结构均代表了一种宇宙秩序,而这种宇宙秩序正是万能的神创造的。人以及人的活动也是整个宇宙秩序中的一小部分。不过人类与其他万物的不同之处在于,人不仅具有肉体,还具有灵魂。只是人的肉体和灵魂以及其他万物均要受到上帝的主宰,他们必须服从于上帝。只有上帝创造出的永恒不变的法则才是万物都必须要遵从的。万物之间的秩序来自上帝创造的永恒法,也要遵守这一永恒法。永恒法代表着神的理性。自然是一种和谐秩序和人类理性的共同体。在奥古斯丁根深蒂固的这种神学秩序概念背后,体现的是一种以和谐为主导的静态宇宙等级秩序的古典世界观:在上帝的善的创造中,万事万物各有其位,各司其职。自然法(lex naturae)即为一种自然之善。"上帝是自然之善的最高创造者",③人类以及世间万物的运行发展均无法脱离上帝的安排。既然万物均是由上帝所先后创造,它们均存在一定的重要性之差别,一些事物会从本质上就高于另一些事物,即存在着一种自然秩序,如生物高于非生物,永恒之物高于易逝之物,灵魂高于肉体,这反映出自然秩序即为一种差别秩序,万物在这种自然秩序中均有自己合适的位置与排序,交替运行,体现着自然秩序本身的和谐与安宁。遵循自然秩序才能达到世界的有序与和平。

　　其二,奥古斯丁对法作出了更为细致的划分。他首次将法划分为三种,即永恒法、自然法与人定法。其中,永恒法(lex aeterna)是指上帝为世界创造出来的永恒法则,是上帝的理性存在,亦称为终极法(eternal

---

① [古罗马]奥古斯丁:《上帝之城》(下),王晓朝译,人民出版社 2006 年版,第 924 页。
② [英]罗素:《西方哲学史》(上),何兆武、李约瑟译,商务印书馆 1963 年版,第 434 页。
③ [古罗马]奥古斯丁:《上帝之城》(上),王晓朝译,人民出版社 2006 年版,第 466 页。

law），它代表着上帝的神圣与智慧，是世间万物一切法则的最高法，是一切正义的源泉与最高标准。永恒法体现着上帝对整个世界秩序的安排，是世间万物的内在秩序。而自然法与永恒法不同，它是指自然的秩序，它来源于上帝的永恒法，体现了上帝的无限智慧。自然法处于永恒法之下，是从上帝的永恒法中派生出来的。虽然奥古斯丁沿承了柏拉图的观念，认为自然法是刻在人的理性灵魂中的，表现为人的理性和良心，即人类可以通过拥有的理性能力发现自然法的存在。不过这并不能说明自然法是人的理性的产物，相反，自然法是源自上帝的启示，是对上帝永恒法的确认。而第三种法即人定法，或称世俗法，它是指永恒法在特定的人类共同体中的反映和体现，人定法会根据城邦、地域的不同而有所区别。

二、阿奎那的自然权利思想

托马斯·阿奎那是中世纪时期神学思想之集大成者，也是经院哲学派之开创者。他总结归纳出的神学自然法以"自然律"（lex naturalis）给当时的"君权神授"作注解，并在其鸿篇巨制——《神学大全》（*Summa Theologica*）的阐述中将中世纪的经院主义传统反映得淋漓尽致。他的突出贡献是推动了基督教教义研究的系统化与完整化。伴随着对教义的完善性注释，挟裹于神学理论体系之中的阿奎那自然权利思想不断调整、丰富，并逐渐显现出来，主要体现在以下三个方面：

首先，阿奎那进一步深化了对于人性的推崇与挖掘。他沿承了古希腊思想家亚里士多德的观点，认为人性可以通过理性发现，人们能在理性的帮助下发展出一套伦理道德规范。伦理和物质法则都是由于上帝的理性和完善而成为客观的和美好的。① 上帝成了"有本身"、是万物的目的，自然之"天"被改造为上帝之"天"，"天生"于是成为上帝创造，人作为政治动物的自然本性是上帝赋予的，"人天然是个社会的和政治的动物"。② 囿于当时的历史局限，阿奎那关于法律和人之自然权利的看法多数情况下是结合神学、伦理学等哲学理论来进行的。他指出，法是人们行动的一

① 沈宗灵、黄枬森主编：《西方人权学说》（下），四川人民出版社 1994 年版，第 30 页。
② 《阿奎那政治著作选》，马清槐译，商务印书馆 2013 年版，第 44 页。

种准则或尺度。理性是人的行动的第一原理,是人的行动的尺度和准则,理性对上帝意志及永恒法的参与就是自然法。他认为,凡是符合理性自然法的就是自然正当的,人的自然权利就是符合自然法规范的自然正当。① 阿奎那赋予自然法以科学的形式,将理性赋予信仰,将古希腊自然法思想尤其是亚里士多德的学说融入基督教原则,提出人类具备天赋的理性能力,应当利用这种理性能力探索自然秩序。他认为,上帝会透过自然给予人类神的启示,对自然秩序的考察便是对上帝启示的追寻,神学的最高目标就是人类运用赋予的理性以窥察有关上帝的真相,最终获得救赎。在这一探寻的过程中,世间万物里只有人类具备成功的可能性。因为,与其他万物相比较,只有人类具备理性这种珍贵的特质,从而能够在一定程度上分享上帝的永恒的理性。作为上帝的子民,人类按照上帝的模样被塑造出来,享有平等的人格尊严和人格权利。人类的行为能够自然地倾向于正义并且还带有特定的目的性。在阿奎那看来,正义的概念是指,"任何力量,只要它能通过共同的政治行动以促进和维护社会福利,我们就说它是合法的和合乎正义的"。②

其次,阿奎那进一步促进了神学自然法思想的发展。中世纪欧洲的政治哲学主要就是指神学,受到亚里士多德思想风潮的影响,阿奎那也试图开辟出一条新的理论之路,即将自然法与理性思想引入神学学说体系,用"自然法则"来论证"君权神圣"说。他是自然神学最早的提倡者之一。他承认自然秩序与自然理性的自主性,认为神学应当与自然相和谐。在其名著神学大全《论法律》③中,他集中阐述了神学自然法思想,并归纳了自然法的概念。与此前的思想家们所认为的"自然法"并不相同,阿奎那认为"自然法"并不是指关于自然界的一般规律与秩序,而是特指关于人性及其行为的规律与秩序。自然律是上帝制定的永恒律,并铭刻在人的心灵中,表现为人的自然禀赋和倾向。④ 自然法是一整套维持社会秩序

---

① 《阿奎那政治著作选》,马清槐译,商务印书馆 2013 年版,第 107 页。
② 同上书,第 105 页。
③ 《神学大全》第二集第一部分(II—I)问题 90—问题 108。中文版参见[意]阿奎那:《论法律》,杨天江译,商务印书馆 2016 年版。
④ 赵敦华:《西方哲学简史》(修订版),北京大学出版社 2012 年版,第 155—156 页。

所依赖的基本道德准则,其中的具体内容表现为自我保全生命的本能、繁衍后代、探究社会自然秩序、服从道德与法律,等等。

在法的分类方面,阿奎那吸收并融合了教会法、罗马法以及古希腊思想家的系列观点。在接受了亚里士多德有关自然法和人定法的两分法基础上,他将法律的种类划分为四个层面上的,即永恒法(Eternal law)、自然法(Nature law)、人法(Human law)与神法(Divine law)。其中,永恒法处于最高位置,象征着至高无上的上帝智慧与永恒理性,作为一种上帝用以统治宇宙的最高规范,永恒法适用于世间万物,不过对于人类而言永恒法一般是不可知悉的;位于第二层的是自然法,它代表了理性人类对永恒法的部分参与,反映了永恒法中与世俗的人类生活有关的那一部分内容,从属于永恒法;位于第三层的是人法,也称制定法,它是自然法适用于人类社会后的特定产物,是根据自然法,最终也是根据永恒法为准绳制定出来的成文法,是反映人类理性存在的实在法;另外还存在一种神法,也称为教会法,是人类通过上帝的启示所能够知晓的那部分永恒法,是反映在《圣经》中的戒律,是记录在《圣经》中的上帝的直接启示。阿奎那对于自然法学说的创新性体现在对自然法的排序方面,他认为所有的法均出自永恒法。在他的体系中,自然法不再是位于最高的法,由于最高的永恒法不可捉摸,因而自然法便成为永恒法与人法之间的纽带和桥梁,神法和人法都有可能对自然法加以补充。

在关于法与理性的关系方面,阿奎那指出:"法不外乎是旨在共同善的理性命令,由对共同体负责的人制定和颁布。""凡人按天性所倾向者,皆属于自然法。而人所专有之自然倾向,则是按理性行动。"①善是法的最根本目的。② 在阿奎那的自然法理论中,他认为上帝创造了整个宇宙的神圣秩序,人也归属于上帝的创造物,和其他创造物不同的是,上帝赋予人类以理性,通过理性的探索,人类可以知晓世界秩序,因而世间万物中能够在上帝指引下实现道德生活与神圣秩序的只有人类。阿奎那曾言:"我们赖以辨别善恶的自然理性之光、即自然法,不外乎是神的荣光在

---

① 杨天江:《马里旦——自然法的现代复归》,黑龙江大学出版社 2013 年版,第 76 页。
② 张乃根:《论西方法的精神》,载《比较法研究》1996 年第 1 期,第 8 页。

我们身上留下的痕迹。"①阿奎那的自然法思想使自然法学说真正神学化。他认为实在法之所以有效力是因为它体现了自然法或上帝的意志。他认为自然法相抵触的实在法便不再属于法律。因为法律"不外乎是对于种种有关公共幸福的事项的合理安排"。② 所谓"公共幸福"主要是指那些与人类的自然倾向相一致的各种生活要求,它的内容可以说就是自然法三项基本原则中所指明的如自我保全的要求、生养后代的要求以及探寻自然秩序与他人在社会中共同生活的要求等等。阿奎那将前述自然法则中的世俗生活要求作为人类的自然本性方面融入其对人法的阐释中,认为人类的正常生活需求便构成了人法的目标,通过这种论证方式,阿奎那将神学自然法与世俗的人法纳入一个整体框架,使得自然法包容了人法的确立规则,扩大的自然法的外延,无形中推动了自然法的世俗化发展,这为近代西方理性自然法的诞生奠定了部分历史基础。

此外,阿奎那对于皇权限制与通过法律保障人权等方面还作出了积极阐述。他认为皇权须受到法律的制约,即"按照上帝的判断,一个君王不能不受法律的指导力量的约束,应当自愿地、毫不勉强地满足法律的要求"。③ 关于法律目的,他认为"全部法律都以人们的公共福利为目标,并且仅仅由于这个缘故,它才获得法律的权力和效力"。④ 虽然说在中世纪公民权利根本无从谈起,不过这种先进的观念也可视为对人之自然权利的肯定。

三、基督宗教中体现出的自然权利观

欧洲中世纪的基督宗教对于启发人的主体意识,唤醒人性中的权利意识具有重要的影响。诚如恩格斯所言:中世纪是从粗野的原始状态发展而来的,它把古代文明、古代哲学、政治和法律一扫而光,以便一切都从头做起,它从没落了的古代世界承受下来的唯一事物就是基督教和一些

---

① 《阿奎那政治著作选》,马清槐译,商务印书馆 2013 年版,第 107 页。
② 同上书,第 106 页。
③ 同上书,第 123 页。
④ 同上。

残破不全而且失掉文明的城市……神学在知识活动的整个领域中的这种无上权威，是教会在当时封建制度里万流归宗的地位之必然结果。① 基督宗教主宰着中世纪社会的文化与思想，基督教教义中所倡导的创世平等观以及《圣经》中所提及的平等、正义等权利概念对自然权利观发展的促进作用主要体现在以下两个方面：

其一，基督教《圣经》中的创世平等观，促进了对人人平等的宗教解读。中世纪时期的基督教关于自然权利之思想承袭了古希腊时期斯多葛学派的抽象平等观，即在认识到每个人在身份、禀赋、经济、地位等各方面存在不可避免的区别的同时仍然认为世界上所有人都应当是平等的。基督教进一步把这种看似矛盾却又充满蛊惑的说辞上升至更为绝对的层面。如在基督宗教的蓝本《圣经》中认为，人是由上帝制造出来的，人的生命是上帝给予的，上帝创造了世间万物，其中最重要的就是人类，因而上帝的荣耀均匀地体现在每个人身上。上帝赋予每个人以理性，每个人都能反映出上帝创世的目的。由此在世俗社会中的每个人的人格尊严与生命价值均是平等的，"并不分犹太人、希腊人、自主的、为奴的、或男或女"，因为"在基督耶稣那里都归于一了"②。基督教倡导"人的普遍的同胞关系"，倡导人们在人格上以及精神上都是平等的。由于人从生命创造时就是平等的，因而人在自然状态下也必定是平等的。

作为对西方文明影响力最大的文献——《圣经》，在其开篇《创世纪》中记载了上帝创造天地、创造人类与世间万物的过程；认为所有的人都是兄弟，彼此之间应当互相恩待；人生而带有原罪与恶欲之心，上帝为了防范由于原罪可能对他人造成的侵害或者压迫，便定下了许多宗教教义与教诲，以让人们遵循与守护，而遵循这些教义的前提便是人生而具有人性尊严、人人都须得以公正平等相待。

基督教教义之集大成者《圣经·旧约》中的创世平等观为中世纪自然权利思想的产生奠定了重要的信仰基础。基督教"产生于被压迫者的运

① 《马克思恩格斯全集》（第七卷），人民出版社 1959 年版，第 400 页。
② ［美］乔治·霍兰·萨拜因：《政治学说史》（上册），盛葵阳、崔妙因译，商务印书馆 1986 年版，第 223 页。

动。它最初是奴隶和被释放的奴隶、穷人和无权者、被罗马征服或驱散的人们的宗教"[1]。罗马帝国后期出现的基督教在诞生最初时便倡导人类平等思想,在其有关耶稣的事迹记载中多次体现出了人的原罪平等[2]以及上帝儿女的平等[3]。既然都是上帝的子民,因此无论出身高低、财富多寡,世俗世界中每个人的生命价值与人格尊严都应当是平等的。在基督教教义统治下的中世纪,"天上之国"的地位远远高于"人间之国",在上帝视角下的人类不再是世俗的"国民",而是上帝之邦中的"子民"。

受基督宗教影响下的平等观相较于古希腊斯多葛学派提倡的平等观而言更加深刻。借助于神学的传播,它的覆盖面更为广泛。基督教的人人平等观随着教义的传播而深入人心,中世纪早期的基督哲学认为,上帝造人说中肯认当时的社会状态下人人之间是自由平等的,处于一种自然状态下。[4] 它更多地具有神学基础,人的意义在宗教教义里得到了阐释,这种人人都是上帝子民的思想中蕴含了丰富的人文主义理念,为近代西方自然权利理论的产生埋下了伏笔。近代自然权利观的产生不仅来自古希腊时期斯多葛学派所主张的自然法思想中的平等观念,更多是来自中世纪基督教教义中的创世平等观。公元一世纪左右,罗马帝国统治后期时,统治者愈发残暴不堪,人民生活水深火热,各种社会矛盾激增,而广大人民又无力躲避被残酷统治的悲惨现实生活,只得另寻精神上的安慰与信仰。早期基督教就是在这样的背景下于古罗马的巴勒斯坦城诞生的。基督教教义中较多宣扬一种创世平等的思想,如在《圣经·旧约》中讲述了耶稣基督的传说和事迹,同时还记叙了上帝创世以及造人的历史。从中可以看出,世间万物以及每个人的生命其实都是上帝给予的,上帝是所有人类的父亲,人类都是上帝的子民,由此可以推导出一个结论,即人与人之间无论外在多少差距,但是他们在人格尊严与生命价值上应当是平

---

[1]　《马克思恩格斯全集》(第二十二卷),人民出版社1965年版,第525页。
[2]　这里是指人类的祖先亚当、夏娃未听从上帝的旨意,受到上帝惩罚,因而他们的后代世世代代皆背负着原罪。
[3]　根据《旧约·创世纪》,每个人的生命都来自一个共同的造物主——上帝,每个人都是上帝的儿女。
[4]　至于后来的奴隶制度、私有财产制度等不平等现象都被解释为人的堕落的结果。

等的。基督教中由创世论推导出的人人平等观相较于古希腊斯多葛学派中浅显的平等思想而言更加具有说服力,"它把人的自然平等上升到了更高的层次,即在生命创造意义上的平等"。① 中世纪末期,基督教教义使得自然权利思想被道德化、权利化,为近代自然权利的法律化作出了铺垫。作为一种道德层面的思想被人们广泛接受,这也是自然权利在现当代走向国际化的一个重要前提。基督教教义中的创世平等观有力地促进了近代自然权利观的产生与形成。

其二,基督教教义中规定的人类所享有的权利是近代自然权利内涵的核心内容的雏形。在基督教蓝本《圣经》中存在不少有关公平正义的规范表述,正义一词 Mishpat 在希伯来《圣经》中出现过 424 次,分别见于406 节经文之中。该词通常英译为 just 或 justice,含义虽然有多重,但大都与律法相关,如符合律法的生活、法律纠纷的公平判决、律法和典章本身、法权、一般法律程序、公平的度量、法官的判决和量刑,此外还指道德上的正直、人的正义感、做事的正当、正义的社会秩序等。② 基督宗教认为,个人首先是归属于神的个人,然后才是国家的臣民,这在特定方面体现了人人生而平等,并有权平等地享有各种权利的思想雏形。当代社会各国普遍认可并遵循的《联合国宪章》《世界人权宣言》中描述的公民权利、政治权利、经济社会文化权利等各种现代权利其实在《圣经》的规范中都能够找到它们的影子。

此外,关于财产权方面,在西欧封建社会后期,农民阶级向贵族阶级提出平权反抗时,就主张"上帝儿女的平等","甚至已经多少推论到财产的平等","它要求农民和贵族平等""取消徭役、地租、捐税、特权,它要求至少消除那些最不堪忍受的财富差别——这些要求,都是带着或多或少的明确性提出来的,而且是作为原始基督教义的必然结论提出来的"。③大约 12 世纪时,统治者与"人民"之间的权利与义务关系开始获得确立,

① 夏勇:《人权概念起源》,中国政法大学出版社 1992 年版,第 100 页。
② Andrew S. Kulikovsky, "justice and the Bible: Paper presented at Summit Australia Conference," January 2007, p.13. 转引自傅有德:《希伯来〈圣经〉正义:观念、制度与特征》,载《文史哲》2014 年第 1 期,第 140 页。
③ 《马克思恩格斯全集》(第七卷),人民出版社 1959 年版,第 403—404 页。

划定国王与"人民"之间权利与义务后最重要的结果，就是使人民①在一定程度上获得了财产权和反抗权。"征税必须得到被征税者的同意"的观念在中世纪后期时已深入人心。

第三节　中世纪自然权利观评析

西欧中世纪时期社会政治文化发展缓慢，王权专制统治下的社会中几乎无权利可谈，更毋宁言及自然权利理论的出现。在冗长的社会历史演进中，自然权利思想几乎犹如被层层按压的星星之火。这一阶段的西方自然权利观发展极为踯躅，呈现举步维艰、缓慢推进的态势。尽管如此，中世纪自然权利观的演进仍存在其积极表现的一面。

一、中世纪自然权利观的进步性

中世纪自然权利观的发展过程刚好处于古代自然权利思想与近现代自然权利理论之间，起着一种联结古代与现代自然权利观念的承前启后之作用。中世纪时期的学者从古代自然法思想中谈及的自然状态理论中引申出了自然权利，这一概念的提出和理论的发展是西方自然权利发展史上一个重要的进步节点，对近代资产阶级天赋人权论的形成产生了重大影响。总体而言，在黑暗的中世纪，历史前行的车轮步履蹒跚，自然权利思想并未真正成型，偶尔的亮点应当归之于 1215 年《英国大宪章》(*Magna Carta*)的出台。它的历史意义在于，《英国大宪章》是西方自然权利思想首次被法律化与权利化的典型体现。

首先，中世纪时期出现的《英国大宪章》(以下简称《大宪章》)是人类历史上首次以法典的形式将人民的权利宣示、固定下来的法律，以法律保护公民的权利，张扬了自然权利精神，是反映中世纪自然权利观进步性的

---

① 该时期的"人民"主要指的是贵族，但随着社会的进步，自由人特别是市民也渐渐加入了这一行列。

代表性法律成果。《大宪章》制定于 1215 年,当时的欧洲大陆正处于中世纪后期,《大宪章》的颁布表明欧洲尤其是英国自然权利思想的发展呈现出历史上的一贯连续性,体现出自然权利思想在历史承继上有一个循序渐进的发展过程。

概而言之,在自然权利思想历史演进的连续性、完整性的长长链条中,《大宪章》是一个发展的奠基者、一座重要的里程碑。它对于自然权利思想的促进与发展主要体现在:当时的《大宪章》中一系列的权利保护条款,其中大多数条款目的是给予贵族或者教会以更多的权益。"约翰王通过这一特许状授予他们……某些特权或豁免权,包括贵族财产的继承权、寡妇的财产权、财产不受非法剥夺权……还有最重要的一个权利,即国民对违法国王的惩处权。"①虽然它由于时代局限性仍然无法摆脱一定的封建特征,但是随着时代的前进,那些条款中规定的权利所能享受到的主体日益扩大,覆盖在数量更为广大的平民身上,因而在实质上已经改变了制定者当时的初衷。如《大宪章》第 60 条规定:"上述所有之惯例与朕所授之特权,……在全国都有效……全国所有人,无论神职或俗职,都须同样遵守。"②此外,在《大宪章》中的权利保护条款中有一部分是当时贵族和教会为了保护他们的家庭及家属的权益,随着权利主体覆盖面的扩大,这些条款成了保护家庭妇女和儿童权利最早的立法先例。

其次,英国《大宪章》在事实上成为英国人民争取权利的起点,在《大宪章》精神的引领之下,英国人民经过了前后长达五百年的持续斗争,不断与封建的君主制对抗,肯定与增强了对人民权利的保障。自然权利思想被法律化,具体反映在英国《大宪章》的部分条款规定中。特别是其第 39 条规定,任何自由人将不受逮捕、监禁、没收财产、剥夺法律保护、流放或以其他任何方式受到伤害。这里是首次从法律上确认了公民的人身保护权。

中世纪《大宪章》在 1215 年签订颁布之后经历了多次修订与确认,尽管由于皇权更迭不止,《大宪章》在英国的历史实践中并未落实到位,有关

---

① 陈国华译:《大宪章》,商务印书馆 2016 年版,第 18 页。
② 同上书,第 53 页。

《大宪章》贯彻实施的案例在当时很少见到；但是《大宪章》条款中承载的那些自然权利精神仍然未被遮盖住，经过英国大法官以及法学学者的注释，它所体现出来的自然权利精神被进一步发扬光大，对近代英国各种宪法性文件的颁布起到了尤为积极的影响。如1628年，在《大宪章》沉寂四百余年之后，英国近代自然权利思想逐渐复兴，通过了《权利请愿书》①。该《请愿书》中不仅再次确认了《大宪章》条款的精神，而且重申了在《大宪章》中就已经确定下来的"非经法庭判决，不得逮捕任何人或没收其财产；非经国会同意不得向人民征税；不得强占民房驻兵"等传统性规定。这就代表再次以法律的形式肯定了自《大宪章》出台以来人们就拥有的自由权等传统。又如，1679年英国议会为反抗王权对当时的清教徒的迫害而出台的《人身保护法》②，该《人身保护法》中对于中世纪时期社会里就已经存在的保护人身权利的各种习惯制度加以法定化，其中明确规定了非经发布逮捕令，不得拘役和羁押任何人；被逮捕人有权向法院申请人身保护；不得以同一罪名再度拘役已准予保释的人犯；等等。在英国《大宪章》的直接影响之下，1679年的《人身保护法》可以说是确立了真正近代意义上的公民人身自由权利，标志着自然权利法律保护制度的真正确立。及至1689年，英国议会又通过《国民权利与自由和王位继承宣言》③（以下简称为"《权利法案》"）进一步重申了此前所确立的各项权利原则。该《权利法案》具体规定，未征得议会的同意，国王不得随意废除法律的实施或者停止法律的实施；议会中的议员通过自由选举而产生，议员于议会中的演说、辩论或者议事均是自由的、受到保护的，等等。1689年《权利法案》确立了议会至上、权利至上的原则，宣告了专制王权的结束，它是自然权利法定化发展史上一座重要的里程碑。总之，英国人民对权利和自由的不懈追求均体现在《大宪章》以其内容和原则为基础而制定出来的后续一系列英国人权法律文件中，在整个过程中，1215年《大宪章》起到了划定

---

① 英文全称为 Petition of Right。https://en.wikipedia.org/wiki/Petition_of_Right。

② 英文全称为 Habeas corpus Act。https://en.wikipedia.org/wiki/Habeas_Corpus_Act_1679。

③ 英文全称为 An Act Declaring the Rights and Liberties of the Subject and Settling the Succession of the Crown。

起点以及引领后世的作用。

最后,英国《大宪章》不仅指引着其本国此后的自然权利立法实践,同时还深深影响了后世法国、美国甚至世界范围内现当代自然权利理论的实践与发展。《大宪章》不仅将中世纪时期发展缓慢因而显得格外珍贵的自然权利思想以法典形式固定下来,而且对于近现代的法国、美国乃至世界范围内的当代自然权利理论与实践发展均产生了巨大影响,具有深远的历史意义。《大宪章》中所体现出来的限制王权以保障个人权利的精神最早在欧洲文艺复兴时期被对岸的欧洲大陆国家尤其是法国所吸收,丰富了其人文精神的内涵。例如,1789 年法国《人权宣言》的产生不能不说是受到了近代英国哲学家洛克思想的影响,而洛克显然是继承了英国《大宪章》所开辟出来的自然权利道路。

北美大陆的情况亦是如此,随着"五月花号"驶入美洲大陆,英国清教徒们带着《圣经》和《大宪章》来到了这片北美新大陆。殖民地时期,北美人民为了反抗英国政府在殖民地区的征税问题与英国统治者的专制统治进行了顽强的斗争,他们根据《大宪章》第 12 条"未经全国广泛协商,不得……征收任何代役金或摊派任何捐助"的规定,认为非经殖民地议会同意,英国国王根本无权在殖民地征税。他们在与英国统治者进行独立战争过程中提出"无代表不纳税"等权利口号。在独立战争取得完全胜利后,美国人民又根据英国《大宪章》的精神颁布了自己的美国宪法,以最高法、成文法的形式保障了美国人民的权利,并使《大宪章》中体现的那些自然权利原则得到部分的实现。在谈及《大宪章》对于美国宪法制定的影响时,美国思想家黑兹尔廷(Hazeltine)一针见血地指出,"《英国大宪章》的条款精神被糅合在美国《权利法案》的内容中,那种精神指的是对于包含立法权力、行政权力以及司法权力在内的所有公共统治权力的限制","《大宪章》对于美国的深远影响不单单体现在对于美国成文宪法内容上的影响,更为重要的是,大宪章是英国法治精神的代表与象征"[1]。

除法国、美国之外,英国《大宪章》对于当代世界范围内的人权理论发

---

[1]　H. D. Hazeltine. "The Influence of Magna Carta on American Constitutional Development," *Columbia Law Review*, 1917, Vol.17, No.1. p.33.

展也具有非常积极的影响力。第二次世界大战后,在联合国的努力下,《大宪章》的限权精神被世界大多数国家所认可并接受。1948 年联合国通过的《世界人权宣言》中有许多部分吸收了英国《大宪章》以及随后的衍生法律文件《权利请愿书》和《权利法案》中的观念和内容。例如在公民权利方面,《世界人权宣言》第 9 条中的规定"任何人不得加以任意逮捕、拘禁或放逐"即明显是采纳了《大宪章》第 39 条①的内容,确立了公民的人身保护权。又如,根据《大宪章》第 30 条、第 31 条的内容,《世界人权宣言》第 17 条第 2 款规定,"任何人的财产不得任意被剥夺";根据《大宪章》第 40 条的内容"朕不会向任何人出卖权利或正义,朕也不会拒绝或拖延任何人之权利或正义"②,《世界人权宣言》第 40 条相应规定,"人人有权享受法律保护"。在经济社会权利方面,《世界人权宣言》亦是通过现代语言的方式将《大宪章》中有关权利的所有内容重申了一遍,尤其是在《世界人权宣言》第 22 条和第 23 条③等条款中都有明显的体现。随着《世界人权宣言》在当代世界范围内的广泛传扬与普遍认可,其中体现出的《大宪章》中首创的自然权利精神也得到了各国民众极大的注重与肯定,并且这种精神将会继续以其深厚的人文底蕴激励、鼓舞着当代自然权利理论与实践的不断进步。

二、中世纪自然权利观的局限性

西欧中世纪时期,也是基督教神学思想地位最高的时期,当时的社会意识中一切是以神为中心,神被置于最崇高的化身。人是卑贱的、渺小的、愚笨的,个人应当抛弃世俗生活,人的思想需依附在神学统治下。简

---

① 《英国大宪章》第 39 条规定,任何自由人将不受逮捕、监禁、没收财产、剥夺法律保护、流放或以其他任何方式受到伤害。
② 陈国华译:《大宪章》,商务印书馆 2016 年版,第 46 页。
③ 《世界人权宣言》第 22 条和第 23 条分别规定,每个人,作为社会的一员,有权享受社会保障,并有权享受他的个人尊严和人格的自由发展所必需的经济、社会和文化方面各种权利的实现,这种实现是通过国家努力和国际合作并依照各国的组织和资源情况。人人有权工作、自由选择职业、享受公正和合适的工作条件并享受免于失业的保障。人人有同工同酬的权利,不受任何歧视。每一个工作的人,有权享受公正和合适的报酬,保证使他本人和家属有一个符合人的生活条件,必要时并辅以其他方式的社会保障。人人有为维护其利益而组织和参加工会的权利。

言之,基督宗教神学贬低人的地位,否认人的价值。因而这一时期的自然权利观始终被神学至上、君权神授的观念所束缚,自然权利观的发展带有不少局限性。诚如恩格斯所言,"中世纪把意识形态的其他一切形式——哲学、政治、法学都合并到神学中,使它们成为神学中的科目。因此,当时任何社会运动和政治运动都不得不采取神学的形式"。① 自然权利观的发展也不例外。神权至上、君权神授的观念是中世纪自然权利观最主要的缺陷,严重桎梏了中世纪自然权利思想的进步与发展,导致漫长的中世纪时期中,自然权利思想的发展踯躅徘徊、停滞不进,并未形成较为成熟的自然权利理论。

　　囿于时代背景,当时的主流学者譬如奥古斯丁认为上帝是一个"无中生有"的创世者,凭借主观意志创造出了一个完整的世俗世界。又如阿奎纳相信神学,并主张君权来自神权的赋予,为了更好地对这一主张加以论证,阿奎那将哲学上经典的"三段论"逻辑引入基督教教义的论证中。他提出大前提是"自然界只能有一个权力";小前提是"天主主宰宇宙世界,君主统治世俗社会";结论必然是"君权神授"。君主的权力是天主通过基督教会授予的,因而教权必然在王权之上。上帝高于一切,一切服从于上帝。在这种等级思想下,阿奎那承认并拥护社会的不平等,肯定奴隶制度存在的合理性,并从理论上解释了社会不平等制度现象与上帝创世平等的神学思想之间的矛盾。阿奎那提倡等级制度,在论证了"君权神授"之后,他指出君主政体应当是人类历史上最适合的政治制度,此外,由于教会追求的是一种更高的自然的、公共的善,因而在地位上更加高于国家。处于中世纪的欧洲社会是一个神权统治下的社会。封建神权与教会神权紧密结合,为了维护这两者的利益,它们相互勾连,主张政治隶属于宗教,世俗服从于教会,国王的权力是由上帝通过教会授予的,教权高于王权。人的一切,包括权利,并非人所固有,它们来自上帝的恩典。② 通过皈依耶稣基督,人人可以成为上帝的儿女。

　　中世纪时期唯一的意识形态便是宗教和神学,中世纪的权利观念只

① 《马克思恩格斯选集》(第四卷),人民出版社 2012 年版,第 251 页。
② 李国亮:《简论人权思想的起源与演变》,载《中外法学》1991 年第 5 期,第 26 页。

能建立在神学基础之上。而基督教神学的核心方向就在于崇尚神权，否定个人的权利，它的目的是为封建皇权与等级制度搭建思维平台。即便存在些许与自然权利思想相联系的观念或者社会制度，它们也都是手段，而非目的，其目的则是论证与突出神的光辉。从神学家奥古斯丁至经院哲学家阿奎那，他们均认为上帝无处不在、无所不能，他们宣扬的主要思想仍然是神权之上、君权神授等封建等级制度思想，阿奎那的自然法理论中尽管存在些许对人的权利的肯定，但总体而言，阿奎那的观念仍然是局限在神学范畴之内，无法被视为真正的近代自然权利理论。他们的思想仍然无法脱离当时社会历史发展的局限性，反而成为压在广大人民身上的精神枷锁。

此外，中世纪时期的自然权利思想中，权利的享有主体范围仍然是狭窄的，仅属于上层统治阶级的权利。中世纪自然权利思想的进步与变化仅是相对而言的。例如，从1215年英国《大宪章》条款中的规定来看，那时的法律性文件中所规定的权利不过是"自由人"的权利，而自由人当时仅指英国的教会人士、贵族人士等上层社会统治阶级，这部分人数占英国人口总数的很少一部分，也即难得的个人权利也仅仅是属于当时社会中较少一部分人所享有。这与现代社会的自然权利概念还是存在权利主体范围方面的实质性差异。最后，基督教教义中描述的所谓人到达天国后可以享有自由平等的观点容易导致广大底层人民将生活希望寄托于来世，而甘愿认同得不到自由与平等的现世，这样的一种宗教平等观带有一定程度的欺骗性，麻痹了人民的意志，仅是一种理论上的幻想。

第四章
近代自然权利理论之形成

　　14、15 世纪，随着商品经济的发展，新兴资产阶级开始形成并壮大，他们意识到需要摆脱封建神权统治，寻求对人自身价值的关注，以莎士比亚为代表的文艺复兴时期的人文主义者高举"人的价值和尊严"这面大旗，强调人在社会生活中的主导地位。随后各国发起的宗教改革运动进一步打破神权统治，弘扬自然权利，人民应当享有天赋的权利这一观念逐渐形成社会的主流思潮。及至 17、18 世纪的启蒙运动，伴随着资产阶级革命进程的深入推进，近代西方自然权利理论逐渐形成，其中启蒙思想家所提出的"天赋人权"理论始终占主导位置。"天赋人权"理论形成的思想基础是古典自然法学说与人文主义思潮。古典自然法学说描述了一种在国家制度形成之前就已经存在的"自然状态"，在这种自然状态下，人人都享有一定的自然权利，人处于社会运转的中心地位，人是理性的权利主体。维持这种社会正常运转的秩序便是"自然法"，人们若想实现自我价值则须遵守自然法所规定的一系列行为规范。每个人都有契约自由，可以把自己拥有的一部分权利让渡出去，组成政府，制定法律。政府组建以及法律颁布的目的均是为了保障个人的权利和自由得以实现。在人拥有的各项权利中有一部分是不可转让、不可剥夺的，这便是自然权利。对人性的推崇、以人为本位的强调体现了一种人本主义。这种人文主义思潮内蕴形成于西方自然法传统中，它更加强调对于人的尊严和价值，强调个人解放，将生命权、自由权、平等权、追求个人幸福权作为人固有的权利体

系,最终形成了近代自然权利理论,因而古典自然法理论与人文主义思潮
是近代自然权利理论形成之温床。

第一节　近代自然权利理论
形成的思想基础

近代自然权利理论的形成渊源于对古代与中世纪时期权利思想的汲
取和改造。文艺复兴时期以来,新兴的资产阶级思想家们不仅从激烈的
反封建、反宗教的现实斗争中培养孕育出近代自然权利思想,更是从古希
腊、古罗马、中世纪时期已有的权利思想中找寻补给近代自然权利思想的
养料,并加以借鉴与改造,形成了自己独有的、较为完善的近代自然权利
理论。该理论得以正式形成的思想基础不外乎于两点,即古典自然法理
论与人文主义思潮。

一、古典自然法理论对近代自然权利理论形成之影响

文艺复兴以来的近代自然权利思想型构于古典自然法理论基础之
上。在漫长的人类思想史中,"自然法"这一概念及其思想尽管在不同时
期被不同的人为着不同的目的而使用,对其内涵也有诸多不同的解释,但
这一学说从古至今绵延不绝,经久不衰。除 19 世纪曾衰落了近一个世
纪,自然法思想在法理学界一直是一种非常盛行的学说。自然法学派将
法理解为一种理想、价值,或曰道德,认为宇宙中存在一种高于实在法,并
指导实在法的普遍原则,即宇宙运行不变之自然法则。古典自然法理论
是近代西方自然权利理论形成的思想渊源。

首先,自然法理论的形成过程就是西方自然权利理论不断孕育生
成的过程。自然法学说的发展共分为三个阶段:第一阶段启于公元前
5 世纪古希腊思想家提出"自然法",至欧洲中世纪发展为等同于上帝
法的内涵,这一阶段的自然法被称为古代自然法思想传统;第二阶段从
欧洲中世纪后期到 19 世纪资产阶级革命胜利结束,这一阶段的自然法

高举"自然权利"的旗帜,积极投入资产阶级推翻封建统治的革命洪流中,被人们称为古典自然法理论;第三阶段自 20 世纪初重新复兴起,尤其是第二次世界大战后至今,为了和之前的自然法理论相区别,这一阶段的自然法被称为新自然法。其中,自然法学说的核心思想体现在自然法理论发展的第二个阶段,即古典自然法理论。中世纪末期,随着文艺复兴、宗教改革运动、商品经济和科学技术的发展,人们的个性意识被唤醒,开始用理性来追寻法的本源。到了近代,自然法的观念发展到高峰,自然法成了资产阶级反对封建斗争的理论武器。它的主要代表人物有格劳秀斯、霍布斯、洛克、孟德斯鸠、卢梭等启蒙思想家。他们从人的理性出发,认为存在一个"自然状态",在这一状态下人们享有由自然法保障的天赋自然权利,国家是人们之间通过社会契约建立的;自然法体现了永恒的正义,它代表人类的理性和本性,是最高的法律;自然法是"真正理性的命令",连上帝也要受它的支配,是永恒的;法是以普通的人性为基础的,因而凡是全体人民的共同意志就同样适用于每一个社会成员,不论其阶级地位、财富状况、社会地位等,在法律上都是平等的,都有同样的自由和权利。

自然法理论的形成经历了上述漫长的发展演变过程,从最初的"自然""自然法"观念的产生,演变为人们在"自然状态"中固定享有的"自然权利",直至形成一套完整的西方自然权利理论。自然权利思想其实就是在继承古希腊、古罗马和中世纪的自然法思想的基础之上形成的。在古希腊智者以及斯多葛学派的自然法思想中便可以看出自然权利思想的萌芽。他们认为自然界中普遍存在着逻各斯或者自然法,它赋予每一个人相同的理性,因而人与人之间都是平等的,没有贵贱之分。在这一漫长的演变过程中始终围绕着人们对"自然"一词的理解。实际上,"自然"这一概念在古希腊古罗马时期社会人们的观念中就已经产生了。公元前 5 世纪前后出现的古希腊智者在很早就对"自然"进行过辩论,认为自然是指事物的本性[1],即自然中存在着某种规律性与理性,遵循自然的法则是体

---

[1]　自然的英文是 nature,亦包含有事物本性之意。

现正义和真理,自然法则是先于人为的国家法则出现的,"上帝使人人生而自由,而自然则从未使任何人成为奴隶"。① 反对派则认为,按照"自然",人们就是生而不平等的,因此,社会划分为奴隶、平民、贵族等阶层是天经地义的、正确的做法。智者们关于"自然"的正反两方面探讨对之后的近代西方自然法理论的形成奠定了基础。关于人类早期生活的社会所处的样态,古希腊智者普罗泰戈拉认为,人类最初生活在一种没有秩序和保障的自然状态下,为生存所迫才联合起来组成社会,而神又给人们送来了治理社会的法则,于是国家就产生了。后来的国家起源说大都没有脱离这一框架,尤其是"自然状态"的假设,在 17、18 世纪的启蒙理论中极为盛行。②

　　其次,古典自然法理论是资产阶级近代自然权利理论得以形成的逻辑起点。古典自然法学为近代资产阶级民主法治等实践活动提供了雄厚的理论基础,为资本主义的自由发展扫清了观念和制度上的障碍,亦成为反对封建专制制度、指导资产阶级革命进程并建立资产阶级法制的理论武器。李普曼指出,"无论自然法学说的命运有怎样的变化,事实仍然是:在格劳秀斯以后的两百多年期间,法学家、哲学家和神学家都坚定地相信自然法学说。如果没有自然法体系和自然法先知者的学说,近代宪法和近代国际法都不会有今天这个样子。在自然法的帮助下,历史教导人类走出中世纪的制度而进入近代的制度"③。

　　古典自然法理论从三个方面促进了自然权利理论的形成。第一,古典自然法理论中核心崇尚的是理性主义,认为理性是自然法的核心,把自然法视为理性的建构,意味着自然法是绝对有效的,即使上帝也不能改变。西方世界自古希腊时期以来两千多年间的思想理论一直受到"人是具有理性的"这样一种观念所影响,认为人的理性可以发现并型构社会秩序。起初,这种思想源自以芝诺为代表的斯多葛学派思想,如芝诺就认为

---

① [美] G. H. 萨拜因:《政治学说史》(上册),盛葵阳、崔妙因译,商务印书馆 1986 年版,第 54 页。
② 张桂林:《西方政治哲学》,中国政法大学出版社 1999 年版,第 10 页。
③ [英] 劳特派特修订:《奥本海国际法》(上卷·第一分册),王铁崖、陈体强译,商务印书馆 1971 年版,第 63 页。

"整个宇宙乃是由一种实质构成的,而这种实质就是理性"。古罗马法吸收了斯多葛学派的理性思想,之后,这一思想又被中世纪时期的神学自然法学家们所延续并重新加以阐释。在近代启蒙运动中,人具有理性的观念便毫不犹豫地成为资产阶级革命家们与封建王权进行殊死反抗斗争的思想旗帜,逐渐演进为古典自然法学的核心思想。第二,古典自然法学的价值观念是个人主义,即个体是集体和社会存在的前提和基础,因此个人拥有优先权,国家对个人的干预必须是最低限度的。个人所享有的自然权利是每个人生而有之、不可或缺、不容剥夺的。在自然法理论中,个人主义的实质是个性的解放、独立和自由。古典自然法学说的目的主要在于它强调"自然"的权威性,倡导人的理性,承认个人在自然状态下拥有自然权利。这种自然权利是天赋的,不是现有社会法律秩序赋予的,因而人们在该学说指引下有权突破封建历史桎梏,摆脱现有不合理政权的束缚,在实定规则之上追寻正义、公平、自由等抽象价值的检验。第三,古典自然法理论提倡分权主义,①尤其是洛克和孟德斯鸠认为,一切有权力的人都容易滥用权力,无限制的权力必然导致政府的腐败从而摧毁人民的自由和权力,因此,为了防止政府滥用权力,必须将权力依职能划分为相对独立的各个部分,分别由不同的机关来行使。② 该学说所具有的理论突破性与革命性对于自然权利理论的形成而言具有重要意义。西方历史上几大经典自然权利文献,如《美国独立宣言》与《法国人权宣言》乃至联合国《世界人权宣言》等文献中的阐述均是以此自然法思想为根基的。

二、人文主义思潮对近代自然权利理论形成之影响

中世纪晚期,以意大利为代表的欧洲各国经济逐步复苏、繁荣起来,由于生产力的提高,在佛罗伦萨、米兰和威尼斯等城市里新兴的资产阶级为反抗宗教的神权地位,反抗天主教会对人们精神领域的掌控,争取个人思想的自由,在复兴古希腊、古罗马等古典文化的名义下发起了一场浩浩荡荡的弘扬资产阶级思想和文化的运动,对封建时期神学展开猛烈批评,

---

① [英]洛克:《政府论》(下篇),叶启芳、瞿菊农译,商务印书馆1983年版,第78页。
② [法]孟德斯鸠:《论法的精神》,张雁深译,商务印书馆1961年版,第154页。

并迅速扩展至整个欧洲,这便是发生在公元 14—16 世纪的文艺复兴运动。作为反抗封建制度的一种思想武器,人文主义思潮在这场新兴资产阶级反封建斗争中发挥了重要的指导作用。人文主义思潮代表人物是弗兰齐斯科·彼特拉克(Francesco Petrarca,1304—1374 年)。他是意大利的著名诗人、文艺复兴第一个人文主义者,也被誉为"文艺复兴之父"。在他的著作《歌集》中猛烈抨击了教会。由于教会在中世纪是封建势力的总代表,是万恶之源,因此要宣扬人文主义,就必须揭露和反对教会。彼特拉克抨击教会是万恶的、野蛮凶狠的、充满欺骗性的,如同黑暗的监狱。赞成人文主义理论的学者认为,总有一天罗马帝国会再次兴起,重新恢复古典文化的纯洁性。人文主义肯定人的尊严、人的伟大,提倡个性解放和个人幸福,以人为本位,它是当时社会的进步思想。人文主义思潮主要有以下三个方面内容:第一,以人性论反对神权论,认为人不是神的奴仆,人有理性和智慧,可以创造一切,这就把人从神的统治下解放出来,使人在历史上第一次开始走出上帝的身影;第二,用个性解放反对禁欲主义,认为现世的幸福高于一切,人生的目的在于追求个人自由和个人幸福;第三,用理性反对教会的蒙昧主义,人文主义追求科学知识,探索自然,认为"知识就是力量"。[1]

　　人文主义对于近代自然权利理论的影响体现在以下两个方面。其一,人文主义思潮为自然权利理论的形成开启了一扇新的窗口,树立了"以人为中心""个人优先"等理念。古希腊智者学派代表人物普罗泰戈拉提出的观点"人是万物的尺度,是存在物存在的尺度,也是非存在物存在的尺度"中就是关于人类中心思想的最早表述。近代时期德国思想家康德的"人为自然立法"则是对这种人类中心主义的现代阐释。其二,人文主义思潮为自然权利理论的形成奠定了伦理基础。早在古希腊古罗马时期,当时的思想家们就曾经对人性与自由之间的关系作过阐述,提出了人本自由说。"本性自由说包括四个互相联系的方面,一是人在本性上是利己的、自私的;二是人在本性上是有尊严的;三是人

————————————

①　张定河、白雪峰:《西方政治制度史》,山东人民出版社 2003 年版,第 346 页。

在本性上是有理性的,能自我决定和选择;四是人在本性上是能够并应该抵抗一切侵辱的。"①

　　文艺复兴时期的人文主义思想家考察了自然权利理念的历史发展过程,将人性、人的尊严与自然权利的关键要素结合起来,认为人本主义是自然权利产生的伦理基础,自然权利是人文主义思潮的必然产物,对近代启蒙思想家形成完整的自然权利理论提供了养分和前提。正如罗伯逊在《世界上的人权》中所写的:"当我们考虑我们所信奉的人权哲学根基时,似乎十分清楚,其主流来自西欧的自由民主传统——希腊哲学、罗马法、犹太——基督教传统、宗教改革和理性主义时期的人文主义等。"②西方人文主义的核心思想与目标就是,每个人的存在本身就是有价值的,强调保障人的尊严,促成每个人作为人的内在价值和人的尊严的实现。毫无疑问,人文主义为资产阶级革命做了舆论准备,它的以个人主义为核心,以自由、平等为基点的人道主义,以唯心史观为基础的抽象的人性论,成为近代西方资产阶级人权理论最早的思想渊源。③ 现代西方世界"较高的生活水准和牢固确立的制度,诸如代议制议会、向选民负责的政府、自由的选举、国内和平、公共教育、言论自由、福利国家,这一切都来自人文主义传统"。④ 当时许多先进的资产阶级思想家们冀望通过宣扬复兴古希腊古罗马时期的文化而为资产阶级本身争取更多的权利;冀望通过宣扬人文主义精神,张扬人文价值,凸显人的自然本性与人的尊严,因而人文主义的大发展为此后的启蒙运动中出现的天赋人权理论的形成奠定了坚实的思想基础。"这个运动所带来的思想大解放,也为人权思想的产生和广泛而迅速的传播打下了社会基础。如果没有这个基础,近代欧洲的启蒙运动能否获得成功,将是值得怀疑的。"⑤正是在这些条件下,自然权利理念被欧洲的思想家们继承并发扬,并逐步形成了较为系统的近代资产阶级自然权利理论。

---

① 夏勇:《人权概念的起源》,中国政法大学出版社 1992 年版,第 102 页。
② 庞森:《当代人权 ABC》,四川人民出版社 1991 年版,第 6 页。
③ 沈宗灵主编:《法理学》(第二版),高等教育出版社 2004 年版,第 206—207 页。
④ 〔美〕阿伦·布洛克:《西方人文主义传统》,董乐山译,三联书店 1997 年版,第 278 页。
⑤ 李国亮:《简论人权思想的起源与演变》,载《中外法学》1991 年第 5 期,第 26 页。

第二节　近代自然权利理论
之不同流派

　　"自然权利"理论是盛行于 17、18 世纪西方古典自然法理论的核心内容。由于自然状态先于国家的成立就已经存在，因而处于自然状态之中的人们天生地拥有某些不可撼动、不可转让的权利，这些权利便是"自然权利"。14—16 世纪的文艺复兴和宗教改革运动洗涤了人们的心性，彰显了人性的光芒，对于"自然权利"以及人自身价值的推崇使得西方人权思想在近代资本主义社会里开始逐步体系化，逐渐形成一套较为完整的、全面的、可谓自圆其说的理论，即建立在古典自然法基础之上的"天赋人权"理论。17—18 世纪，随着西方国家新兴资产阶级经济地位的日渐提高，他们对于政治方面的各项需求也相应增加，从不满足于封建王权对自身的压迫，到奋起反抗各种政治歧视，越来越强大的资产阶级思想家和政治家开始产生了与封建社会时期至高无上的神权、王权以及等级特权相对抗的意识，并以实际行动高举"天赋人权"旗帜掀开了赋有历史进步性的资产阶级思想启蒙运动。由新兴资产阶级倡导的启蒙运动的核心内涵在于，强调人人都是天生独立、自由和平等的。人的生命权、自由权和财产权都属于人的自然权利，人的自由、平等这些权利都是自然赋予的，因为它们合乎人性，是由于人的本性而随之产生的，因而具有不可剥夺性、不可转让性。"天赋人权"学说是人类思想史上首次明确系统阐述自然权利的理论，该一理论有力促进了革命中的人们斗争意识的提高，在新兴资产阶级推翻腐朽封建势力的革命斗争中起到了理论引领与号召的积极性作用，它既是过去两千年来西方社会思想文明的结晶，更是推动 17、18 世纪资产阶级革命前进与胜利的伟大武器。天赋人权理论经过几代思想家的不断阐释与完善，逐渐演变为一种十分成熟的政治理论，即便是西方当代自然权利理论也是直接从近代天赋人权理论中汲取了大量丰富的思想养分与内容的，因而可以说天赋人权理论代表了自然权利理论的正式形

成时期。在这一过程中,格劳秀斯、斯宾诺莎、霍布斯、洛克、孟德斯鸠、卢
梭等都从自然权利的角度对天赋人权理论作了改进性的阐述。近代西方
自然权利理论开始逐步形成较为系统的学说,其典型表现为霍布斯、洛克
提出的"自然权利说"和"社会契约论"以及卢梭等人提出的"天赋人权说"
与"人民主权论"。

一、格劳秀斯与斯宾诺莎的自然权利理论

16 世纪以降,近代资本主义政治经济制度滥觞于荷兰等欧洲国家,
荷兰出现了最早的自然权利思想家,如法学家格劳秀斯与之后的斯宾诺
莎等学者都高举理性大旗,提出并逐步形成了近代自然权利理论。

(一) 格劳秀斯的自然权利理论

荷兰思想家、法学家雨果·格劳秀斯(Hugo Grotius,1583—1645 年)是
近代西方资产阶级思想的先驱者,同时也被称为"自然法之父"。格劳秀斯
撰写的《战争与和平法》(1625 年)不仅是重要的国际法著作,而且书中也大
量阐述了西方自然权利学说的基础——自然法理论,因而该著述亦是自然
法学的开创性著作。在近代西方启蒙思想家中,格劳秀斯汲取了古希腊和
古罗马思想家关涉自然主义以及自然法理论的精华,摆脱了中世纪神学主
义自然法中的神学桎梏,首次系统论述了理性自然法,开创了古典自然法学
派。格劳秀斯认为宇宙受理性自然法统治,自然人由人的基本性质必然产
生的准则所构成。他在《战争与和平法》一书中首次对于"人的普遍权利"提
出了自己的观点,对权利体系作了专章论述,同时首次提出了社会契约论。
囿于时代所限,格劳秀斯当时并未明确提出完整的自然权利学说,不过他积
极阐明了与人的权利直接相联系的自然法理论。

关于自然法的阐述方面,他继承了古希腊古罗马时期自然法理论的
核心概念——自然、理性。他认为人的本性是自然法之母,"理性的禀赋
规定了人,使之最终区别于其他动物","正是理性洞察到公正是一种内在
于自身并为了自身的美德,是一种善行"。① 在强调人性摆脱神性的桎梏

---

① [美] 列奥·施特劳斯、约瑟夫·克罗波西主编:《政治哲学史》,李天然等译,河北人民出版
社 1993 年版,第 456 页。

之后,他便将古代自然法从中世纪的神学束缚中解脱出来,发展出了崭新的世俗化自然法,也被称为古典自然法。最为关键的是,他将中世纪古代文献中曾出现的"自然权利"一词代入新时代的含义,作为近代自然法理论中的核心概念。他摆脱了中世纪神学自然法的桎梏,认为即使没有上帝,自然法仍然存在并指导着世俗社会规则,人们基于自然赋予的理性,依循着自然法指导自己的行为。自然法是事物的自然本性的命令。自然法凌驾于实在法之上,是一种"超法律"的法则,一切实在法都要以它作为基础和依据,自然法也是监督实在法的手段。格劳秀斯强调自然法的永恒性与神圣性,认为"自然法是极为固定不变的,甚至神本身也不能加以更改的"。① 这一思想后来演变为自然权利不可取代、不可剥夺、不可转让的观点。

关于人的权利方面,格劳秀斯给"自然权利"下的定义具体是,"自然权利乃是正当理性的命令,它依据行为是否与合理的自然相谐合,而断定其为道德上的卑鄙,或道德上的需要"。② 并指出了权利的三重含义:其一是公正,他认为,人生来就是一个理性的社会性的动物,③人的理性可以使他洞察到公正,因而权利最初的含义便是公正;其二是人之所属,即拥有或做什么事的正当权利,④这种权利之正当性源自它是一种天生性的;其三是法律,也即行动的准则。

格劳秀斯还对权利作出了分类,他沿袭了西塞罗的思想,将权利区分为自然的与意志的两大类:其一,在道德层面上是指自然权利;其二,在关于意志决断的法律层面,又可以分为人法和神法。在各种类型的自然权利中,格劳秀斯首先肯定了人的生命权,"因为我们的生命、躯体、自由仍然是我们自己的,而且除了干了显然不公正的事,也是不容侵犯的"。⑤他尤为注重财产权,强调私有财产不可侵犯,这一思想后来发展为天赋人

---

① 周辅成编:《西方伦理学名著选辑》(上卷),商务印书馆 1964 年版,第 582 页。
② 黄枬森、沈宗灵主编:《西方人权学说》(上),四川人民出版社 1994 年版,第 14 页。
③ [美]列奥·施特劳斯、约瑟夫·克罗波西主编:《政治哲学史》,李天然等译,河北人民出版社 1993 年版,第 456 页。
④ 同上书,第 457 页。
⑤ 叶立煊、李似珍:《人权论》,福建人民出版社 1991 年版,第 40 页。

权理论的核心内容。格劳秀斯的自然权利思想还体现在他所创立的国际法理论之中,如他强调反侵略战争的正义性,提出在战争中要遵守人道主义原则、要保护妇女儿童、对待战俘要给予人道待遇、避难权,等等。

(二) 斯宾诺莎的自然权利理论

另一名荷兰思想家巴鲁赫·德·斯宾诺莎(Baruch de Spinoza,1632—1677 年)在《神学政治论》(1670 年)一书中以"自然法的主张和天赋之权"为题,明确提出和论证了"人的天赋之权",认为人人都应享有天赋之权。自然权利的英文原词为"natural rights",这种由"自然"赋予人民的权利早于国家诞生之前,是人们在原初社会中天然就拥有的权利。人们通过缔结社会契约转让自己的一部分权利从而促使"国家"产生,同时,人们仍保留了部分自然权利,该部分自然权利既不能转让,也不能被剥夺。他否定神权在自然状态社会中的主导地位,认为自然本身就是神,自然权利是理性的命令,自然法是固定不变的。关于自然法,他谈及,自然的力量是无穷的。自然是有确定不移的秩序的。自然界有自然界的必然规律,人作为自然界的一部分也需要符合自然界的必然性,人性是自然必然性的表现。自然法则至为广大。上帝的命令、意志与神意只是指必然遵循自然永久的法则的自然秩序而言。自然的法则规律就是上帝的指令。① 他将自然法等同于神法。

关于个人之权利,斯宾诺莎认为人的权利是不可剥夺的,他在《神学政治论》一书中详细阐释了"个人的天赋之权"是指"天然的权利与法令",或者说是"自然律","每个个体都有这样的最高的律法与权利,那就是,按照其天然的条件以生存与活动"。②"平民的权是指每人所有的保存其生存的自由。"③从这样一种天然之权的角度出发,他否认人与人之间的差异,认为"每个个体应竭力以保存其自身,不顾一切,只有自己,这是自然的最高的律法与权利"。④ 在这部反经院哲学、向封建教会提出挑战的《神学政治论》中,他认为个人的天赋人权是一国政府形成与建立的前提

① ［荷兰］斯宾诺莎:《神学政治论》,温锡增译,商务印书馆 1996 年版,第 91—92 页。
② 同上书,第 212 页。
③ 同上书,第 219 页。
④ 同上书,第 212 页。

与基础,斯宾诺莎从每个个人都拥有天赋之权随之谈到"国家的基础","如果人要大致竭力享受天然属于个人的权利,人就不得不同意尽可能安善相处"①,因而在一个国家中,每个人把天赋之权交给一个社会的大多数,使国家握有统治权。斯宾诺莎指出,只有全民的利益而非统治者的利益才是一个国家的最高原则,人民若服从于最高统治权,并不是意味着他将自己降为奴隶阶层,而是由于他将自己视作一个国家的公民。他这样具体描述:"奴隶必须服从他的主人的命令,虽然命令是完全为主人的利益。……公民服从统治权的命令,命令是为公众的利益,他自己包括在内。"②此外,斯宾诺莎还对信仰自由和言论自由这两项重要的权利作了深刻的论证。他指出,"人人生来就赋有自由","政治的目的绝不是把人从有理性的动物变成畜牲或傀儡,而是使人有保障地发展他们的心身,没有拘束地运用他们的理智;……政治的真正目的是自由"。③ "既是每个人因为有不能割让的天赋之权,是他自己的思想的主人",④"最好的政府会容许哲理思辨的自由,正不亚于容许宗教信仰的自由"。⑤

二、托马斯·霍布斯与约翰·洛克的自然权利理论

17世纪,资本主义经济在英国高度发达,英国国土内出现了激进的自然权利思想家,其代表性人物便是霍布斯与洛克,以下分别阐述他们的自然权利理论。

(一) 霍布斯的自然权利理论

英国哲学家托马斯·霍布斯(Thomas Hobbes,1588—1679年)的自然权利思想十分丰富,他不仅吸收了先前政治思想家的观点,而且在此基础之上提出了较为系统的自然权利理论,主要体现在他的代表作《论公民》(1642年)、《利维坦》(1651年)这两本著作中。

首先,霍布斯坚决否定神权,严厉抨击教皇对于世俗社会权力的掌

---

① 〔荷兰〕斯宾诺莎:《神学政治论》,温锡增译,商务印书馆1996年版,第214页。
② 同上书,第218—219页。
③ 同上书,第272页。
④ 同上书,第271页。
⑤ 同上书,第274页。

控。霍布斯是较早站在人性角度上来考察政治、考察社会的思想家,并且他试图摆脱神学视角而是用自然科学的研究方法来看待各种社会现象。他认为,国家的产生是来自人民为避免无休止的争斗而相互订立的一种社会契约。霍布斯提出了一种社会契约假说,该一假说指出,处于制度前社会的人类为了走出自私和残酷的自然状态,从而更好地行使自然权利,人们便统一意志,与政府签订了一个能够赋予统治者以管理权的社会契约,但前提是统治者也需要恪守自然法。他所总结出的"自然法,是理性所发现的诫条或一般法则。这种诫条或一般法则禁止人们去做损毁自己的生命或剥夺保全自己的生命的手段的事情。谈论这一问题的人虽然往往把权与法混为一谈,但却应当加以区别。因为权在于做与不做的自由,而法则决定并约束人们采取其中之一。所以法与权的区别就像义务与自由的区别一样,两者在同一事物中是不相一致的"。① 在理性的指引下,人们互相之间订立契约,放弃原先属于自身的一少部分自然权利,将这些权利托付给一个实体,即利维坦,而建立了国家。如此一来,霍布斯就通过对利维坦建立过程的推导而彻底推翻了君权神授的封建等级统治观念,树立了国家权力源自人民这样一种近代政治理念。

其次,在有关自然状态与自然法的论证方面,霍布斯在《利维坦》一书中假设了在政治社会之前还存在一个自然状态下的社会。他将原始时代即社会和国家还未建立起来之前的那种人类社会状态称为"自然状态"。作为天赋人权学说的理论假设起点问题,他对自然状态的具体情形作了清晰的描述。霍布斯认为,自然状态是人类社会在进入制度化之前的一种原始自然状态,那时的人们为了生存争斗无休,人性本恶,不断产生纷争,或者是因为求利而竞争,或者是因为求安全而竞争,又或者是因为求得名誉而争斗。在自然状态下,人们之间的关系好似狼与狼的关系,不存在任何道德、法律的观念,相互之间充满争斗,恐惧与不安弥漫在自然秩序中。霍氏指出,在国家正式产生以前,人类均处在"自然状态"中,每个人都有自我保存的同等的自然权利。自然状态中人性的根本特征即为自

---

① ［美］科斯塔斯·杜兹纳:《人权的终结》,郭春发译,江苏人民出版社 2002 年版,第 76 页。

我保全的利己动机,这种动机是人们意志活动简单自明的法则。"在建立国家以前,每一个人对每一事物都具有权力,并有权做他认为对保全自己有必要的任何事情;为了这一点,他可以征服、伤害或杀死任何人。"①在这样的一种自然状态下,每个人为了求得生存,想尽各种办法,最终为了摆脱野蛮、孤独的自然状态而过渡到文明、合群的状态,只得运用理性的力量,这里的"理性"就是指的自然法,它是一种合乎理性的规则,是人类社会最高目标——共同过和平生活的法则。霍布斯指出,在自然状态中,自然法则是在人类求生存与和平的理性意志指导下所发现的一般性戒条或者说一般性法则。他提出自然法则的第一律和自然法则的第二律,分别是指,人们有权尽力寻求和平,信守和平;于此过程中人们在必要时需要放弃或让出自己的某些权利。总之,自然法则禁止人们损毁他人的生命或者被剥夺保全自己生命的权利,也禁止人们不去做自己认为最有利于生命保全的事情。"从霍布斯开始,关于自然法的哲学学说根本上成了一种关于自然状态的学说。自然状态的本来特征就是,其中有着不折不扣的权利,而没有什么不折不扣的义务。"②

第三,在关于自然权利的论证方面,霍布斯论述道,"(自然权利)就是每一个人按照自己所愿意的方式运用自己的力量保全自己的天性——也就是保全自己的生命——的自由。因此,这种自由就是用他自己的判断和理性认为最适合的手段去做任何事情的自由"。③ 他在阐述自然状态中人们不幸生活时,又指出,尽管人人都享有"生而平等"的自然权利,如生命权和保存生命的自由权,这些都是不可撼动的。可是在行使这些自然权利的时候经常会与他人的权利发生冲突,在利益冲突的混乱情形下,人们发现实际上并不能很好地实现各自的自然权利,反而会产生诸多争端。人们对于渴望和平和安定生活的共同目标并不能最终得到落实。由此在理性即自然法的支配下,人们经过理性判断衡量利害得失之后,一致同意订立一个契约,内容是同意将自己的部分权利托付给某一个实体,由

---

① ［英］霍布斯:《利维坦》,黎思复、黎廷弼译,商务印书馆1985年版,第241页。
② ［美］列奥·施特劳斯:《自然权利与历史》,彭刚译,生活·读书·新知三联书店2003年版,第188页。
③ ［英］霍布斯:《利维坦》,黎思复、黎廷弼译,商务印书馆1985年版,第97页。

该实体来代表全体人的意志,从事活动,保障每个人的其他自然权利。且每个人也要服从该实体的意志和管理。其中,一致同意转让个人权利以便换取社会和平与安全的契约便被称为社会契约,负责集中保护人们自然权利的实体便是国家,社会契约使得人类的自然状态进入了政治状态,个人成了国家的公民,个人的自然权利便成了公民权利。

（二）洛克的自然权利理论

英国法学家、古典自然法学派的代表洛克(John Locke,1632—1704年)在总结前人关于自然法、自然权利学说基础之上批判性地继承了霍布斯的契约论,进一步发展了霍布斯的思想。洛克总结、概括和修正了前人关于自然权利思想的成果,使其形成一个理论体系,提出了较为系统化的"天赋人权"论。他以社会契约论为立论的依据,全面论证了自然权利问题。他认为在自然状态下,一切人的权利都是平等的、相互的：① 人权是天赋的,与生俱来；② 人权是抽象的、超阶级的,人人皆有；③ 人权的基点是个人；④ 人权的主要内容是生命权、健康权、自由权和财产权,而财产权是核心。[①]

首先,洛克在《政府论：论政府的真正起源、范围和目的》(下篇)(1690 年)中对自然状态作出了阐述。他认为自然状态是指"一种完备无缺的自由状态,他们(指人类)在自然法的范围内,按照他们认为合适的办法,决定他们的行动和处理他们的财产和人身,而无需得到任何人的许可或听命于任何人的意志"。[②] 在自然状态下,"一切权力和管辖权都是相互的,没有一个人享有多于别人的权力。极为明显,同种和同等的人们既毫无差别地生来就享有自然的一切同样的有利条件,能够运用相同的身心能力,就应该人人平等,不存在从属或受制关系"。[③] "根据自然,没有人享有高于别人的地位或对于别人享有管辖权。"[④]洛克描述的自然状态很显然是继承了霍布斯提出的自然法理论,不过洛克在此基础之上还对它进一步加以改进。洛克对自然状态的看法与霍布斯略有不同,他反对

---

① 沈宗灵主编:《法理学》(第二版),高等教育出版社 2004 年版,第 207 页。
② [英]洛克:《政府论》(下篇),叶启芳、瞿菊农译,商务印书馆 1996 年版,第 5 页。
③ 同上。
④ 同上书,第 7 页。

霍布斯所持的自然状态是"一切人反对一切人"的类似狼一样凶猛的战争状态的观点。相反,洛克假设中的自然状态非常之祥和,没有战争,人与人之间非常平等,每个人享有的权利都一样,不比别人多,也不比别人少。每个人都不可以统治他人,但也都不隶属于他人,更不会受制于他人。不过尽管这样的权利平等状态看似自由,却并不放任。因为在自然状态中存在一个统一调整秩序的自然法,它对于个人的活动起着调节控制的作用。洛克的自然权利思想是以自然状态作为其研究的逻辑起点,研究在自然状态下人天生的各项自然权利,从而进一步得出结论,即人们会出于安全和秩序的需要而以社会契约的形式组建国家,因而社会契约是政府经由人民的授权来保护人民的各项自然权利的。

其次,在自然法的阐述方面,洛克将自然法理解为每个人生来就具有的天赋的、不可剥夺的权利。自然法"对于人类来说,甚至在他们以若干个人的面目出现时,也是有绝对约束力的"。[①] 政府的建立及运行均应当以保障个人的自然权利为目的。如此一来,洛克就以自然法确立了天赋的个人权利,并把这些自然权利作为对于政府权力的合法抗衡。他在探讨政府设立的原因时曾解释,"既然我们不能单独由自己充分供应我们天性所要求的生活,即适于人的尊严的生活所必需的物资,因而为了弥补我们在单独生活时必然产生的缺点和缺陷,我们自然地要去和他人群居并营建共同生活,这是人们最初联合起来成为政治社会的原因"。[②] 基于其自然法学说,洛克认为人们在自然状态下享有的自然权利并不是绝对的,自然状态本身存在严重的无序问题,社会运行过程中既缺少法律秩序的维持,更缺少政府权力的有效管理,由此经常导致社会秩序的混乱,人们原有的自然权利反而难以得到落实和保障。为了解决这一问题,人们只有放弃自己的一部分权利,人与人之间通过签订契约的方式统一将这部分权利交给政府,政府设立的目的就在于保障人们的自然权利,因而政府建立后其权力是有限的。洛克进一步认为,既然政府是理性的产物,是人们为了摆脱混乱的自然状态,保护个人的自由、安全和财产等自然权利而

① 　[英]洛克:《政府论》(下篇),叶启芳、瞿菊农译,商务印书馆 1996 年版,第 12 页。
② 　同上。

自愿约定建立起来的,如果统治者违反约定,那么人们就有充分的、合法的理由起来把它推翻。[①] 一旦政府干涉了履约的个人自然权利或者未能有效地保护个人权利,人们便可以革命的方式合法地反抗直至推翻统治者。

最后,在自然权利的论述方面,洛克也在《政府论》中详细阐述了自然权利学说。他在阐述自然法的基础之上将自然法与自然权利相联结,提出自然法是自然权利存在的基础,自然法因自然权利而设立。洛克则认为,"自然状态有一种为人人所应遵守的自然法对它起着支配作用;而理性,也就是自然法,教导着有意遵从理性的全人类:人们既然都是平等和独立的,任何人就不得侵害他人的生命、健康、自由或者财产"。[②] 个人的自然权利在政府与个人的互动关系中处于首要的核心地位,洛克对自然权利的系统论述强调了应以个人主义为社会运行之核心秩序,个人利益的保障具有最高价值,他将国家视为有力保护个人自然权利的工具。在洛克丰富的自然权利学说中,他认为自然权利在类型方面包括生命自由权、平等权以及对财产的拥有权。这些自然权利均是与生俱来的,均受到自然法的保护。具体而言,洛克认为生命权是来自自然理性和上帝。"就自然理性来说,人类一出生即享有生存权利",[③]即"一切人都具有的自我照顾和自谋生存的权利"。[④] 个人享有自然自由,在社会状态中,人们把各自的自然自由交给社会共同体,从而转变为社会自由。社会自由是指在个人"所受约束的法律许可范围内,随其所欲地处置或安排他的人身、行动、财富和他的全部财产的那种自由,在这个范围内他不受另一个人的任何意志的支配,而是可以自由地遵循他自己的意志"。[⑤] 此外,洛克对于自然权利中的财产权尤其强调,认为财产权是其中最重要的一项权利,其他权利都是围绕财产权来定义的,如生命权是为了保障个人财产不受侵犯;自由权是指可以任意处置个人财产。洛克将财产权的起源归于人

① [英]洛克:《政府论》(下篇),叶启芳、瞿菊农译,商务印书馆 1996 年版,第 136 页。
② 同上书,第 6 页。
③ 同上书,第 18 页。
④ 同上书,第 75 页。
⑤ 同上书,第 36 页。

类劳动的自然权利,认为"人既是自己的主人,自身和自身行动或劳动的所有者,本身就具有财产权的基本基础"。①

三、孟德斯鸠与卢梭的自然权利理论

孟德斯鸠与卢梭是 18 世纪法国自然权利理论思想家的杰出代表,他们的自然权利理论对于启蒙运动中的西欧各国产生了深远影响,更是对于新建立的美利坚合众国国家政治法律制度的设置与运行起到了直接的理论铺垫作用。

(一)孟德斯鸠的自然权利理论

法国启蒙思想家路易·孟德斯鸠(C. L. Montesquieu,1689—1755年)着重从法律的保障功能方面阐述了对于自然权利的保护。他的自然权利思想主要体现在以下方面。

第一,孟德斯鸠猛烈揭露和批判了封建教会对人民的肆意压制。他在承认上帝是世界创造者的前提下,认为人类社会是受到客观自然规律支配的,即便是最高的神上帝也不可以改变自然规律,也同样要受到自然规律的约束。他"把上帝和人分开。这样,就上帝有上帝的法律,人有人的法律"。② 通过这种方式,孟德斯鸠使得世俗社会的人们摆脱了封建神学统治的桎梏,适度突破了当时占据思维统治地位的君权神授观念,主张广大人民应享有宗教自由和政治自由。关于社会统治权与人民大众应享有的权利问题,孟德斯鸠代表新兴资产阶级提出对旧制度进行社会改革,他强烈反对封建专制主义,认为王权必须得到制约。他主张实行君主立宪制,并且对于君主的社会统治权必须加以限制,他谈及"由君主做判决将成为不公正和弊端无穷无尽的源泉"。③ 为此,他吸收了洛克的分权思想,提出了著名的三权分立学说,以防止君主干预立法权与司法权,从而保障广大人民的生命权、财产权与自由权。

第二,关于自然法理论,孟德斯鸠在其名著《论法的精神》(1748 年)

---

① ［英］洛克:《政府论》(下篇),叶启芳、瞿菊农译,商务印书馆 1996 年版,第 48 页。
② ［法］孟德斯鸠:《论法的精神》,张雁深译,商务印书馆 1961 年版,第 20 页。
③ 同上书,第 80 页。

第一章第二节"自然法"中有详细阐述。他将法分为自然法和人为法两类,其中,自然法是指人类在自然状态之下所接受的规律,它是人定法之前存在的自然法则。自然法渊源于人的生命的本质,或者说人的自然本性。当人类还处于制度社会之前的自然状态中时,人的本性能够得到充分的展现。孟德斯鸠仍然是在霍布斯自然状态说的基础之上加以阐释的,他认为人性都是自私的,"当人还在自然状态的时候……他应当是先想如何保存自己的生命"。① 当每个人都要充分行使自身的自然权利时,就一定会相互之间产生资源和利益的冲突,人们彼此争夺不休,甚至导致人类社会出现战争、失序,处于暴力和死亡的恐惧和威胁中。此时,人天生具备的理性开始发挥作用了,人们认为一定需要某种更高的权力机构来对社会秩序进行管理,所以人与人之间开始妥协,放弃一部分自然权利,以订立契约的方式,共同将权利交给政府,由政府来行使国家权力以保障个人的自然权利,实现自我保存的目的。孟氏还得出结论,即自然法则对人们自然权利的保障力度是不够的,因为它的遵守仅依赖于个人的自觉,没有国家强制力的保障。为了使社会秩序能够有序进行,一个强有力的政府是亟待设立的。

第三,在自然权利的阐述方面,孟德斯鸠着重阐述了公民的生命权和自由权。在探讨生命权时,孟氏指出,民主国家里无论个人的身份如何不相同,他拥有的生命权都应当得到其他人的尊重。在自由权的探讨方面,他认为自由可以划分为哲学上的自由和政治上的自由等。政治上的自由权利包含两重含义。一是相对于政治制度而言,"自由是做法律所许可的一切事情的权利;如果一个公民能够做法律所禁止的事情,他就不再有自由了,因为其他的人也同样会有这个权利"。② "自由的主要意义就是,一个人不被强迫做法律没有规定要做的事情。"二是相对于个体的公民而言,"一个公民的政治自由是一种心境的平安状态。这种心境的平安状态是人人都认为他本身是安全的这个看法产生的"。③ "政治自由的关键在

---

① ［法］孟德斯鸠:《论法的精神》,张雁深译,商务印书馆 1961 年版,第 4 页。
② 同上书,第 154 页。
③ 同上书,第 156 页。

于人们有安全,或是人们认为自己享有安全。"如此一来,孟德斯鸠的阐释进一步丰富和拓展了自由权的内容,在此基础之上,他又继续深入探讨了公民自由权赖以存在的外在政治体制要素,并且还论证了恢复自由的基本手段是立法权、行政权与司法权三权分立,相互制衡,以起到权力制约权力、防止权力滥用的作用。同时,孟德斯鸠还指出,在论证资产阶级的自由权和平等权时,还要注意是,自由权的实现不是绝对的,它还要受到相关法律的约束,自由权是在法律许可范围内公民个人想做的一切事情的权利。此外,孟德斯鸠从程序法的角度阐释了自然权利须得以保障的思想,例如公民在受到国家控诉时,他也仍然有为自己的生命权和自由权进行辩护的权利。总之,孟德斯鸠的自然权利思想和他提出的自由、法治以及分权的理论对后续世界范围的资产阶级革命都产生了极为重要的影响,并被视为资产阶级大革命的政治纲领而载入此后的《法国人权宣言》和《美国独立宣言》中。

(二)卢梭的自然权利理论

让-雅克·卢梭(Jean-Jacques Rousseau,1712—1778 年)是一位与孟德斯鸠比肩的 18 世纪法国资产阶级启蒙思想家,也是完整论述近代自然权利思想的学者。他的"天赋人权"理论在其诸多名著如《论人类不平等的起源和基础》(1755 年)、《社会契约论》(1762 年)中得以系统化阐释。除天赋人权理论之外,卢梭还对与之紧密相关的人民主权理论、社会契约论进行过较为集中的论述。可以说,卢梭博采众长,是近代自然权利理论的集大成者。

首先,卢梭非常重视强调人的地位。为了向宗教蒙昧主义和封建专制主义提出挑战,卢梭深刻考察了当时法国社会中第三等级的现实苦难生活,从关注人的问题出发,他指出,哲学应当要重视对人的研究。他认为人类的各种知识中最有用而又最不完备的,就是关于"人"的知识。[1]卢梭分析了近代社会出现的公民资格问题,他将公民资格看作人们通过社会公约结合而形成的公共人格,并与以往社会制度加以比较,认为"以

---

[1]　[法]卢梭:《论人类不平等的起源和基础》,李常山译,商务印书馆 1997 年版,第 62 页。

前称为城邦,现在则称为共和国或政治体","至于结合者,他们集体地称为人民;个别地,作为主权权威的参与者,就叫做公民,作为国家法律的服从者,就叫做臣民"。① 进一步,卢梭探讨了个人与国家之间的关系问题,卢梭认为,个人及其权利是优先于国家的。他《社会契约论》中指出,"要寻找出一种结合的形式,使它能以全部共同的力量来护卫和保障每个结合者的人身和财富,并且由于这一结合而使得每一个与全体相联合的个人又只不过是在服从其本人,并且仍然像以往一样地自由。这就是社会契约所要解决的根本问题"。② 卢梭关于个人及其权利先于国家存在的观点具有逻辑上的力量,凸显了个人相较于国家的优先性,更加凸显了人的自然权利的重要性。因为从产生顺序的先后来看,国家政权制度是在个人之后出现的,国家得以产生的原因就是为了保障个人的权利。卢氏的这一认识虽然未必能够经受史学方面的考证,但是它作为学说从逻辑上肯定了个人权利的先在性,为推翻现存政治制度提供了学理基础,即既然国家政权的产生是为了保障个人的权利、巩固和扩展人民的权利,则说明国家机器是人民创造出来的,它不能违背人民当初建立它的目的,只能服从于人民的意志;若违背,则人民有权将其推翻。

其次,关于自然状态的阐述方面,卢梭认为人们在最初原始的"自然状态"中都是自由而平等的。在那种自然状态下,没有私有财产,没有国家和法律,也不存在奴役,人们过着独立、自由和平等的生活,人们普遍有同情心和怜悯心,这种怜悯心是维系人们关系的重要纽带。③ "人在自然的未开化的状态中是平等的。"尽管自然状态中人们自由且平等,但是也常常会出现个人能力无法解决、无法应对的一些问题,只有人与人互相联合起来才能更好地生存,因而每个人都愿意交出自己的部分权利,通过签订社会契约来形成集体,从而进入制度化社会。社会契约是人们对成员的社会地位相互认同的协议。由于契约订立的主体是广大人民,而契约订立的后续结果是政府的形成,即人民通过签约授权行为成立了政府,据

---

① [法]卢梭:《社会契约论》,何兆武译,商务印书馆 2003 年版,第 26 页。
② 同上书,第 19 页。
③ [法]卢梭:《论人类不平等的起源和基础》,李常山译,商务印书馆 1997 年版,第 102 页。

此卢梭提出了"人民主权"的重要思想。

　　最后,在对自然权利的论述方面,卢梭不仅深化了自然权利的性质,而且还借用格劳秀斯、洛克等人的禀赋之思想,从人的"天然禀赋"中引申出人所天然享有的各种权利类型。卢梭认为自然权利在性质上是与生俱来的、不可让渡的,他将天赋人权视为现代公民社会的基本原则。在权利类型方面,卢梭认为,生命是"人类主要的天然禀赋",是自然赋予人类的宝贵权利。"生命和自由——这些天赋人人可以享有,至于是否有权抛弃,这至少是值得怀疑的。一个人抛弃了自由,便贬低了自己的存在;抛弃了生命,便完全消灭了自由的存在。所以无论以任何代价抛弃生命和自由,都是既违反自然也违反理性的。"①卢梭的自然权利理论框架完全建立在"人生而自由"的基础之上,即"自由意志"。一方面,他指出,"人是生而自由的……这种人所共有的自由,乃是人性的产物"。② 另一方面,他也认识到人在社会中的自由也并不是毫无限制的。"人是生而自由的,但却无往不在枷锁之中。"③不仅如此,卢梭还继续发展了孟德斯鸠的自由权思想,提出并论证了自由的两种分类。他认为,在自然状态里,人类具有天然性的自由,他们有权根据自己的意志做自己想做的事情,不做那些不想去做的事情。这种自由是受爱心和怜悯心所制约的。当社会契约签订之后,人类社会就从自然状态进入社会状态,在政府建立之后,个人会放弃天然性的自由,而得到社会契约中赋予的社会自由与道德自由。社会自由是被公意所约束的自由,是在法律基础上的自由。"唯有服从人们自己为自己所规定的法律,才是自由。"④在公民社会中,公民失去了在自然状态下的无所不为的自由,却得到了公民的政治权利与政治自由。卢梭尤其强调自由平等,反对压迫。他将平等权作为自然权利体系中的首要位置,认为个人自由得到保障的前提就是平等。以契约形式建立起来的政府应当以保护每一个人的权利、自由和平等为主要目的与责任,否则就是对社会契约的破坏。

---

① ［法］卢梭:《论人类不平等的起源和基础》,李常山译,商务印书馆1997年版,第137页。
② ［法］卢梭:《社会契约论》,何兆武译,商务印书馆2003年版,第4、5页。
③ 同上书,第4页。
④ 同上书,第30页。

卢梭自然权利理论的核心部分是强调个人权利的天赋性与先在性，政府的权力仅来自被统治的广大人民的授权与认可，一个完美的社会是为人民的"公共意志"（公意）所控制的。他在此基础上推导出政府的合法性只能是来自人民。人民的权利必须与法律相结合，得到法律的保障。自然权利是属于个体的，法律是属于国家的。国家对于公民自由权的保护并不首要体现在法律对个人的保护，而是首要体现在个人在法律制定过程中所起到的主导作用，只有这种做法才能达到真正保障自然权利、保障自由的目的。在立法过程中，无数个个人的利益相互交集，每个公民的意志逐渐转向主权者的意志，再转向至人民公意，反映了主权在民的近代社会民主原则与精神。这一思想也深刻影响了欧洲各国资产阶级革命与此后的北美殖民地独立革命，并且被视作现代自然权利制度的基石而为此后的《美国独立宣言》与《法国人权宣言》所承继与发扬。

第三节　不同自然权利理论流派
存在的差异及共性

前文总共梳理了西方古代自然权利观、中世纪自然权利观和近代自然权利理论的发展与沿革，它们都是自然权利思想在不同时期的外在表现形式，反映了自然权利思想从古至今的延续与变化。经过了不同时期、不同阶段的历史发展，自然权利观也发展至自然权利理论并逐渐成形，凝聚为拥有特定研究范畴的自然权利理论框架，在这一框架内，绵延数千年的自然权利思想内容呈现为不同流派，它们之间存在一脉相承的共性部分，亦存在不少差异。

一、不同自然权利理论流派存在的差异

概括而言，自然权利理论内容纷繁复杂，按照时间标准，可以将其划分为古代自然权利观、中世纪自然权利观与近代自然权利理论，这是一个纵向的划分；在近代这一特定的历史时期中，自然权利理论还可以按照思

想家的不同而划分为不同的流派,这是一个横向的划分。以下分别对自然权利理论加以纵向比较与横向比较,从而凸显不同自然权利理论流派之间存在的差异及共性。

(一) 近代自然权利理论与古代自然权利观之间存在的差异与进化

近代自然权利理论的形成,一方面是与当时的经济社会发展背景与文明程度紧密相连,另一方面也吸收了古代自然权利观的精华思想。相较于古代自然权利观仅仅是一种思想的火花,近代自然权利理论则不同,它是自然权利思想第一次真正以独立、完整的面貌呈现出来;它将人性与权利结合在一起,形成了一条完整的理论逻辑链。近代自然权利理论与古代自然权利之间存在的差异体现在不同时期的人们对于自然、理性、权利等范畴的认识与理解不同。

首先,在对于理性、自然等概念的理解上,经历了一个从古代自然理性、中世纪神学理性向近代人之理性转变的过程。理性常与自然法联系在一起,但联结点不同。古希腊时期自然权利思想把理性等同于自然;中世纪时期的自然权利思想认为理性、正义渊源于上帝;而近代自然权利理论中则将理性诉诸人类,认为凡是有理性的人类都要自然法的支配,理性是衡量一切事物的唯一尺度,人类理性之中就有自然法。启蒙思想家们在理论阐述中为了方便论证问题将具体的人尽量抽象化,以期寻找一种普遍的人性以及与此相适应的可以适用于任何个别的人的权利和法律。举例而言,格劳秀斯吸收了古罗马法学家西塞罗的思想,重新强调并系统论述了理性所赋予人的意义,认为人天生就具备理性与社会性,这与斯多葛学派追求的享乐主义不同。他也承认人具有"维持自身存在不灭"的自然欲求,"但却否认这种欲求组成了人的最终秉性","理性的禀赋规定了人,使之最终区别于其他动物,超越于并比其他原始的自然欲求更自然","撇开自我利益和便利的考虑,正是理性洞察到公正是一种内在于自身并为了自身的美德,是一种善行。"①格劳秀斯在其理论中还有着明显的神学痕迹,他把上帝的意志当作自然法的渊源之一,但是他又在上帝的意志

---

① 〔美〕列奥·施特劳斯、约瑟夫·克罗波西主编:《政治哲学史》,李天然等译,河北人民出版社 1993 年版,第 456 页。

中塞入了人性的内容。他认为自我保全是上帝赋予一切生物的自然本性,自利是整个自然秩序的基本原则。

其次,在对于权利的认识方面,经历了一个从古代自然秩序、中世纪自然法向近代自然权利方向演变的过程。古代自然法学说将"自然"理解为是一种客观的"法则和尺度"。它从自然"法则"出发,即从一种先于人类意志并独立于人类意志的、有约束力的秩序出发来设定人的义务;而近代自然法则首先和主要的内容是一系列的"权利"。它从自然"权利"出发,即从某种绝对无可非议的、完全不依赖于任何先在的法律、秩序或义务主观诉求出发来设定人的权利,政治主观诉求本身就是全部的法律、秩序或义务的起源。① 这样,近代自然法学派就把古希腊、古罗马时代所理解的"道德义务"性质的自然法,演化为对个人的某些权利加以保护的原则——自然权利的原则,这就使近代自然法理论具有了它自身完全独特的内容,②并且在实际上构成了近代自然权利理论的基础。

自然权利思想的基础——自然法理论在不同的发展阶段的关注重心亦有所偏异。从 14、15 世纪学者们对于自然法的关注逐步转移到 17、18 世纪时期对于自然权利的论证中,这体现了古代自然法转向近代自然权利的一个重要的演进轨迹。其中的原因在于,欧洲社会在历经了启蒙运动之后,古代自然法逐渐摆脱了神学的桎梏而在启蒙思想家的论述之下变得日渐世俗化。及至 17 世纪时期的西方国家中,人们在谈及自然法中的理性、正义、权利、平等、自由等概念时几乎可以混淆使用,在欧洲启蒙思想家不断地阐述与改进之下,自然法思想开始成为一个赋有极大包容性的理论,祛魅之后的自然法逐渐被用来作为评判人定法的高级法,为批判封建专制提供了强大思想武器。同时,西欧社会中有着悠久历史基础的功利主义思潮也在不同程度地影响着古代自然法,功利主义哲学思想主要表现为法律的目的仅仅在于满足个人的功利、实现法定的权利。由此权利、利益等概念深入人心,权利也逐渐成为自然法的核心内容。此

---

① [美] 列奥·施特劳斯:《霍布斯的政治哲学》,申彤译,译林出版社 2001 年版,第 2 页。
② 苗贵山:《自然法理论的嬗变与近代人权观的确立》,载《辽宁大学学报》(哲学社会科学版) 2006 年第 2 期,第 150 页。

外,宗教改革在推动自然法向自然权利演进过程中亦起到了推动的作用。在中世纪后期,基督教会残酷迫害异教徒的惨痛现实情形使得当时许多思想家展开了关于异教徒的自然权利保护的探讨,最终他们得出结论,即异教徒同样应当具有天赋的自然权利,也应当加以保护。在经历这些思想或运动之后,自然权利逐渐代替了自然法成为人们关注的中心问题。

总之,自然法理论形成之后,近代自然权利理论的突出贡献便是自然法的权利化。它将理论的着眼点从中世纪时期神学文献中已经出现的"自然法"一词转变为对资产阶级应当享有自然权利等方面的探讨,并进一步对什么是自然权利、自然权利包含哪些具体权利类型作出了探索与推演。近代以来,自然权利观及自然权利理论的一个基本演变轨迹即是从"自然法"(natural law)转为"自然权利"(natural rights)。简而言之,从古代朴素自然权利观的诞生到中世纪自然权利思想的酝酿,再到近代自然权利理论的形成,是一个对人性、对人的权利不断深化、不断拓展认识的历史过程,在这个过程中既包含有曲折,也有前进;既有思想家的灵感,也有逻辑性论证;既有先天性前提的假设,也有对社会政治经济文化制度发展必然性的预见。自然权利理论的这一演变过程反映了人类对自身权利认识的不断探索与提高。

(二) 近代"天赋人权"理论内部流派之间存在的差异

17、18 世纪由古典自然法学者们所提出并占据主导地位的"天赋人权"理论,对于什么是自然法形成了共识,一般认为自然法具有永恒性与绝对性;人类通过天赋的理性能够认识与发现自然法;自然法的地位在实证法律之上,后者必须服从前者,后者的制定必须符合前者的原则和精神。该理论的基本特征是认为自然权利在国家与公民社会形成之前便存在,是人们对于自身自然权利某些方面的让渡才组成了现代国家。自然权利也是法律权利的来源与基础。不过在天赋人权理论内部具体构架的理解方面,不同学者之间仍然存在不同的看法,不同自然权利思想流派之间仍然存在些许差异。

其一,对于自然状态的理解不尽相同。如霍布斯在《利维坦》中所假设的自然状态是以人性本恶为前提的,他认为,人类在进入秩序社会之前时,是争斗无休的,是先于政治社会的。人类最初的愿望是征服。霍布斯把自然状态描述为一种"战争"状态,人与人之间的相处类似一种"狼与狼"之间的关系。① 而洛克所认为的自然状态是以人性本善为前提的,是一种自由、平等、和平的状态,没有裁判者,人与人之间较为平和,在这种状态下,人们享有普遍的生存权与自由权等自然权利。在孟德斯鸠笔下,处于自然状态下的人们,每个人都有自卑感,他们并不想互相攻打,而是希望和平。② 及至卢梭,他则认为自然状态是人类的黄金时代。他反对之前认为自然状态是一种没有法律约束因而是放纵的社会状态,指出国家成立之前的人类原初状态应当是十分自由的社会状态,国家机器设立之后制定法律的目的就是维护人类宝贵的自由状态,同时也对它加以一定程度的约束。在自然状态下,每个人都是平等与独立的,应当互相尊重他人的生命权与财产权。国家权力的行使目的只能是为人民谋取福利。

其二,对于自然权利具体内涵的理解不尽相同。上文提及,格劳秀斯所认为的人的权利包含三种含义,其中之一是指人之所属,是指人拥有或者做什么事的正当权利。这一观点实际上已经开始脱离古代自然法上的权利含义了,它从人的本性出发,带有主观性,指人天生所拥有的权利,可谓是主观权利的首创之说。尽管如此,"只能说格劳秀斯只是在朝向主观权利的完整思想的道路上迈进了一小步;主观权利思想的哲学意义上的阐述,进而对我们现代所说的个人主义的哲学意义上的阐述,始于托马斯·霍布斯"。③ 紧接其后,霍布斯将自然权利的主观性与天赋性论述得更为彻底,他提出自然权利是自我保存的权利。洛克认为,自然权利是指生命权、自由权和财产权。在启蒙运动中,权利的道德形式也经历了自然权利到人权的发展。

其三,时代背景不同。近代"天赋人权"理论是关涉自然权利之产生来源、不同类型及外部保障的一套完整的理论学说,该学说凝集了诸多资

---

① 徐爱国:《法学的圣殿》,中国法制出版社 2016 年版,第 131 页。
② [法]孟德斯鸠:《论法的精神》,张雁深译,商务印书馆 1961 年版,第 4 页。
③ [美]列奥·施特劳斯、约瑟夫·克罗波西主编:《政治哲学史》,李天然等译,河北人民出版社 1993 年版,第 457 页。

产阶级思想家的论证推理之精华部分,不过不同思想家们的学说之间存在承继性与递进发展性,同时也存在一定程度的差异,原因主要在于他们所处的具体历史阶段并不完全一致,因而他们所受时代局限性的影响程度不同。由于不同时代学者的出身背景、所处阶级不同,他们关于天赋人权的立论基础并不是完全相同的。譬如荷兰思想家格劳秀斯虽属于自然法学派的鼻祖,不过他在主张自然权利的同时囿于当时所处的时代背景仍然推崇君主专制主义。又如法国思想家孟德斯鸠,他出身法国贵族,既是法国高等法院法官,同时也是一个和旧政权有广泛联系的封建大地主,因而他的理论竭力调和资产阶级与封建制度的矛盾,他所提出的观点其革命性并不彻底,具有一定程度的向封建专制主义低头的妥协性。在他的名著《论法的精神》中更多的是阐述实在法的精神,对法律的理解虽更加深刻,但仍然缺乏"主权在民"的思想铺垫。

二、近代自然权利理论的共同基础——天赋人权学说评析

虽然近代以降不同学者分别提出了自己的自然权利理论,这些理论在内部架构方面存在一定的差异性,但是总体而言,较之差异,它们之间的共性更为突出,即均秉承了自然法思想,因而可以被统称为古典自然法学派,该学派所主导的自然权利理论便体现为天赋人权学说。天赋人权学说奠定了自然权利理论的基础与主导地位,标志着自然权利理论的正式成型。

(一)天赋人权学说是自然权利理论形成的象征

首先,天赋人权学说肯定了人的主观作用及社会角色,对于人性的强调极大地促进了人类的自我解放,是人类自我认知过程中关键的一步,也是自然权利思想发展过程中的一座里程碑。天赋人权学说的要义在于挖掘出个人的自然权利这一概念,并围绕它展开为一套完整的理论论证过程。首先,早期的自然权利思想家霍布斯指出人的自私自利的本性导致了人类整体处于一种战争状态,在这种自然状态下,个人是理性与欲望的主体。这样,霍布斯便将个人从社会等级中分离出来,使个人成为现代的权利主体和法律渊源。由此,霍布斯开创了一套建立在实现和维护个人

权利基础上的法律制度。个人权利既是这个制度大厦的基础,又是其目的和结果。① 接着,洛克假设了一个自然状态下的社会,在那个社会中不存在社会治理,人们的生命权、自由权以及财产都没有保障。人们为了更好地实现自我生存,便通过订立契约的形式将自身的一部分自然权利交给政府,由政府来保障个人的自由权、平等权以及财产权等自然权利的落实。继而卢梭继承了洛克的自然权利思想,在其《社会契约论》中系统阐述了天赋人权和主权在民的思想。前述这些启蒙思想家们所倡导的自然权利精神指引与鼓舞了新兴资产阶级反对封建神权、反对封建等级特权的斗争。近代资产阶级强烈关注人的自然本性,并从中引申出崭新的自然权利理论,提出人的自然权利为天赋,为自然所赋予,这种观点在当时起到了巨大的思想解放作用,动摇了封建社会中统治者的权利为君权神授的思想基础,人人得以享有自然权利的观念也突破了封建等级制度,每个人均享有作为人的尊严这一观念否定了封建性人身奴役制度。在要求平等和权利方面,"特别是卢梭起了一种理论的作用,在大革命的时候以及在大革命之后起了一种实际的政治作用,而今天差不多在一切国家的社会主义运动中仍然起着很大的鼓动作用"。② 在此前的奴隶社会与封建社会中,广大人民对于统治者都存在着政治上和经济上的人身依附关系,是没有自由和平等可言的。而近代资产阶级天赋人权学说首次倡导人民拥有自由、平等的自然权利,代表了经济社会发展到一定阶段的历史进步性。天赋人权理论的提出和确立反映了资本主义商品经济的客观要求。一方面,新兴资产阶级可以借助于此摆脱封建的特权与等级制度对经济发展的障碍;另一方面,广大人民也开阔了视野,提高了民主意识,在革命斗争中也获得了一定程度的人身权利与政治自由权等。由天赋人权理论引领出的这些进步相较于古代自然法与中世纪神学自然法观念而言,突出反映了人本身的社会地位的抬高。

其次,天赋人权学说使个人权利内蕴于人性之必须范畴中,将人性与

---

① [美]科斯塔斯·杜兹纳:《人权的终结》,郭春发译,江苏人民出版社 2002 年版,第 75—80 页。
② 《马克思恩格斯全集》(第二十卷),人民出版社 1973 年版,第 113 页。

权利紧密联结在一起,系统地提出了自然权利的具体内涵,反映了自然权利理论的体系化,也促进了后世自然权利实践。"权利是对个体意志的法律认可。人们通过拥有权利获得了他们的具体性、人性和主体性。"①由格劳秀斯首提,霍布斯、洛克加以系统化,卢梭进一步完善的天赋人权学说反映了自然权利理论发展过程中的一个高峰,该学说体系性地阐述了自然权利是每一个人与生俱来的理由,将自然权利理论的着力点放在公民个人身上,强调权利享有主体的普遍性和平等性,并明确了权利的具体内涵包括生命权、自由权、平等权和财产权等。正如杜兹纳所言,"霍布斯是现代个人权利传统的奠基人,是第一位以权利思想完全取代正义范畴的哲学家"。②霍布斯、洛克等思想家对权利具体内涵的不断深入探索,为自然权利理论的发展开拓出崭新层面,是在从自然法到自然权利这一演变进程中迈出的坚实大步。18世纪后,天赋人权理论在法国启蒙运动思想家孟德斯鸠与卢梭那里得到了进一步深入阐述。卢梭在霍布斯、洛克等人自然权利说的基础之上又将其加以拓展。他指出人类在与国家签订社会契约时只是将自己的部分自然权利转授予了国家,人的基本权利是不会转让出去的。如是一来,卢梭将自然权利划分为多种层次,丰富了权利内涵。

最后,天赋人权学说为现当代自然权利理论的深入发展提供了厚实的理论基础。及至17、18世纪,古典自然法学理论已成为一个完整的思想体系,并达到了一个高峰。天赋人权学说的论证极有特色,它是以一个假设的自然状态为论证起点,以人类在生活中的正常思维加以不断地推导,通过一系列符合逻辑性的推理,假设人们于每一个行为之后会进行下一个行为,直到推导出每个人都拥有自然权利这一结论。这样一种通过推理层次递进的论证方式有助于为现代甚至当代自然权利理论的纵深发展提供一种扎实的论证思路,有助于促进自然权利理论的进一步完善。在西方社会发展变革的几乎每一个时刻,以洛克、孟德斯鸠、卢梭等启蒙思想家为主提出的自然权利学说都在鼓舞着反抗中的人们;从该一学说

① [美]科斯塔斯·杜兹纳:《人权的终结》,郭春发译,江苏人民出版社2002年版,第11页。
② 同上书,第75页。

中推导出的私有财产神圣不可侵犯原则、非经法定程序不得被逮捕的权利、人民主权等原则与精神有力促进了西方社会政治法律制度的完善。

（二）天赋人权学说的局限性及其存在的问题

天赋人权观作为一种理论学说,尽管对于近代西方社会的政治发展与进步起到重大的作用,不过它也并非无懈可击,其具有一定的历史局限性,存在某些方面的缺陷,主要体现在以下几个方面。

其一,天赋人权学说的论证范式属于唯心主义,具有先验性与机械性。前文已述,它的思想基础是古典自然法,而自然法学派脱胎于唯心史观,该理论中的核心概念如"理性""自然状态""社会契约"等词汇均来自理论家的主观臆想与假设,在真实的西方历史发展进程中并未得到古代文献或者历史典籍的证实。例如对于有关国家形成之前存在一种社会自然状态的假设;关于国家的形成是建立在每一个社会成员转移原本属于自己的一部分权利交给"国家"、与"国家"订立契约的基础之上的假设。上述这些假设仅仅只能作为理论学说研究中的一个逻辑起始点,它们并未于真实的历史中发生过。其逻辑预设均为超验性的,并带有浓厚的道德主义与理性主义色彩,是一种主观的、先验的价值追求。从历史主义或经验主义立场来看,自然法学说是经不起实证论证的。从天赋人权理论推导而出的社会契约论对于历史上国家形成的大多数情形也都并不适用。此外,天赋人权学说在其理论的论证路径方面亦缺乏强有力的实证论据,该学说仍是形而上学的,还带有机械论的局限性。它把人的理性、情感和欲望作为自然权利的源泉,似乎夸大了意识对于社会物质的决定性作用,模糊了人的主观思想同人的权利之间的关系。它将人的权利来源追溯至国家制度形成之前的"自然状态"时期,将"自然"视为人的权利之母,但同时对于"自然"是什么等问题并未给出一种确定的定义。天赋人权学说在理论逻辑上也存在一些含糊的、不易证明的难题。比如,人们怎样知道自然法? 自然法确定的内容是什么? 为什么自然法有效力? 自然权利的存在如何证明? 随着资本主义制度的确立和大规模工业生产的开始,以抽象性、先验性为特征的自然法思想渐渐无法对具体的、现实的资本主义法律制度的稳定性和确定性提供进一步的支持。①

其二,天赋人权理论中所强调的三个主要概念均具有较大抽象性,含义模糊,解释随意性较大,缺乏明确性,使人们无法把握其客观标准。天赋人权学说包含了三个最主要的范畴,即权利的来源——"自然"、权利的主体——"人"与内容——"权利"。在关于"自然"这一概念的理解方面较为含糊。在历史上,古希腊斯多葛学派认为自然法是公正的基本原则,与正义是一致的;古罗马时期西塞罗认为自然是正义的本源,是永恒的、不变的,自然法是理性与正义的体现;及至中世纪,阿奎那认为"自然法束缚了整个世界,如果不合乎自然法,任何人为法都没有存在的合法性"。②近代启蒙思想家针对"自然"所作出的理解更是众说纷纭。在关于天赋人权理论的主体——"人"这一概念的理解方面也存在较大的抽象性,因为该理论中所指向的"人"是一个超越社会关系、历史发展、孤立的个人,他被从地理位置和历史空间的差别中抽象出来,由此可以认为权利的主体缺少具体性。对于天赋人权中的内容——"权利"本身而言,这种"权利"是"天赋的",亦即是绝对的或者说永恒的,因而任何他人、国家都不能干预、制约和剥夺它们。这样的权利"脱离了人的本质和共同体的利己主义的人的权利"③,这种主要建立在道德基础之上的权利明显缺乏明确性和实现机制。天赋人权理论中的三大主要概念的抽象性与不确定性体现了自然权利理论实质上带有虚伪性,它忽视了权利依据"自然"的不确定性,忽视了权利主体"人"的社会关联性,忽视了权利本身的实现并不是真空无条件的,因而在理论哲学基础上存在不少缺陷,这一抽象权利观遭到马克思主义唯物史观的深刻批判。

其三,天赋人权理论甫一诞生便自带有必然的历史局限性和阶级局限性。天赋人权理论的目标尽管在外表形式上体现为反抗万恶丑陋的封建等级特权制度,不过值得注意的是,该理论的提倡主体均是新兴资产阶级思想家,他们代表的是资产阶级,奔走呼号的也是资产阶级成员的政治

① 参见吕世伦主编:《当代西方理论法学研究》,中国人民大学出版社 1997 年版,第 58 页。
② [美]科斯塔斯·杜兹纳:《人权的终结》,郭春发译,江苏人民出版社 2002 年版,第 8 页。
③ 《马克思恩格斯全集》(第一卷),人民出版社 1960 年版,第 437 页。

经济权利,因而他们竭力争取的自然权利在本质上其实只是资产阶级的阶级特权,不属于该阶级的广大劳动人民则被排除在权利享有主体之外。比如天赋人权理论中最主要的一种权利类型是财产权,这对于并未拥有生产资料的劳动人民而言几乎就是空谈;即使是自由权和平等权,"天赋人权"理论也只能是意味着劳动人民在市场上出卖劳动力的自由权以及忍受资本家剥削的平等权。在公民政治权利方面,由于国家的统治阶级是资产阶级,因而天赋人权理论只是为资产阶级的统治作出了注脚,却抹杀了权利的历史性和阶级性。该学说在实质上反映的是资本和金钱的政治特权,而广大劳动人民无法享有普遍平等的政治权利。19 世纪后,天赋人权理论逐渐进入由盛而衰的阶段。

第五章
现代自然权利理论之繁荣与分化

从美国独立战争和法国资产阶级革命爆发后至 1945 年第二次世界大战前夕,西方社会历史迈入现代时期,自然权利理论在此前基础上得以进一步规范化与法律化,陆续体现在各国的宪法及其他法律文件中。同时,除天赋人权理论以外,自然权利学术理论领域中还出现了以批判自然法为立论基础的法律权利理论、理性权利理论以及社会权利理论等不同的流派,这些内容相异的流派之间的持续争论使得传统古典自然权利理论在发展至一定阶段后呈现出分支化与开叉化,促进了现代自然权利理论流派的繁荣化。

第一节　自然权利理论的系统化与法典化

资产阶级在革命胜利之后便成为欧美各国国家政权的掌控者。他们以启蒙思想家提出的天赋人权学说为依据构建民主共和国,为拓展新政权设立的理论依据,进一步深化了对天赋人权理论的阐析,并依靠政治力量将他们所奉行的自然权利或者说人权理论写入各国宪法及宪法性法律文件中,推动了自然权利理论的系统化与法典化发展。

一、自然权利理论的系统化

18 世纪末,伴随着北美洲美利坚合众国的成立,自然权利理论的实践场地由传统的欧洲地区逐渐拓展至北美地区。在美国几位著名自然法思想家的梳理下,关涉现代自然权利思想的学说理论更加系统化,其中典型的代表者为启蒙思想家托马斯·潘恩(Thomas Paine,1737—1809 年)和托马斯·杰斐逊(Thomas Jefferson,1743—1826 年)。

托马斯·潘恩是美国独立战争与法国大革命时期一位杰出的自然法思想家,为了达到激进地批判封建专制制度的目的,潘恩对于天赋人权理论作出了全面系统的阐析。他的天赋人权思想主要体现在其《常识》《人权论》《理性时代》等多部著作中。其一,在人权的性质方面,潘恩继续强调人权在社会中的不可分割性与不可转让性,指出人权是不可消灭的,具有代代相传性。其二,在权利平等方面,潘恩进一步强调了人人生而平等之原则,还增加阐述了代际平等原则,即"根据每个人生下来在权利方面就和他同时代人平等的同样原则,每一代人同他前代的人在权利上都是平等的",以及一致性平等原则,即"所有的人都处于同一地位,因此,所有的人生来就是平等的,并具有平等的天赋权利"。① 其三,潘恩开始将公民权利与天赋人权区分开来,指出公民权利概念嬗变的过程,认为公民权利来源于天赋人权。"人进入社会并不是要使自己的处境比以前更坏,也不是要使自己具有的权利比以前更少,而是要让那些权利得到更好的保障。他的天赋权利是他的一切公民权利的基础……每种公民权利都来自一种天赋权利,换句话说,是由一种天赋权利换取的……公民权利的那种权利是由人的各种天赋权利集合而成的……不能用以侵犯由个人保留的那些天赋权利。"② 最后,潘恩突出强调了思想自由权与言论自由权。他认为"言论首先是人们永久保有的天赋权利之一;就国民议会而言,运用这种权利乃是他们的义务,而国民则是他们的权威"。③ 潘恩深受法国启蒙思想家卢梭之影响,结合对美国《独立宣言》④、法国《人权与公民权利宣言》(以下简称"《人权宣言》")等人权法典的理论阐析,将此前卢梭所总结出的天赋人权学说在更大范围内推而广之与体系化,进一步推动了天

---

① 《潘恩选集》,马清槐等译,商务印书馆 1981 年版,第 140 页。
② 同上书,第 142—144 页。
③ 同上书,第 165 页。
④ 美国第二次大陆会议(Second Continental Congress)于费城批准。

赋人权理论在 19 世纪的完善与发展。

同时期的托马斯·杰斐逊也是美国建国时期著名的自然权利思想家。他的自然权利思想主要反映在由他起草的 1776 年美国《独立宣言》以及由他倡导通过的 1789 年美国《权利法案》(the Bill of Rights) 中。杰斐逊站在古典自然权利学说基础之上,继承并发扬了该种权利理论。他指出,所有人都是生而平等的,每个人都拥有生命、自由和追求幸福的权利,这些权利是上帝赋予个人的,不可转让与亦不可被剥夺。为了使这些权利得到更加强有力的保障,人们便经由契约形式组成政府,因此,"构成一个社会或国家的人民是那个国家中一切权力的源泉"。① 人民如果认为政府施行的是暴政,侵犯了人民的权利,则可以为争取自身的自由、平等权利而与政府进行顽强斗争,直至推翻原有政府,建立新政府。鉴于美国 1787 年《宪法》中未对人民的权利作出任何具体规定,杰斐逊进一步强调他的人权观,他及时提醒人们"注意人权",认为"科学之光的全面传播已经使每一个人都能清楚地认识到这样一个明显的真理,即:广大人类并不是生来在背上就有一副鞍子的,而少数的幸运儿也不是生来就穿着马靴和装上马刺,蒙上帝恩惠可以随时理所当然地骑在他们身上的"。② 由此,杰斐逊主张修改美国宪法,将人民的平等权、自由权和追求幸福的各项权利写入宪法,他推动了美国《权利法案》的最终通过。

具体而言,杰斐逊关于自然权利的主张可以归纳为以下几个方面。首先,关于人的尊严方面。他非常重视人的价值与尊严,认为人本身就是目的,人的生命安全权、自由权以及追求幸福权都属于人的目的,是值得天生保障的,而财产甚至政府都仅是人实现目的的手段。由此,一个良好的政府建立的正当性,也即其首要的也是唯一的目的就是要将人民的生命安全和幸福放置在首位,绝不可以去破坏它们。政府除了应当保障人民的物质生活丰富舒适以外,还应当为人民拥有健康的精神生活提供保障。

其次,关于平等权方面。他反对社会中存在的一切压迫与不平等,反对当时盛行的君主制和贵族特权。他对于人民怀有深厚的感情,主张消

---

① 《杰斐逊文选》,王华译,商务印书馆 1963 年版,第 51 页。
② 同上书,第 38 页。

灭贫困,实现人与人之间的平等。尤其是针对延续上百年的黑奴制度,杰斐逊坚持须废除,他是美国最早提出解放黑奴的思想家之一。在《独立宣言》的初稿之中,杰斐逊曾写下大段谴责贩卖黑奴的文字,无奈在最终通过之时,这部分文字迫于当时的压力而被删去。杰斐逊不仅主张解放奴隶,还反对种族歧视。他认为,不管是黑人或是白人,他们之间都应当是平等的。①

最后,关于自由权,杰斐逊继承了洛克的自由权思想,强调人民享有自由民主权利。他将自由视为神圣不可侵犯的自然权利之一。在自由权利中,他尤其强调思想自由,反对任何政府或者教会钳制或束缚思想自由。他认为自由权利外在地表现为人民享有思想言论自由权,民主政府负有尊重以及保障人民思想言论自由的法律责任,绝不可以禁锢或者压制人们的这项权利。表述不同思想的言论自由权来自于人类固有的人性及理性的必然要求,人民有权发表意见批评政府,不论批评对错与否,政府都不应干涉人民的表达自由权。因为只有让人民自由地表达思想或者意见,社会真理才会愈辩愈明。"真理是伟大的,如果听其自然,它会传播开来的……当真理得以任意对抗错误时,错误就不会有危险性了。"②自由权利还表现为出版自由权,相比而言,出版自由更加重要,因为言论自由仅仅影响的是少数人,而出版自由则可以影响至全国甚至是全世界的各个角落。对于出版自由权的保障既可以监督政府工作、揭露政府的错误,同时更可以公开对政府工作的成绩和优势加以宣扬。出版自由权的保障还可以防止野心家篡夺国家大权。他认为一个政府若能做到公正廉洁,则它是不会害怕报纸等媒体攻击的,更不会因为恶意的攻击而垮台。自由权利还表现为宗教信仰自由权。英国政府殖民北美时期一贯实行政教合一,强迫当地人民信仰国教,国教残酷迫害异教徒。美国独立后,杰斐逊强调信仰自由是每个人自身的权利,政府不应对此进行干涉,不得强制他人信教或者不信教。为保障信仰自由,他起草了《弗吉尼亚宗教自由法》,规定"不准强迫人民屈从或支持任何宗教的礼拜仪式、宗教场所或牧

---

① 《杰斐逊文选》,王华译,商务印书馆1963年版,第71页。
② 同上书,第11页。

师;不准由于宗教见解或宗教信仰而使任何人在人身上或财产上受到强迫或约束、欺凌或负担,或除此以外的折磨"。①

二、自然权利理论的法典化

仅就自然权利思想的法典化而言,其实在英国早期的宪法性法律文件中便规定有自然权利的内容,如 1215 年英国《大宪章》,又如 1679 年英国《人身保护法》。其中《人身保护法》是英国资产阶级新兴贵族为免遭国王王权的压迫,保护自己的生命与财产,在与国王进行激烈的斗争之后才令国王批准的。该项法案并未规定实体性权利,其主要规定了一系列司法活动中的程序性权利②,为今后资产阶级司法制度的人权保障奠定了基础,标志着国家对个体人权保护的真正开始,被颂为首部英国人权保障法。此后的 1689 年,英国又通过了《权利法案》,以限制王权为主体条款,从而更加多方面地保障了人民的权利。18 世纪下半叶,欧美各国资产阶级夺取政权后,作为资产阶级民主制度的重要内容,人权被明确载入这些国家的宪法,西方各国相继迈入自然权利理论法典化时代。

以当时的北美殖民地为例,在欧洲启蒙思想家如英国洛克、法国孟德斯鸠与卢梭等人思想的熏陶下,18 世纪下半叶的北美殖民地也产生了自己的自然权利思想家,代表人物有托马斯·潘恩、托马斯·杰斐逊和詹姆斯·麦迪逊(James Madison,1751—1836 年)等,他们延续并继续发展了古典自然权利理论,倡导天赋人权,主张人民享有自由、平等的权利,并将他们的天赋人权理论写入了宪法或其他相关法律文件中。潘恩不仅从理论上深化了天赋人权学说,而且更是参与撰写了 1789 年法国《人权宣言》,并将天赋人权理论写入该宪法性文件,在该法典的英译本中第一次使用了"人权"(Rights of Man)一词。托马斯·杰斐逊是 1776 年 7 月美国《独立宣言》的主要起草人之一。他吸收了潘恩在《常识》中关于幸福权的思想,进一步从理论上深化了"天赋人权",并将"天赋人权"理论写入了

---

① ［美］菲利普·方纳编:《杰斐逊文选》,王华译,商务印书馆 1963 年版,第 72 页。
② 《人身保护法》规定了在没有得到法院签署的载明理由的逮捕令时,公民不得被逮捕、羁押;除重罪外,被逮捕的公民及其亲属有权请求法院签发"人身保护令"等。

美国《独立宣言》第二部分①。一方面，他认为人生而具有平等的、天赋的、不可剥夺的权利，这些权利包括生命权、自由权和追求幸福的权利。为了保障这些自然权利，人民成立了政府，政府的权力来自人民的同意与委托。杰斐逊的这种理论显然承袭了英国学者洛克的自然权利思想。另一方面，杰斐逊将"追求幸福的权利"视为人们所拥有的自然权利中的重要部分，而将财产权排除在自然权利之外，否定了洛克曾经提出的财产权在自然权利中的重要性，这表明杰斐逊尝试着突破洛克自然权利学说的局限性，更加强调以人为本，将人视为目的，其他如财产权利只不过是追求幸福的手段之一，人的目的是追求自身的幸福，此处的幸福，更加强调的是精神方面的幸福。杰斐逊把当时美国广大民众的要求和渴望写进了自然权利条款，赋予了公民权利更为浓厚的民主性，同时对于古典自然权利理论也是一种创新与发展。总之，杰斐逊将 17、18 世纪法学理论中频繁出现的"自然权利"（natural rights）一词逐渐以各种同义变体的形式如 unalienable rights、inherent rights、absolute rights 等人权词汇正式写入美国《独立宣言》等宪法性文件中。② 1787 年美国《宪法》颁布后，由于其中并未涉及保障公民人身自由与安全的人权条款，杰斐逊等人又呼吁在宪法修订中增加包括信仰自由、出版自由、陪审制度等一系列的人权条款，以保证美国《独立宣言》中所规定的对于人民"生命权、自由权和追求幸福之权"的承诺。为此，"美国宪法之父"詹姆斯·麦迪逊在 1776 年《弗吉尼亚权利法案》的基础上开始着手进行权利法案的起草工作。在他的努力下，最终于 1791 年生效的美国《权利法案》中对自然权利作了具体化、法典化的规定，如规定公民享有言论、宗教、和平集会自由；享有持有与佩带武器的权利；免于民房被军队征用；任何人免于不合理的搜查与扣押；公民须经正当程序受审、一罪不能两判、禁止逼供、禁止剥夺私人财产；未经陪审团不可定罪以及被控告方享有其他权利；公民在民事案件中

① "我们认为这些真理是不言而喻的：人人生而平等，造物者赋予他们若干不可剥夺的权利，其中包括生命权、自由权和追求幸福的权利。"《美国独立宣言》原文放置于美国国家档案馆，参见 https://www.archives.gov/。
② 如 1776 年 7 月《美国独立宣言》中便运用了 unalienable rights 一词来涵盖人们所拥有的生命权、自由权与追求幸福的权利等人权。

有要求陪审团的权利；禁止过度罚金与酷刑；未被列入的其他权利同样可以受到保护；人民保留未经立法的权利。美国《权利法案》不仅对公民的权利种类与形式作了详尽规定，且对未列入法典的其他权利也规定了保障条款。

18 世纪下半叶的法国，自然权利理论法典化亦在如火如荼进行中。1789 年法国《人权宣言》是法国近代第一部宪法性文件，它的宗旨就是"阐明自然的、不可转让的、神圣的人权"，并进一步列举了 17 条人权，其中第一条与第二条将自然权利或者说人权的基本内容概括为五种权利，即自由权、平等权、财产权、安全权和反抗压迫权，其中自由权主要包括人身自由、思想自由、信仰自由、言论、著作及出版自由等。法国《人权宣言》首先强调"天赋人权"神圣不可侵犯的原则，指出一切政治结合的目的在于保存自然的、不可让与的权利，并且提出了主权在民的思想。例如，其第一条规定，在权利方面，人们生来是而且始终是自由平等的，只有在公共利益上面才显出社会上的差别。其第二、第三条规定，任何政治结合的目的都在于保存人的自然的和不可动摇的权利。这些权利就是自由权、财产权、安全权和反抗压迫权。1793 年，《法国宪法》在序言部分修改了《人权宣言》，将关于人权的规定进一步扩大为 35 条，它宣布社会的目的是共同幸福，并将"共同幸福"作为一切人权的大前提；规定"平等、自由、安全与财产"是人的自然的和不可动摇的权利，把平等权置于人权之首，强调平等权，特别突出"法律面前人人平等"。法国《人权宣言》颁布之后，其他欧洲诸国颇受其影响，在 1831 年《比利时宪法》、1849 年《法兰克福宪法》、1850 年《普鲁士宪法》以及 1871 年《俾斯麦宪法》中对于人权均作出了原则性规定。① 1919 年德国《魏玛宪法》第 109 条、第 111 条、第 114—117 条、第 123—126 条中也分别规定了德国公民在法律面前人人平等，拥有迁徙自由、人身自由、通信自由、言论自由、结社自由与选举自由等基本权利。《魏玛宪法》中不仅规定了公民最为广泛的基本自由权利，而且还首次规定了一系列公民社会权利和经济权利，改变了以往在宪

---

① 　韩大元主编：《比较宪法学》（第二版），高等教育出版社 2008 年版，第 61 页。

法中仅仅规定各项公民自由权利的传统立法方式,拓展了宪法中不同类型的权利条款,为当代各国宪法中明确列举出更为丰富详尽的权利类型条款树立了一个良好的榜样。至此,"人权"一词从自然法及自然权利学说理论中脱胎而出,开始演变为一种专门化的法律术语,不断出现在世界各国的宪法性文件之中。

第二节　现代自然权利理论的流派分支

自然权利理论发展至 19 世纪后逐渐成熟,在权利的基础理论、原理方面开始出现差异,大致形成两种主要的学说。具体而言,不仅形成了基于西方传统自然权利理论之上的、当今学者统称为狭义西方自然权利理论的若干不同流派,还出现了另一种基于马克思等学者创建的以辩证唯物主义和历史唯物主义为前提的马克思主义人权理论。这两种人权理论分歧的焦点表现为对人的本质以及对由此衍生出的个人权利与集体权利的关系、权利与义务的关系等问题的不同理解上。这里仅探讨前一种学说,即围绕西方古典自然权利持不同观点的理论各流派。

近代以来,西方的人权本原理论存在着三种基本观点,即"天赋人权"论、"法律权利"说与"社会权利"说。[①] 其中,兴起于 17 世纪的"天赋人权"论伴随着自然法思想的兴起在 18 世纪中后期达至顶峰,"天赋人权论"在上一章中有较为详细的论述,此处不复赘述。进入 19 世纪后,自然法思想逐渐由热遇冷,欧洲社会科学界逐渐出现了质疑甚至是反对自然法的思想,基于古典自然法思想之上的天赋人权论亦逐渐随之由盛而衰。西方自然权利理论发展至现代时期开始突破天赋人权理论一家独大的局面。随着对天赋人权理论的批判,功利实证主义法学派提出的"法律权利"理论、德国唯心主义哲理法学派提出的"理性权利"理论以及社会法学派提出的"社会权利"理论等各式相异的权利流派开始登上历史舞台。一

---

① 李步云:《论人权的本原》,载《政法论坛》2004 年第 2 期,第 10 页。

方面,他们针对传统的自然法与自然权利学说提出了猛烈的批判,但另一方面也都认可并延续了自然权利理论的某些奠基性概念,与自然权利理论存在千丝万缕的关系,下文将逐一对这些已形成了自身特点的权利理论流派加以分析。

一、"法律权利"理论

18 世纪后半叶,以自然法与自然权利为核心概念的古典自然法学理论发展至一定阶段逐渐暴露出了其理论前提假设较为理想化的缺陷,自然法体系"已不能为打算进行的社会研究提供充分的合理工具,它那教条式地求助于不证自明的主张比空口自夸好不了多少"。① 自然法理论遇冷,建立在此基础之上的天赋人权理论亦遭到动摇。与此同时,分析实证主义法学派兴起,该学派对于自然权利等理论进行了猛烈的批判,使得自然法理论与天赋人权理论逐渐走向衰弱,并提出了一种崭新的"法律权利"理论,即认为人权既非渊源于神性与天意,也非一种超现实的自然权利,而是渊源于实在的法律规范,实然法是人权的唯一依据。

(一)"法律权利"理论的思想渊源

"法律权利"理论产生的法学思想基础是法律分析主义与实证主义,分析实证法学派的兴起肇始于英国著名的经验主义哲学家休谟(David Hume,1711—1776 年)。18 世纪后期的英国,资产阶级的统治地位巩固,自然法理论无法应对当时的社会实践变革,以理性的自我证成为出发点的伦理观念逐渐过时,以休谟理论为代表的经验主义与分析实证主义哲学路线开始抬头。休谟将一种社会行为产生幸福的倾向视为功利的含义,他指出,人类的社会本能使人们在判断一种行为是否具有功利性时,不仅看这一行为对于人们自身幸福的影响,而且还要看这一行为对他人幸福的影响。

在功利思想原则下,休谟首先批判了自然法理论的核心概念——理性。他把"理性"一词在自然法学说中的惯用含义归纳为三种,分别从必

---

① ［美］乔治·霍兰·萨拜因:《政治学说史》(下册),刘山等译,商务印书馆 1986 年版,第670 页。

然意义上的理性、因果之间的理性、价值观念上的理性三个层面对传统自然法学说中的理性概念加以批判,否定了自然法的合理性,将权利、公正、自由等社会价值观念归结为习俗问题,认为"要看它们在功利方面所起的作用,或最终归结到它们同人类动机和爱好的关系"。① 其次,休谟进而批判了自然法体系的三大分支,即自然宗教、理性伦理以及社会契约论。他指出,所谓的自然状态只不过是一种单纯的虚构,或者仅是无聊的虚构②等,以此前提所推导演绎出的社会契约论(同意说)亦不为其认可。休谟的反对意见均是以经验主义为依据,认为社会契约论仅是假说的历史,即使在最初的原始社会有可能是在同意的基础上形成的,但与当前的社会无关。当前的社会下,人们之所以渴求维护社会秩序、保障人身权、财产权等,部分原因在于对这些权利的拥有和肯定符合人们趋利避害的自利动机。法律仅为动机和经验的产物。再次,休谟否认了自然法框架下的正义,认为自然状态下的社会中并不存在正义之说。相反他提供了一个功利主义框架下的有关正义的含义,认为"正义只是起源于人的自私和有限的慷慨,以及自然为满足人类需要所准备的稀少的供应"。③ 正义并非建立在理性基础之上,亦并非建立在自然法之上,而是建立在划定财产、稳定财物占有的协议之上,只有在人们缔结了这类协议之后,才立刻产生权利和义务的观念,才有了正义或者非义之说。因而确立正义规则需要依赖于人们的不同利益寻求,正义起源于人类协议。最后,休谟针对特定的人权如财产权和自由权等有其独特的论证。关于财产权及其保障方面,休谟特意详述了其为财产与财产权所作的具体定义。他指出:"所谓人的财产就是指可供使用的、合法的、归他独自所有的任何东西。然而,我们有什么法则可用来分配这些财物呢? 在这里,我们必须求助于法令、习惯、先例、类比以及数以百计的其它事项,其中有些是永恒的和固定的,有些是可变的和任意的。但是最基本的一点,即它们所宣称的立足

---

① [美]乔治·霍兰·萨拜因:《政治学说史》(下册),刘山等译,商务印书馆1986年版,第674页。
② [英]休谟:《人性论》(下册),关文运译,商务印书馆1980年版,第530页。
③ 同上书,第532页。

点,乃是人类社会的利益和幸福。"①财产权即"允许一个人自由使用并占有一个物品、并禁止其他任何人这样使用和占有这个物品的那样一种人与物的关系"。② 在对财产权加以清晰的定义之后,他又对财产权的来源进行了分析,否认了财产权来源于自然法。他认为财产权即财物占有的稳定性,并不是自然赋予的,并非渊源于自然,而是人们通过公共协议而建立起来的。在得出财产权并非天赋之后,休谟还论证了社会建立起来之后确定财产权的几项规则,具体包括占有、占领、时效、添附和继承等,并且能够依据同意而进行财产的转移。③ 休谟的这些观点有助于帮助人们拓展关于财产权的落实与保障方式的思考,开辟了一条对人权某一具体类型加以详尽分析之路径。关于自由权方面,休谟提倡公民可以享有学术自由、贸易自由和新闻自由等。

(二)"法律权利"理论

在休谟思想的影响之下,及至 19 世纪上半叶,以英国著名思想家杰里米·边沁(Jeremy Bentham,1748—1832 年)为代表的学者主张以功利主义为哲学基础的法律分析主义来对天赋人权论进行批判,这便是"法律权利"理论形成之由。"法律权利"理论认为人权既不是来自神性与天意,也不是一种超现实的自然权利,它仅包含在实然法中,人权的唯一依据只有法律规范。

1. 边沁的"法律权利"理论

"法律权利"理论是由英国功利主义、自由主义政治思想奠基人边沁提出的。与"天赋人权"学说不同,该学说建立于功利主义哲学基础之上,即以是否符合"最大多数人的最大幸福"为标准来判断所有社会问题的是非以及衡量正确与错误的尺度,法律与道德的真正目标应当是最大量的幸福。该种学说对 17、18 世纪欧洲启蒙运动学者所普遍主张的自然法学说与社会契约论提出反对看法,认为那些学说的整套理论包括前提假设都是虚构的,未能经过社会实践检验,且已经过时了。边沁所有政治哲学

① ［英］休谟:《休谟政治论文选》,张若衡译,商务印书馆 1993 年版,第 184 页。
② ［英］休谟:《人性论》(下册),关文运译,商务印书馆 1980 年版,第 341 页。
③ 黄枬森、沈宗灵主编:《西方人权学说》(上),四川人民出版社 1994 年版,第 172 页。

思想均是以功利主义原则为基础,他的权利理论也不例外。他从功利主义原则出发,对于人类的福祉与繁荣,提出了一整套与天赋人权学说相抗衡的理论。

首先,边沁提出的最大幸福原则即为衡量一切社会道德的标准,追求幸福权是人类最本质的目的。边沁从分析伦理学的人性入手,认为人性或人类的情感无非是快乐和痛苦两种感觉。"自然把人类置于两位主公——快乐和痛苦——的主宰之下。只有它们才指示我们应当干什么,决定我们将要干什么。是非标准,因果联系,俱由其定夺。"①这两种感觉即苦乐感——既包括肉体上的,也包括精神上的——是用来衡量社会利益增进与否的标准,是法律与道德的标准,也是立法的目的与标准。由于人类具有趋乐避苦、谋求最大快乐与幸福的特性,因而判断某一社会道德的基础便是看是否有助于增进人们始终追求的那种最广泛、最持久、最大化、最纯粹的快乐感觉,这一原则被称作最大多数的最大幸福,亦称为功利原理。"功利原理是指这样的原理:它按照看来势必增大或减小利益有关者之幸福的倾向,亦即促进或妨碍此种幸福的倾向,来赞成或非难任何一项行动。"②这种以追求幸福快乐为目标的原理实际上也是边沁提出的法律权利原理。

其次,边沁否定自然法,批驳自然权利的观念,进而对天赋人权论加以毁灭性的批判,认为那种所谓天赋的、不可剥夺的人的权利并不存在。他对自然法加以大力鞭笞,把那种自然的和不受时间限制的权利观念称为"虚浮夸张的胡说",认为那样一种观念在理论上是混乱的,在实践中更是荒谬的。他认为权利必须经由法律创设与固定化,才能称之为权利,否则就是虚无缥缈的,先于或者独立于法律规定而存在的权利是无意义的。如同法国《人权宣言》中所宣扬的人所具有的"自然的与不可剥夺的权利"只是重蹈了自然法学派混淆逻辑推论与事实的区别的错误。所谓人"应当"享有人权,并不能说明人们在"事实上"享有人权。譬如说自由权,它是公认的最重要的自然权利之一,但也并非与生俱来的,任何人在孩童阶

---

① 〔英〕边沁:《道德与立法原理导论》,时殷弘译,商务印书馆 2000 年版,第 58 页。
② 同上书,第 59 页。

段都是需要父母等抚养人的照顾的,因而人们在这一时期是不存在自由的。而人们之所以那样笃信自然权利学说,是由于人们对自身权利加以肯定的强烈愿望与诚挚追求,这种要求背后的本质仍然可以用功利主义原则进行解释,即人类在功利动机下对拥有人权才能达至幸福的本性要求。人的本性是趋利避害,这种本性支配着人们的一切现实行为,它在法律上便体现为权利。立法一般的和最终的目的就是增进最大多数人的最大幸福,即增进整个社会的最大利益。法律的潜在道德原则仅能是功利主义,即只能以"最大多数人的最大幸福"为标准去判断是非,而不是启蒙学者所主张的社会契约论和自然法学说。

他对"人拥有自然权利"这一学说的反驳,主要可以归结为两个要点。① 人拥有的自然权利非但不是由实定法创设,反而可以是用来批判和反对实定法的——这一观念是明显的概念混乱。边沁认为那种所谓"非由法律创造的权利"的观念是自相矛盾的。边沁反对权利观和法律观分离会导致"标准缺失"以及一种无望的不确定性,因为这种分离使得权利观不再具备任何可识别和适用的标准。② 自然权利学说是"政治谬误"的根源。边沁认为不能以自然权利学说对现行有效运作的法律体制加以批判甚至完全否定。他担心如果以这样的方式对法律进行批判,会导致暴乱和无序,因为这样做会滋生如下信条:不用计算后果,就可以因认识到某个具体分离产生了邪恶,简单地得出该法无效从而可以无视的结论。① 他针对自然权利学说以及 1791 年法国《人权宣言》中体现出的天赋人权理念,即自由、财产、安全、反对压迫等权利是人类自然而不可剥夺的权利,提出了批评,认为《人权宣言》中的语言表达逻辑混乱,思维荒谬,该宣言中假定的自然权利概念仅是主观臆想,没有实证依据,自然权利不过是"踩在高跷上的胡说八道"。② 边沁还否定以自然法作为判断法律是否具备正当性的标准,他认为法律不过是主权者的意志而已。③ 他指出,需要以一种新的标准来替代"自然""理性""公正"等词汇,因为它们

---

① ［英］哈特:《哈特论边沁——法理学与政治理论研究》,谌洪果译,法律出版社 2015 年版,第86 页。
② 同上书,第 83 页。
③ ［英］边沁:《政府片论》,沈叔平等译,商务印书馆 1995 年版,第 133 页。

太过抽象,难以把握和判断。而新的标准就是指以幸福和功利(或言产生或增进幸福的功利)为标准进行批判。在他看来,"功利一词更为清晰,因为它更明确地指痛苦和快乐"。①

最后,边沁强调法律之下的权利。作为分析法学派的先驱,边沁对于法律及人权的认识绝不会是从其对于人性中推导而出的,而是从实然的角度来认识现存的法律体系,以及在现有法律框架下来认知权利。他认为权利不是自然赋予的、不证自明的,而是法律赋予的。"在文明社会的国家中没有其他权利,除了那些由法律创设的权利外……自然权利和天赋权利这样的术语,一旦适用于此类国度中的人们,在我看来就完全是莫名其妙的……我认为公民应当在他的国家所制定的那些法律中寻找他的权利。"②他将权利和法律权利两个概念相等同。边沁指出:"权利是法律的结果,而且只能是法律的结果;没有脱离法律的权利;没有与法律对立的权利;没有先于法律的权利。"③边沁推崇法律至上的观念,他认为,法律就是权利,不存在法律之外的权利,不能仅从理想的角度去主张人们应当有什么权利,而必须注重人们在事实上享有什么权利。"抛开法律的概念,使用权利一词,你所得到的只是争吵的声音而已。我说我有一项权利,我说你无这项权利。人们可以一直这样争吵,直到他们疲惫厌倦,而即便是在这时,他们依然难以得出一个相互接受的观念和协议,就像他们在此之前一样。"④边沁指出权利并不具有天生性,它是由法律所赋予的。"权利是法之子,自然权利是无父之子";"在一个多少算得上文明的社会里,一个人所以能够拥有一切权利,他之所以能抱有各种期望来享受各种认为属于他的东西,其惟一的由来是法。"⑤他还否认法律与权利之间存在的伦理性,认为伦理属于主观性的范畴,每一个人都会有自己的伦理观,其好坏是非难以作出客观的、准确的判断;边沁还批评"天赋人权"理

① [英]边沁:《道德与立法原理导论》,时殷弘译,商务印书馆 2000 年版,第 74 页。
② [英]哈特:《哈特论边沁——法理学与政治理论研究》,谌洪果译,法律出版社 2015 年版,第 61 页。
③ 同上书,第 86 页。
④ 同上书,总序,第 3 页。
⑤ 张文显:《当代西方法学思潮》,辽宁人民出版社 1988 年版,第 357 页。

论中的逻辑前提"自然状态"具有极大的虚构性,导致"自然法"带有一定的神秘性,因而是不科学的。

2. 密尔的权利理论

约翰·密尔①(John Stuart Mill,1806—1873 年)作为西方近代功利主义思想家之典型代表,他传承与发展了边沁的功利主义,并在有关个人的自由权方面提出了更为细致精密的权利理论论证。他的权利思想反映了 19 世纪英国盛行的自由主义思想。作为一名功利主义者,密尔在继承边沁的"最大幸福"原则基础之上细化了这一理论,他指出快乐这一物质不仅存在数量上的差别,而且存在质量上的差异,还可以细分为优势快乐与劣势快乐。除了人的个人情感之外,还存在人的社会情感。功利主义中的核心词汇快乐或曰幸福不应仅局限于狭隘的个人意义,而应当指向社会全体人员的快乐。个人在追求自身的幸福时应当还要考虑到不妨碍他人对于幸福的追求,使个人利益与社会利益趋于同步。

密尔的权利理论主要体现在其代表作《论自由》(*On Liberty*)一书中。密尔指出,个人拥有行动自由,"自由在于一个人做他所要做的事"②。他将自由有可能发生的情况概括为两种。第一种情况是在个人行为不干涉他人利害的情况下,个人则拥有完全的行动自由并且不应受到他人干涉,不必向社会负责,他人仅可作出忠告、规劝或者避之不理等。第二种情况是仅在个人的行动自由干涉到他人利益时,这个人才应当受到社会的或者法律的制裁或处罚。社会和国家仅在第二种情况下才可以针对个人进行裁判,对个人施予强制性惩戒措施。对于人类的幸福而言,保障个人的行动自由十分必要。密尔在《论自由》中阐述了资本主义制度下的公民自由权利,从反向意义上而言即社会所能合法施用于个人权力的限度。他论述了自由的各项原则。推而言之,密尔还针砭当时的英国政治实践,指出英国议会制度的缺陷,主张扩大选举权主体范围,提高妇女的政治地位,赋予妇女平等参与政治的权利。密尔指出,国家法律的目的是保障个人自由。为规范自由权的行使,个人自由权又可以具体区分

---

① 在有些中文译本里,密尔又译为穆勒。
② [英]约翰·密尔:《论自由》,许宝骙译,商务印书馆 1998 年版,第 104 页。

为不涉及他人利益的个人自由权与涉及他人利益的个人自由权。对其中的后者,即涉及他人利益的自由权,政府应加以干预,这种干预做法的"唯一的目的只是自我防卫",即"防止对他人的危害"。① 对前者,即不涉及他人利益的个人自由,政府应采取放任原则的做法。他强调道:"在仅只涉及本人的那部分,他的独立性在权利上是绝对。对于本人自己,对于他自己的身和心,个人乃是最高的主权者。"②这类自由不仅包括良心的自由、思想情感的自由、发表意见的自由、安排自我生活的自由、按照自己的愿望去行动的自由,还包括个人之间相互联合的自由。这类自由是密尔认为的真正的自由,它们无需受到国家法律和道德舆论的约束。密尔非常强调个人思想言论自由和行动自由权在整个自由权体系中的地位,同时他亦承认对于发表意见的自由是可以有所限制的。"个人的自由必须制约在这样一个界限上,就是必须不使自己成为他人的妨碍。"③

二、"理性权利"理论

"理性权利"理论诞生在 19 世纪的德国,其产生的背景与当时的唯心主义古典哲学流派密切相关,因而又称为唯心主义权利理论学派。黑格尔是德国古典哲学思想之集大成者,他在康德理性原则的思想基础之上提出了唯心主义"理性权利"理论。

(一)"理性权利"理论的思想渊源

德国哲学家伊曼努尔·康德(Immanuel Kant,1724—1804 年)是对现代欧洲最具影响力的思想家之一,也是启蒙运动最后一位主要哲学家和集大成者。康德的学说与理论,即他对于法律及社会的认识,从表象上来看似乎源自法国思想家卢梭的学说,与古典自然法学说有着密切联系,是古典自然法的承袭,不过从其思想内容的实质性而言,康德的理论体现的是对早期自然法理论的重大批判,他希冀可以重构出一套自然法权体系。由此,他关于法律和权利等方面的理论均是在其唯心主义哲学理论

---

① [英]约翰·密尔:《论自由》,许宝骙译,商务印书馆 1998 年版,第 10 页。
② 同上。
③ 同上书,第 59 页。

的框架下构建起来的。作为德国古典唯心主义哲学的创始人,康德不仅对于传统的哲学思想加以变革,而且在自然权利学说领域也有自己独特的开拓。主要体现在以下几个方面。

首先,康德进一步拓展了人的主体性理论。他将人权的两个要素——人和权利——分别加以阐析。在对人性的探讨方面,如果说文艺复兴使封建社会中的人从神权束缚中解脱出来,代表了人性的第一次解放,那么康德"使人权进一步从单纯因果必然性的束缚下解放出来,使人的主体性得到进一步的发展,这是西方哲学史上人权的第二次解放运动"。① 18 世纪时期的西方哲学中,人的主体地位仍未明确树立,康德在这方面系统论证了人的自我意识的哲学基础,为提高人的独立自主和尊严地位起到了奠定作用。康德从对人之伦理的论证出发,指出伦理主体——人格应当承担起人之一切目的的终极目的,除人格之外,其他一切都是人格的手段。人的主体性决定了人不能是他人的手段,亦不是他物的手段。任何事物都不能代替人格,人格具有绝对价值,人之尊严不能被他物替换。人具有不依赖于外在的内在价值,具有自立性,人所具有的意志自由使得人只能是目的。"人是目的,决不可仅仅当作手段使用"②,康德突出了人本身价值的极大重要性,认为人"是客观的目的,也就是说,人之为物,其存在本身就是目的,而且是这样一种目的,这种目的是不能为任何其他目的所代替的,是不能仅仅作为手段为其他目的服务的,因为如果没有人,就根本没有什么具有绝对价值的东西了"。③ 人不仅有自然的属性,更加代表着理性的存在。

其次,康德对于理性亦作出了详尽的阐释,他将人类认识事物的能力过程细化为三个步骤,即感性、理智与理性。他指出:"我们的全部知识都是从感觉开始,经过理智,最后达到理性。"④他认为理性"按其本性来说,是要求某种东西来满足它自己,而不是单独为了别的目的或爱好之用

---

① 张世英等:《康德的〈纯粹理性批判〉》,北京大学出版社 1987 年版,第 15 页。
② 黄枏森、沈宗灵主编:《西方人权学说》(上),四川人民出版社 1994 年版,第 183 页。
③ 同上。
④ [德]康德:《纯粹理性批判》,蓝公武译,商务印书馆 1960 年版,第 245 页。

的"。① 理性又包含理论理性与实践理性两种形式,其中,理论理性与人的认知、知识相关,而实践理性与道德规律、信仰相联,后者高于前者。因为只有在后者即实践理论中,人才能够获得自由。康德将理性的主体(人)与按照理性活动的能力(自由)两者相连接,从人有能力自己决定自己行为这一特征出发描画出了自由的模样,同时继续抬高了人的主体地位。他解释道:"惟有人类理性之实践功能才真正体现了人之为人,人不同于一切自然存在物的价值和尊严。"②康德将人之理性与人格相连接,他认为"人,总之一切理性动物,是作为目的本身而存在的,并不是仅仅作为手段给某个意志任意使用的,我们必须在他的一切行动中,不管这行动是对他自己的还是对其他理性动物的,永远把他当作目的看待"。③ 人有能力为自己的行为承担责任,人所具有的理性使得他具有意志行动的自由,人的自由意志形成了人的独立人格。仅在自由的基础之上才能产生一切权利和义务。人在本质上是自由的,这是康德通过对人性的阐释后得出的结论。

再次,康德对自由概念进行了重新诠释,将自由概念研究推向了一个更高的层面。在康德的哲学思想中,自由是其全部实践哲学理论的核心概念。他在《实践理性批判》一书中谈道,自由"构成了纯粹的、甚至思辨的理性体系的整个建筑的拱顶石",所有其他概念都"依附于自由概念"。④ 他将自由视为必然的二律背反,并在此立论的基础上阐述了自由的含义。虽然康德着重强调"自由",不过他并不认为自然是无限制的、随意的,另一方面,他同时也反对绝对的自由主义。他认为"自由"和自律是事物的一体两面,认为自由即自律,自律是人的自由的体现。"自由这个概念是解释意志自律的关键。"⑤康德认为,个人拥有自由权则意味着他必须对自己的行为负责,要想达至真正的自由,作为主体的个人必须要符合特定的条件,即他能够作为道德的主体,只有作为道德的主体,这时的

---

① [德]康德:《未来形而上学导论》,庞景仁译,商务印书馆1978年版,第182页。
② 张志伟:《康德的道德世界观》,中国人民大学出版社1995年版,第79页。
③ 黄枬森、沈宗灵主编:《西方人权学说》(上),四川人民出版社1994年版,第183页。
④ [德]康德:《实践理性批判》,韩水法译,商务印书馆1999年版,第2页。
⑤ [德]康德:《道德形而上学探本》,唐钺译,商务印书馆1957年版,第60页。

人的主体性才会最充分地体现出来，这时的人才能被认为是享有真正的人的尊严。人具有理智性这一特征显示出人本身就具有价值。人除了具有属物的一面之外，人还有能力通过实践了解自己。人是有自决权的道德主体，能够内在地自由选择道德法则，"一个人能够按照自己的描述去行动的能力，就构成这个人的生命"。① "人，是一个主体；他有能力承担属于他的行为。因此，道德的人格不是别的，就是一个受道德法则约束的、有理性的人的自由。"②

最后，在得出理性原则与自由意志的基础之上，康德提出了一种新型的权利理论。作为一名自由主义者，康德"所提的应当把人人看成本身即是目的这条原则，是人权说的一种"。③ "人权"一词多次出现在康德的著作中。康德认为在实践理性中，人是自由的，人是作为目的而不是工具存在的。自由是人唯一的天赋权利，它也是人类道德的根据，从而确立了人的主体性地位，强调了人的尊严和价值。康德明确指出："只有一种天赋的权利，即与生俱来的自由。"④他认为，个人所享有的自由权具有原生性，具有一种每个人生而就有的特质。这种权利独一无二，权利的覆盖面涉及每一个人，它不屈从于他人的强制意志，更加不受他人意志的制约，集中体现为自己做自己的主人。

康德对权利的具体论述是在其对权利体系加以划分的背景下进行展开的。他在《法的形而上学原理》一书⑤中对于权利进行了分析。在权利的概念方面，他第一强调权利"只涉及一个人对另一个人的外在的和实践的关系，因为通过他们的行为这件事实，他们可能间接地或直接地彼此影响"。第二，他认为，权利的概念只表示某一个人的自由行为与别人行为的自由的关系。第三，在这些有意识行为的相互关系中，权利的概念并不考虑意志行动的内容，不考虑任何人可能决定把此内容作为他的目的。⑥

---

① 黄枬森、沈宗灵主编：《西方人权学说》（上），四川人民出版社1994年版，第184页。
② 同上书，第185页。
③ ［英］罗素：《西方哲学史》（下卷），马元德译，商务印书馆1976年版，第270页。
④ ［德］康德：《法的形而上学原理》，沈叔平译，商务印书馆1991年版，第50页。
⑤ 由于德语Recht（法）的一词多义性，该书又译为《正义的形而上学原理》《权利的科学》《法律哲学》等。
⑥ ［德］康德：《法的形而上学原理》，沈叔平译，商务印书馆1991年版，第39—40页。

这三点分别指出了权利所具有的客观性、行为性与自由性三大特征,这三大特征整合起来就构成了权利。"维护他人的作为人的价值的责任正是产生自身的人性的权利。在与别人的关系中维护自己作为一个人的价值,不仅要求他人有责任,而且要求自己对他人也有责任。尊重相互的权利,恪守彼此的义务,这是康德将人当作目的的命题的真实含义。"①

一方面,康德接受了传统的做法,认为权利体系可以一般性地划分为自然的权利与实在的权利。所谓自然的权利是指建立在先验的纯粹理性的原则基础之上的权利;而所谓实在的权利是指建立在立法者的意志规定之上的权利。另一方面,在次级划分层上,他认为自然权利不应划分为自然的权利和社会的权利,而是应该划分为自然的权利和文明的权利。自然的权利构成私人的权利;文明的权利为公共权利。因为与"自然状态"相对的是"文明状态"而不是"社会状态"。② 对于权利的历史发展性,康德持肯定态度,他在著作中论证了人权由自然权利逐步朝着实在权利转化的过程,也即权利从先验至经验的一个转化过程。另外,从人的主体性角度,康德认为权利体系还可以划分为天赋权利与获得权利,或曰内在权利与外在权利。康德对于权利体系分类的标准强调的是人作为个体的主观能动性,因而他的权利观驱使传统意义上的自然权利逐步跳脱了古典学说中单纯因果必然性的束缚,转向个人主观能动性的一面。在权利的具体种类方面,康德着重论述了他所认为的私人的权利,其中包括物权、对人权、婚姻家属权利、通过契约获得的权利等,同时也探讨了公共权利,如民族权利、和平权利等,最后还提及人类的普遍权利。

在康德之后,哲学家约翰·戈特利布·费希特(Johann Gottlieb Fichte,1762—1814 年)在康德权利思想基础上对人的尊严加以多角度论证。在其代表作《自然权利的基础》一书中,他又一次拓展了关于人的尊严、理性、良心等现代权利理论中这些核心范畴的理解。他的论证与思想进一步彰显了意志自由与人的尊严,有力地促进了现代自然权利理论的成形。首先,费希特极力强调人的主体性和独立性之价值,他认为人具有

---

① 杜钢建:《外国人权思想论》,法律出版社 2008 年版,第 147 页。
② [德]康德:《法的形而上学原理》,沈叔平译,商务印书馆 1991 年版,第 51 页。

的理性使得人在与自然的关系中具有优越性。人是自然秩序以及社会秩序的出发点，针对世间万物所作出的分析都须从人这一原点出发，以人为本，外在的物质才能具备秩序与和谐。"唯独从人出发，规则性才在人的周围向四处传播，达到人能观察到的界限；人把这个界限延伸到什么地方，秩序与和谐就被延伸到什么地方。"①人的伟大之处就在于人具有理智，能够给社会带来秩序。不仅如此，人还可以其理智影响他人，带动他人，使得聚居在一起的人群都能够得到提高，人类可以达至共同进步。费希特看到了人性和人道力量之伟大。

其次，费希特还认为，人的尊严之维护还需要将每个人都当作自己的同胞对待。不管他人的生活方式、阶级、身份等，只要他是人，就应当给予基本的尊敬与同情。"人就是如此，每个能够向自己说'我是人'的人，都是如此。"②他指出，人们在面对同胞时应表示出神圣的敬畏之情，在看到人本身的威严时也都会肃然起敬，无论个人来自于何处，每个人都"带有人的面貌"。因而人与人之间应当以同胞兄弟互相对待，彼此尊重，共同促进人类的发展。即便是个人发生触犯法律等恶劣情形，他也依然应被当作人来加以对待，享有人的尊严。费希特从人的理性权利论及并呼唤人的尊严，对于当代自然权利理论中普遍尊重人的尊严的理念发展起到了奠基作用。

最后，在具体的权利类型方面，费希特尤其倡导思想言论自由。他认为思想自由是人的自然禀赋，属于基本权利之一，它是不可转让的，"思想自由的表现，正如意志自由——他的人格的不可分割的组成部分——的表现一样，是唯有人能够说'我在，我是独立存在物'的必要条件"。③费希特猛烈抨击当时的封建专制主义对民众言论自由的打压，认为思想言论自由权是一种人格自由的要求，是人民不可转让的权利，君主无权限制人民的思想自由。费希特对于人的尊严的详细论述使得人权理论开始脱离自然权利的依托，极大丰富了现代自然权利思想，深深影响了其后的黑

---

① 梁志学：《费希特青年时期的哲学创作》，中国社会科学出版社1991年版，第146—147页。
② 同上书，第149页。
③ 梁志学主编：《费希特著作选集》（第一卷），梁志学等译，商务印书馆1990年版，第148页。

格尔等人,对当代自然权利理论的发展亦产生了直接的影响。

(二)"理性权利"理论

黑格尔(G. W. F. Hegel,1770—1831 年)是德国 19 世纪唯心论哲学的巨擘。一方面,他在总结法国大革命的经验时对传统的天赋人权论作了修正,并系统阐述了反对天赋人权论的理由;另一方面,他运用辩证法提出了一些多元化的权利观点。黑格尔对于人权的形式与内容、人权的基础、个人权利与社会权利等问题作出了辩证性的解释,形成了独特的"理性权利"理论。黑格尔的权利观大部分体现在其代表作《法哲学原理》一书中。

首先,关于人的理性方面,黑格尔赞成康德的理性独立原则①,继而将该原则又向前推进了一大步,即将理性原则彻底本体化,推崇理性至"宇宙的无限的权力"高度,将理性夸大为客观理性或称绝对精神。他认为绝对精神代表着世界的本原,绝对精神发展至客观精神阶段后,所谓的权利概念才出现,因而绝对精神是权利之基础。绝对精神的发展过程分为逻辑、自然与精神这三个阶段。精神阶段又包含主观精神、客观精神。其中,客观精神以"自由的意志"为其落脚点,人天生拥有自由意志,然后才有了随之而来的权利。他指出,"法的基地一般说来是精神的东西,它的确定的地位和出发点是意志。意志是自由的,所以自由就构成法的实体和规定性"。② 在黑格尔看来,自由等同于意志,因为"自由的东西就是意志。意志而没有自由,只是一句空话;同时,自由只有作为意志,作为主体,才是现实的"。③ 自由也等同于权利与法,"法就是作为理念的自由"。④

其次,在人格主义的阐述方面,黑格尔亦充分肯定了人本身的价值,他不仅肯定了康德提出的"在人自身中找到绝对牢固的、稳定的核心"的观点,他还指出,要注意人与主体是不同的两个概念,"主体"这一概念具有泛指性,是针对世间所有生物而言的;而"人"这一概念具有特指性,仅

---

① [德]黑格尔:《小逻辑》,贺麟译,商务印书馆 1980 年版,第 150 页。
② [德]黑格尔:《法哲学原理》,范扬、张企泰译,商务印书馆 1982 年版,第 10 页。
③ 同上书,第 12 页。
④ 同上书,第 36 页。

指能够意识到自己是主体的主体,即特指人类。只有人类能够运用抽象思维以人自身为认识对象,从而才能意识到人格的存在。人格是一种通过人的思维上升到简单无限性与纯粹同一性的关于人的一种认识,只有当个人意识到了自己的纯思维和纯认识,才开始具有人格,开始以自身即抽象的且自由的自我为其对象和目的,才开始成为人。"自为地存在的意志即抽象的意志就是人。人间最高贵的事就是成为人。"①人格包含权利能力,并且构成抽象法的基础,因而形成法的命令,即"成为一个人,并尊敬他人为人",②承认他人和自己一样,都享有权利。抽象法的性质决定了这种法的必然性仅仅表现在禁止或者说否定的领域中,如禁止他人侵害人格或者侵害那些源自人格的东西。在抽象法中只能存在着禁令。黑格尔的这一推理是现行大多国家宪法中有关"人之尊严不可侵犯"表述之理论来源。

　　他认为,每个人都有意志,也即拥有自由,自由是意志的天然权利,因而人人都有权利。又由于这种权利是基于理性的产物,"权利应以理性为源泉。……人们可以说权利是人工的作品,并把神权作为最高的权利同这种人工的作品对立起来。但是在今日恰恰神权是最受谴责的东西"。③黑格尔在此不仅批判了神权,而且更加使人们坚信了源于理性之上的权利。他具体阐述了权利发展的历史性,认为权利的发展附随于理性的发展。理性的发展历经抽象法、道德和伦理三个不同的阶段,自由的发展也分为抽象自由、主观自由与真实自由三个不同阶段。相应地,权利的发展亦经历了抽象权利、主观意志权利与普遍精神权利三个不同阶段。在抽象法阶段,自由意志具有抽象性,它产生的是抽象的权利,原因在于抽象权利的主体只能是单纯的人,而不是国家公民。即只有单纯的人才能享有抽象的人格权。"这里抽象的同一性构成了这种规定性。因此,意志就成为单一的意志——人(Person)。"④沿着黑格尔提出的意志自由论,一套理性权利理论构筑起来。此外,黑格尔还进一步发展了康德提出的"自

① ［德］黑格尔:《法哲学原理》,范扬、张企泰译,商务印书馆1982年版,第46页。
② 黄枬森、沈宗灵主编:《西方人权学说》(上),四川人民出版社1994年版,第226页。
③ ［德］黑格尔:《黑格尔政治著作选》,薛华译,商务印书馆1981年版,译者序,第38页。
④ ［德］黑格尔:《法哲学原理》,范扬、张企泰译,商务印书馆1982年版,第45页。

律"的人道主义思想。他将自由视为人围绕其活动的最后枢纽,自由是最高的顶点,人没有义务仰视其他任何东西,不用承认任何权威以及任何不尊重他的自由的东西。

再次,关于通说中的人生而享有自由权、平等权的观念方面,黑格尔有其独特的观点,他并不赞同人生而享有自由权、平等权的观点,也不赞同人生而不享有自由权及平等权的观点。在黑格尔看来,自由不是先天存在的,而是后天逐渐形成的。譬如,人类社会不断向前发展的过程本身就是人类由自然走向自由的一个过程。生而自由的观念"包含着真理的绝对出发点",但它只是一个出发点而已。在"抽象法"(天赋人权)阶段,个人只有抽象的自由;在"道德"阶段(康德的权利论)个人只有主观自由;到了"伦理"阶段,个人才有了现实的和具体的自由。① 自由权以及平等权的发生与发展都是附有一定历史条件的。黑格尔对于权利产生与发展的历史性表述及其关于尊重人权的阐述具有深刻的学理意义,其进步性体现在否定了人权产生的天赋性,反之,则是从历史发展的角度论证了人权的内涵。

黑格尔对于生命权也有着自己独特的看法,他并不像多数启蒙思想家那样认为生命权是天赋的。相反,他认为生命是建立在理性意志的基础之上的。"作为人来说,我本身是一个直接的个人。如果对这一点作进一步的规定,那首先就是说:我在这个有机身体中活着……但是作为人,我像拥有其他东西一样拥有我的生命和身体,只要有我的意志在其中就行。"②他认为,生命是外界活动的包罗万象的总和,它并非与人格相对的外在的东西。个人没有任何权利放弃自己的生命,生命权具有直接性,死是直接对生进行了否定,因而死必须是由外在原因造成,或者是出于自然原因,或者是死于他人之手。个人在主观上并没有支配其生命的权利,他不能凌驾于自身之上,不能对自己作出判断。

最后,在财产权方面,黑格尔亦提出了辩证性的观点,一方面他肯定了人与人之间的平等关系,认为每个人都有拥有一定财产的权利;另一方

①　[德]黑格尔:《法哲学原理》,范扬、张企泰译,商务印书馆1982年版,第161页。
②　同上书,第55—56页。

面他还认为,实质上的人的平等是指他们仅仅作为人(Person)这一身份上的平等,即他们进行占有的依据、能力以及来源上是平等的。"平等是理智的抽象同一性","平等只能是抽象的人本身的平等,正因为如此,所以关于占有的一切——它是这种不平等的基地——是属于抽象的人的平等之外的"。① 他看到了人们之间对私有财产占有数量是不平等的现象,不过他认为人们对财产分配的不平等的社会现象并不代表自然界的不公正,因为自然界原本就是不自由的,所以不存在公正与否的问题。黑格尔将初具雏形的辩证法运用于对权利问题的探讨中,使得权利理论逐步脱离了传统的形而上的权利理念,逐步自成一片独立的研究范畴。

三、"社会权利"理论

20世纪后,针对法律分析学派理论所存在的诸种缺陷,社会法学派提出了自己独特的"社会权利"②理论。首先是德国法学家鲁道夫·冯·耶林(Rudolf von Jhering,1818—1892年)指出,传统人权理论是仅以个人主义为理论延伸的出发点,认为人所拥有的权利是天赋的。而耶林却认为,不能将个人与社会整体对立起来看待,个人固然应肯定其自身权利,不过个人同时也是社会整体的一个组成部分,社会利益来自个人利益,为维护多数人利益,对特定的某些个人权利可以作出适当程度的限制,个人权利与社会权利并非一种对抗性的、非此即彼的关系,在讨论人权时,不应该以个人利益为出发点,而应该以社会利益为出发点。

法国思想家莱翁·狄骥(Léon Duguit,1859—1928年)提出的社会连带法学理论也属于社会权利理论之一种。狄骥批判天赋人权论,认为那种自然权利论是建立在假想基础之上,没有较为科学的依据,无法令人信服,因而是不成立的。他指出,由于个人不仅具备个体属性而且具有社会属性,人的权利应当来自国家、社会的赋予而不是天赋的。社会连带论指出,个人的日常生活及社交生活无法离开周边始终一同生活在一起的其

---

① ［德］黑格尔:《法哲学原理》,范扬、张企泰译,商务印书馆1982年版,第57页。
② 值得注意的是,此处谈及的"社会权利"与当代国际人权公约如《经济、社会与文化权利国际公约》中的社会权利完全不同。前者是从看待人权的角度方面对某一个特定的人权理论学派进行的归纳,后者是指一种具体的国际人权分类。

他人类,人是群体性生物,无法长期过孤独的、与世隔绝的生活,因而人类的这一属性决定了他需要生活在社会中,必须具有社会连带关系。个人终究是社会的组成部分,个人利益应当服从于社会利益。

在美国,社会权利理论以实用主义哲学基础为推导前提,其权利理念归属于社会法学派。社会学法学派的基本法律价值观是"社会本位论",即特别强调社会利益,认为法律需注重其社会效果与社会目的。它将法律视为一种"社会工程",法律的作用就是承认、确定、实现和保障各种利益,尤其是社会利益。① 社会法学所注意的是法律的目的与作用,而非抽象的法律内容。社会法学认为法律的社会目的是促进和保障社会利益,法律的价值就在于它能作出利益评价,而不在于制裁非法行为。该法学流派关注的是法律的实践运作,即法律制度、法律准则和法律律令所具有的实际社会效果。在处理社会与个人的关系上,社会学法学派认为社会本位是与个人本位相对的,它更加强调社会以及社会连带,更加强调社会整体利益。

"社会权利"理论建立在社会法学派基本原理之上,该流派强调权利源自人的本性,良好法律的任务就是在人的利己本性和合作本性之间作出平衡,花费最少的浪费和牺牲来达到最多的社会利益。该理论的典型代表是罗斯科·庞德(Roscoe Pound,1870—1964 年)。在其代表作《通过法律的社会控制》(1942 年)一书中,他阐释了建立在利益论基础上的"社会工程和社会控制"理论。

首先,庞德对于自然权利学说和法律权利学说进行了批判。他不承认人定法之上存在"更高的法",他谈道:"在近代心理学的攻击下,19 世纪形而上学法学意义上的'个人'以及 19 世纪学说汇纂派及其在分析法学中的英国门徒们所主张的意义上的'个人意志',如同'自然人'和'自然状态'在 18 世纪批判性哲学的攻击下所表明的情况一样,都成了靠不住的基础。"②他评价法律权利学说背后的法学流派分析法学之缺陷在于其

---

① 张乃根:《西方法哲学史纲》(第四版),中国政法大学出版社 2008 年版,第 330 页。
② 〔美〕罗斯科·庞德:《通过法律的社会控制》,沈宗灵译,商务印书馆 2010 年版,第 74—75 页。

逻辑视野狭小,仅仅关注法律规范、法律条文等文本内容,考察范围仅仅局限于法律规则内部,但事实上,法律只有与社会不断发展变化的事实连接起来才能发挥其社会秩序调节器的作用,若法律仅在法律范围内运作,便无法发挥它的功能。这种研究方式的缺陷在于将法律视为研究过程中的一个手段,不足以应对社会多变的情势发展,也会导致法律的制定与修改过程中过于强调技术性。另外,分析实证式的研究有可能使得法律变迁规则僵硬,难以适应现代社会形势的变化发展。因而庞德更为偏向于那种具有现实适用性、更能够规范人们行为的以法律目的为导向的思维方式。

其次,庞德认为社会秩序的运转是一项复杂的、系统性的工程,法律在其中的作用表现为它是进行社会控制的一个工具。对法律的考察应当着重看其社会作用和实施效果等方面。对权利的考察亦是如此,公民的权利是社会赋予的,作为社会中的一员,个人无法从社会身份中抽离出来,个人只有在社会道德关系中才能确认自己的定位,权利只有在与社会的联系中、基于社会成员的资格才得以存在。同理,人权作为法律规定中的重要内容,对人权的认识也应当看其所产生的社会推动作用。具体而言,人权在社会中所起的推动作用体现在肯定、明确、实现个人权益,同时消弭个人权益与社会利益之间可能发生的冲突和矛盾。

最后,该学说视法律为国家进行社会控制的主要工具和手段,认为法律的目的是"满足人之要求、保障利益和实施主张或欲求之手段"[①]。与天赋人权理论所提倡的个人自由主义不同,庞德的社会权利理论注重强调具体人的具体要求,而不是强调抽象个人和抽象意志[②];庞德从各个方面承认合作并重新强调合作,重视权利背后的利益与目的、要求。庞德认为人权构成了社会法律体系中的重要组成部分,人权的作用就是在于推动个人权益的实现,保障个人利益的落实,同时与其他的社会利益相协调,以及调和与人权相联结的各种社会关系。该种人权理论将视线从权

---

① 〔美〕罗斯科·庞德:《法理学》(第一卷),邓正来译,中国政法大学出版社 2004 年版,第555 页。

② 〔美〕罗斯科·庞德:《通过法律的社会控制》,沈宗灵译,商务印书馆 2010 年版,第 74 页。

利本身转向至权利背后的利益,一方面拓展了关涉人权的研究视阈与研究范围,但是另一方面它却忽视了人权理论中最宝贵的价值部分,使人权沦为利益说的附庸,变为阶级调和的工具。

第三节　不同关涉自然权利理论
流派彼此间的差异

　　19 世纪以来,自然权利理论的发展进入多元化发展阶段,呈现出分支流派,其中不仅涵括了天赋人权学说的成熟发展阶段,同时诞生了一些迥异于天赋人权学说的其他权利学说,这些不同理论流派的创立大多是针对天赋人权学说从不同角度对其加以批判而逐步形成的,它们对于自然权利学说固然有所承继,但更多的是批判与纠偏。这些反对、抨击自然权利理论的流派包含法律权利说、理性权利说与社会权利说等。随着社会实践的发展,不仅天赋人权学说内部存在一定程度的承继与演进,而且各不同理论流派之间亦存在明显差异。

一、天赋人权学说自身内部之发展演变

　　自然权利思想是人类通过实践而总结出来的学说、思想和意识。随着人类社会制度实践的变迁,自然权利思想自身同时也在发生演变,权利内涵不断丰富,权利思想不断完善,权利制度不断演进。就古典自然权利学说而言,在其千余年绵延不断的发展过程中,自身愈来愈丰富多彩。美国独立战争与法国大革命后,西方自然权利学说步入了发展高峰。与此同时,美洲大陆上新建立的美国也在国家建立过程中参照借鉴了自然权利理论,尤其体现在美国建国之初的一些重要思想家与政治家如杰斐逊、潘恩等人的思想中。由于他们均曾受到来自欧洲大陆古典自然法学思想的影响,因而美国宪法中自然也较多体现了自然法精神,强调自然法理论的基础与其先天性。有美国学者认为美国宪法中"有某些关于权利和正义的特定原则,它们凭着自身内在的优越性而值得普遍遵行⋯⋯这些原

则并不是由人制定的；……它们存在于所有意志之外，但与理性本身却互相浸透融通。它们是永恒不变的"。① 天赋人权学说在美国建国与法国大革命的背景下愈发展现出其理论的强大生命力。一方面，在其内部，自然法精神继续得以凝练；另一方面，各国颁布的人权法典中融入了新兴的、更能体现出现代资产阶级利益的人权条款，这对于传统天赋人权学说无疑是一种丰富与升华。

（一）作为天赋人权学说之砥柱的自然法精神进一步延续与凝练

自然权利理论极大影响了18世纪欧美各国人权理论的发展进路，尤其对于美国早期人权理论的形成起到了积极的促进作用。自然权利理论的论证逻辑构成了美国人权理论的基础，直到19世纪西方人权理论的发展仍然离不开自然权利理论。如当时美国代表资产阶级人权的思想家潘恩不仅坚决支持《人权宣言》中的基本原则，而且还进一步从理论上阐述、回应关涉天赋人权学说的各种质疑，深化了天赋人权理论。在法国大革命胜利后，为了驳斥英国保守人士柏克对法国大革命的攻击，潘恩阐发并拓展了天赋人权的思想。

首先，他指出，人类自诞生以来就存在着人权，认为"我们追溯到创业时人权的神圣起源。这里，我们的探索才有了着落，理性也找到了归宿"。② 在此他提出将权利与义务结合起来，两者是既对立又统一的关系，"权利宣言也就是义务宣言，凡是我作为一个人所享有的权利也就是另一个人所享有的权利，因而拥有并保障这种权利就成为我的义务"。③

其次，潘恩在其名著《人权论》中将个人的地位视为至高无上，他写道："我们将回到人从造物主手中诞生的时刻。他当时是什么？是人。人是他最高和唯一的称号，没有再高的称号可以给他了。"在《常识》中，他提出了"追求幸福的权利"，该思想被托马斯·杰斐逊吸收写入美国《独立宣言》，从而使得自然权利的内涵之一由财产权替换为追求幸福权。④

---

① ［美］爱德华·S.考文：《美国宪法的"高级法"背景》，强世功译，北京大学出版社2015年版，第8页。
② 《潘恩选集》，马清槐等译，商务印书馆1981年版，第140页。
③ 同上书，第186页。
④ 同上书，第139页。

再次,潘恩总结了自然权利或者说人权思想在从自然状态发展至社会状态过程中所发生的变化。在《常识》一书中,潘恩认为:"天赋权利就是人在生存方面所具有的权利,包括所有那些不妨害别人的天赋权利而为个人自己谋求安乐的权利。"①他指出:"在自然状态下,所有的人在权利上都是平等的,但是在权能上并不平等,弱者无法抵御强者。"单个的人力量有限,无力反抗与自卫,于是人们便联合起来以契约形式建立国家法律,以保障自己的天赋权利。在建立国家过程中,人们仅转让了那些个人虽然充分具有但没有能力行使的权利,而保留了一些个人既充分具有又能充分行使的权利。② 人类进入社会状态下就是想要使得转让出去的那些权利得到更好的行使与保障。

最后,潘恩还在自然权利与公民权利之间搭建起了联系,认为"每一项公民权利都有一项自然权利作为基础"。他区分了自然权利与公民权利的不同性质。认为"天赋权利就是人在生存方面所具有的权利。其中包括所有智能上的权利,或是思想上的权利,还包括所有那些不妨害别人的天赋权利而为个人自己谋求安乐的权利"。③ 而"公民权利就是人作为社会一分子所具有的权利",主要是指与安全和保护有关的权利,是由法律确定和保障的权利。同时自然权利与公民权利之间亦存在紧密联系,体现在公民权利的来源基础是自然权利,即使是公民权利亦不可侵犯个人所保留的自然权利。

(二) 各国(州)人权法典对于传统天赋人权学说的丰富与升华

尽管自然权利学说产生已有一段历史,然而该学说中关涉基本权利的类型仅提及三种,即个人的生存权、自由权与财产权。18 世纪后在美国、法国等国家出现一系列完整的公民权利理论,一方面取材于自然法学家洛克、卢梭、孟德斯鸠等人的自然法观念,如《独立宣言》作为美国革命的政治纲领,它集中反映了天赋人权思想,承认作为公民个体的人具有天然的独立性,不依附于政府而独立存在,个人权利优先于社会集体利益,

---

① 《潘恩选集》,马清槐等译,商务印书馆 1981 年版,第 142 页。
② 同上书,第 143 页。
③ 同上书,第 142 页。

设立国家的初衷就是充分保障公民的自由。另一方面更为重要的是，此时的自然权利理论对传统天赋人权学说加以拓展和丰富，体现在18、19世纪各类成文的美国各州人权宣言以及法国人权宣言等人权法典中对于人权及公民权利完整类型的具体型构和法定支撑。除继承天赋人权学说外，1776年美国《独立宣言》也结合了当时美国统治阶级即资产阶级的思想，如杰斐逊认为，《独立宣言》"既不是为了创造什么原则或观点，也不是抄袭以前某人所写的东西，而是为了表达美国人的思想。……它的全部权威所依据的是当时人们不论是在谈话中、书信中、论文中所表达的协调一致的观点，是诸如亚里士多德、西塞罗、洛克、西德尼等人有关公众权利的基本著作"。[①]

18世纪是北美殖民地力求突破殖民者统治、积极展开独立革命运动的时期。那时来到北美各州的殖民者，随身携带着一系列由英国国王们授予各殖民地的特许状，其中均规定殖民者以及殖民者的后代享有在其母国即英国所享有的全部权利。1774年，由各殖民地代表组成的第一届大陆议会在费城召开并通过了费城《人权宣言》，其中规定，北美殖民地的居民根据永恒不变的自然法、英格兰的宪法原则以及各殖民地自己的宪法而拥有属于他们的各种权利。美国的各州权利宣言中欲传达出的观点是，个人对于权利的拥有并不是建立在政府（统治者）同意的前提之下，个人之所以拥有各种自然权利，其依据的是自身作为人之天性而随之产生的不可分离、不可转让的权利。美国革命期间，传统自然权利体系发生了一次巨大的转变，这些既有的权利随着北美各州相继出台人权法典而在其带动之下开始迅速扩张，形成了较为完善的现代自然权利理论结构。

1774年，由乔治·梅森起草的《弗吉尼亚权利法案》以及北美各州颁布的各种权利宣言中，在既定的各种自由权如个人自由、财产自由、良心自由等以外出现了新的权利。"这些权利与殖民者们当时刚刚遭受了英格兰的蹂躏的其他个人自由相对应：集会的权利、媒体自由和自由行动的自由。但是自由的权利不仅是以上这些，还有请愿的权利、请求的法律

---

① ［美］吉尔贝·希纳尔：《杰斐逊评传》，王丽华等译，中国社会科学出版社1987年版，第68—69页。

保护的要求以及遵守形式以保证(公正)审判和独立陪审团的特别要求，以及对国家的其他行为的同样的要求；另外，公民的政治权利的基础也被加以宣告。"①以美国各州陆续颁布的权利宣言为基础，之后的美国《独立宣言》中不少条文表述甚至直接援引自《弗吉尼亚权利法案》，并在后续的美国《独立宣言》、法国《人权宣言》以及 1791 年美国《权利法案》中得以进一步完善。尤其是美国《权利法案》中规定公民权包括人身自由权、言论与出版自由、财产所有权、宗教自由、集会及向政府申诉补救损害的权利、持有和携带武器的权利、陪审团审判权、律师协助辩护权等，人权和公民权利体系开始逐步系统地构建起来。又如 1789 年法国《人权宣言》中明确宣布了人生而自由平等，私有财产神圣不可侵犯等个体人权，它作为法国宪法序言内容之一部分，具有法律效力；其后的 1791 年美国《权利法案》中第一条至第十条分别对公民权利、政治权利和自由权利等加以具体规定；1919 年德国《魏玛宪法》中亦大量规定了公民的各项基本自由权利，同时创造性地增加了大量公民社会权利和经济权利。

上述这些人权法典与传统天赋人权学说相比较，不仅是以法典化形式继续重申传统的天赋人权理论，更为惊喜的是，它们在传统的自由权、平等权之外创造并新增列举出了许多以往未提及的具体权利，并将这些权利都视为自然权利的延伸，大大拓展了自然权利的具体类型和外在表现形式，可谓是对传统天赋人权学说的丰富与升华。围绕着天赋人权延伸出的这些权利体系以及权利思想经过西方各国宪法或人权法典的法律化与制度化后，人权制度在宪法文本中得以确认，人权法典成为西方各国维护个人人权的有力法律武器。

二、天赋人权理论与其他权利理论流派之间的差异

天赋人权理论在近代资本主义制度确立的过程中发挥了巨大影响。不过，随着资本主义政治制度的确立和资本主义经济的纵深发展，该种理论的局限性不断显现出来。天赋人权理论在 19 世纪的欧洲社会已经显

---

① ［德］格奥尔格·耶里内克：《〈人权与公民权利宣言〉：现代宪法史论》，李锦辉译，商务印书馆 2012 年版，第 39 页。

见得不合时宜,它并不能为当时的社会发展提供恰当的论证工具,它一贯以来宣称的不证自明的权利亦过于教条化与先验化,缺乏必要的实证基础。随后的19—20世纪,针对古典天赋人权理论的弱点加以针锋相对批判而形成了其他不同的理论流派,具体包括法律权利理论、理性权利理论与社会权利理论等,它们分别从不同角度探寻权利理论的规律。天赋人权理论与其他权利理论流派之间的差异体现在以下几个方面。

（一）不同权利理论流派形成的时代背景各不相同

欧洲自18世纪经过资产阶级工业革命的洗礼后,社会生产方式发生了翻天覆地的改变,生产力得到了极大提高,物资生产极为丰富。这些条件为人们行为方式以及行为出发点的改变提供了物质基础。摆脱了物质匮乏后,人们逐渐开始将关注点转移到精神层面,开始注重以自由、平等为核心的权利,开始探索人自身所应当拥有的权利范畴。"资产阶级要求打破封建等级秩序以开拓其自由权利的空间,实现从身份到契约的转变。"[1]在这样的社会背景下便诞生了天赋人权理论。不过欧洲社会在经过上百年的建设后进入较为稳定的社会发展状态中,及至19世纪,资产阶级的统治地位已然较为牢固,不再需要依赖革命性较为强烈的天赋人权学说,转而试图将人类所拥有的权利框定在既定的法律制度下,这时便出现了另一种权利理论,即法律权利理论。

法律权利理论主要盛行于英国,是英国资产阶级长期以来同国王坚持不懈斗争、最终互相妥协的结果。英国人民的人权是在长期的斗争实践中争取而来的,所以英国传统上并不认为人权是天赋的,相反而言,他们认为人权应当是受到法律承认并由法律保障的一系列权利。这一理论是在批判17—18世纪社会流行的自然权利理论基础上发展起来的。它认为,自然权利学说的不足之处是混淆了权利的理想状态与社会现实状态。该学说认为自然权利是人人都已经享有的权利,将理想人权等同于现实人权,但实际上是行不通的,人们在现实生活中无法得以完全实践前述自然权利,反而会导致社会的不安宁。因此,只有从现行法律框架中去

---

① 黄颂:《西方自然法观念研究》,华中师范大学出版社2005年版,第232页。

寻求权利的来源,只有为法律所规定并为法律所保障的权利才能归属为人权,只有通过法律实现的权利才能视为真正的人权。

理性权利理论产生的时代背景较为特殊。理性权利理论产生于 19 世纪的德国。当时德国正处于封建专制统治的末期,新兴资产阶级极力欲摆脱落后的封建关系的束缚,期望通过社会变革推动资本主义经济的发展。他们一方面羡慕法国大革命时期天赋人权理论给民众带来的斗争勇气,另一方面却并不想通过社会革命来改变,因而在政治思想上体现为,这一时期的德国思想界不仅通过革新哲学方法使得权利理论进一步系统化,强调个人意志和尊严的价值,而且极力推崇国家及君主的权威。

社会权利理论的产生亦有其独特的时代背景。19 世纪末 20 世纪初,西方国家资本主义生产关系已然在各国牢固确立,资产阶级的历史任务已经由推翻封建专制政权转变为维护和巩固自身的政治经济统治。领先于世界的美国经济发展开始逐步从自由资本主义转向垄断资本主义,在这一转型过程中,“垄断的急剧发展,迫使美国政府逐步介入市场,充当协调社会各种利益的‘工程师’”。① 为顺应这一发展趋势,在自然权利领域亦出现了不同的流派,如以庞德为代表的社会权利理论。该类型的权利理论与社会法学基础理论紧密关联,它跳出权利本身研究领域,以社会学视角从外部来考察权利法律规范。该理论中将法律看作一种社会工程,认为法律的作用无外乎就是对个人权益的肯定和明确,以及实现个人权利和保护社会利益,在个人权益与社会利益发生冲突和矛盾时加以协调。此外,该理论的代表者庞德还着重强调政府有权力也有必要对于整体社会政治经济生活进行干预及控制。

(二) 不同权利理论流派遵循的哲学基础各不相同

天赋人权理论产生的哲学基础是自然法哲学,它强调探寻一种实在法之外的正义与理性所在,认为自然法先于人定法,高于人定法。古典自然法学派崇尚人的尊严和价值,强调人生而自由、平等。自然法哲学从对一种社会原初状态即自然状态的假设出发,演绎推导出社会契约论,即政

---

① 张乃根:《西方法哲学史纲》(第四版),中国政法大学出版社 2008 年版,第 329 页。

府建立在所有个人转让自己一部分自然权利给予某一个特定的机构、进而形成社会契约的基础之上，政府权力来源于个人权利，政府只能在社会契约的授权范围内开展活动。人民拥有主权，当政府行为违背社会契约时，人民有权根据自然法推翻政府。

法律权利理论形成背后的哲学基础是功利主义（utilitarianism）。功利主义属于伦理学理论的一种，为法律分析学派的诞生奠定了哲学基础。在其思想指导之下，分析法学派谨遵制定法律，信奉当下的立法，研究实际有效的法律，并为立法提供可靠的运行规则。功利主义哲学家提出以"最大多数的最大幸福"为标准作为人类社会的目的。19世纪上半叶，以英国的边沁、密尔为代表的学者主张用以功利主义哲学为基础而诞生的法律分析主义来批驳天赋人权论。以功利主义为哲学基础的法律权利理论在伦理与法律之间作出了清晰的界定，将自然权利理论的发展又推进了一大步。该种理论把抽象性的、自然法意义上的人权引入实证法层面，使人权理论更具有可操作性，这是其积极的一面。不过该种理论也存在不足之处，即它过于讲求法律标准，把人权变成了法律保护下人类追求功利的手段，这种片面性在一定程度上忽视了人权的价值属性，也抹杀了法律的阶级实质，在面对合法前提下的侵犯人权行为时容易出现佐证无力的情况，从而使人权理论丧失其功能发挥，在一定程度上给权利理论本身带来了混乱。

理性权利理论产生的哲学基础为哲理法哲学，属于德国古典哲学中一个重要的分支。"德国古典哲学的奠基人是康德，经过费希特、谢林的承前启后，黑格尔将这一唯心主义的哲学思潮推进到无与伦比的理论高度。"①哲理法哲学的显著特点是其浓厚的形而上学色彩。理性权利理论突出的特征便是具有理性主义性质，认为理性的哲学目的是为了找寻人自身的本性与特征。人不是上帝的附属物，人自有其尊贵之处与独立存在的价值。哲理法哲学的基本精神在于尊重人，把人当作目的，将人作为人加以对待；认为人的权利来源于人性之中，来源于人的尊严之中，不需

---

① 张乃根：《西方法哲学史纲》（第四版），中国政法大学出版社2008年版，第174页。

要建立在上帝赋予的基础之上,人仅仅是因为其自身便获得了自足的价值与权利。哲理法哲学以探讨人之存在的独立价值为核心与原点,为理性权利理论的后续展开提供了铺垫,这使得其不同于天赋人权理论中关于自然权利来源的先验式推定,也不同于法律权利理论中关于权利来源的经验式推定,理性权利理论为权利的来源提供了一个全新的支撑点,即权利来源于人自身独立存在的价值,人仅仅凭借于人之身份便应当享有人权。

社会权利理论产生的哲学基础是社会本位主义法哲学。所谓社会本位主义,亦称为社会利益说,反映在法学流派上,即社会法学,它顺应了20世纪美国社会发展的需要,以特定时空的社会利益为依凭而强调法律的实际功效。社会学方法是"把法律体系作为一种社会工具和社会控制的一部分从功能上加以研究,并且根据应予实现的社会目标对其制度、准则和法律律令进行研究。这种方法的假设认为,法律乃是社会控制中的一种专门化力量"。① 社会法哲学尤为注重法律的社会作用与实际效果。社会权利理论既否定天赋人权理论中以保障个人自然权利为本位的观点,也反对法律权利理论中的仅根据法律本身来对法律加以评判的思维方式,它坚持以社会利益为评判一切事物的标准,将个人权利放置在整个社会的利益体系运行中加以考察。

(三) 不同权利理论流派关注的内容重点各不相同

由于研究视角与研究范式不同,各种权利理论流派内部研讨的侧重点各异。天赋人权理论强调价值论研究范式,侧重于对个人自然权利的阐述与论证,关注的是一种应然的权利。天赋人权是指来源于自然法的、人生来就具有的权利。该理论以自然状态和自然法理论为立论依据,阐述了各项自然权利的天赋性和自然性,其中各项自然权利具体包括生命、自由、财产、追求幸福、平等及自我保存等权利。天赋人权理论认为这些权利是先于政府、先于法律诞生的,具有先验性,不允许政府及任何人侵犯。天赋人权理论学说带有理想性,其关注的自然权利包括人之为人应

---

① [美]罗斯科·庞德:《法理学》(第一卷),邓正来译,中国政法大学出版社2004年版,第21页。

当享有的一切人权,它是从权利的价值目标出发对自然权利的内涵与外延加以定义,具体而言包含自然权利的所有形式,既包含基本人权,也包含非基本人权。自然权利的推导来源于人的基本属性,即自然属性和社会属性。是人的价值决定了权利存在的范畴与尺度,赋予了权利存在的合理性与正当性。天赋人权学说探讨的是一种理想状态下的自然权利,其理论意义在于能够为人权规范与人权保障提供一种价值准则与评判标准,有助于对法定化的人权进行正当性、合理性评判,它为自然权利的来源树立了一个至高无上的神圣权威,不过由于它的先验性与抽象性,以及该理论的个人主义色彩过于浓重,强调最大限度的个人自由。天赋人权理论仅适合于工业社会初期时社会革命、推翻旧有封建统治的时代需求,却无法应对资本主义社会新发展中出现的新问题。为此,法律权利理论对其进行了猛烈批判。

　　法律权利理论运用的是分析法学研究范式,侧重于对法律规则本身所确立的权利内容加以阐述与论证,关注的是一种实然权利,即法定权利。该种权利理论强调实在法中所规定的权利内容,注重法律规范层面。法律权利理论更加着重的是对于天赋人权理论的批判,从侧面看亦可视为对天赋人权理论的改进,是人权三种存在形态的面向之一。[①] 它批判自然权利论者混淆了逻辑推论与事实的区别的错误,即所谓人“应该”享有这些权利,并不是说人已经在事实上享有这些权利。何况自然权利中的一项最为重要的权利——自由——不可能与生俱来。因为任何一种权利都必须来自法律的明确规定,都必须是受到法律所保障的权利,脱离了法律保护的权利没有其存在的实际意义而沦为理想空谈。法律权利理论学说强调用实定法来对人权加以保障,分析之研究范式排斥天赋人权学说中的抽象权利概念,转而从法律规范条文中寻找与肯定人权,该理论强调现实政治生活中的自由、平等与民主。分析实证主义将人权研究从抽象落入具体,从“天上”走向人间,将人权研究的重点领域从先验区转为现实区,使人权研究聚焦于人权的现实保障手段与程序等方面。它将人权

[①] 李步云认为人权有三种存在形态,即应有权利、法律权利与实有权利。参见李步云:《论人权的三种存在形态》,载《法学研究》1991年第4期,第17页。

纳入实在法的规范框架内加以研究,这些对于推动人权保障的法制化进程以及顺应社会现实变化发展等均起到了重要的作用,具有现实合理性。然而,诞生于分析法学理论思想指导下的法律权利理论,意图将法律视作一种逻辑上相对完整,甚至能够完全覆盖至全部社会关系领域的一整套完美规则,以构筑起纯粹的法律事实。这样的努力看似十分周密、滴水不漏,不过缺少了自然法以及历史分析方法的支撑,法律权利理论将法律视为人权之唯一渊源的观点是否能达到人权理论的逻辑自洽,仍然存在疑问。

　　理性权利理论强调先验理性论的研究范式,它将"权利的基础建立在先验唯心主义之上,试图在以绝对命令为根据的本体世界中,借助于实践理性来寻找法或权利的一般原则的根基"。① 一方面,该理论是康德从天赋人权理论中汲取养分而得出的,是康德对天赋人权作出的实质性修正。它与天赋人权的区别在于,认为权利的来源不同。天赋人权认为权利来源于自然;康德认为权利来源于每个人的内在理性,权利是理性的产物。康德还反对功利主义的道德观,他认为人是自由的,自由是来自人性本身的,自由权是不容侵犯的权利,强调人的本位性,认为人是目的,而非他人达到目的的手段。"唯有人,以及与他一起,每一个理性的创造物,才是目的本身。"②自由、平等、独立都是最基本的人权。在个人权利与国家权力的关系方面,黑格尔的理性权利理论与天赋人权学说存在较大的不同,理性权利理论反对社会契约论,认为国家是一个自然发展的过程,个人的权利最后融化在国家的人格之中,国家是个人意志的最高形态。个人权利要服从国家的利益。③ 相较于天赋人权理论而言,理性权利理论附带一定的妥协性,它认为人民并不享有推翻暴政、推翻封建君主的权利,人民只能服从于君主绝对的统治权。另一方面,理性权利理论与法律权利理论之间亦存在差异,主要体现在对于人权概念推理形式的不同。伴随着人对自身认识的不断深化,对于人权的认知有一个逐步递进的过程,人权

---

① 刘日明:《法哲学》,复旦大学出版社 2005 年版,第 128 页。
② [德]康德:《实践理性批判》,韩水法译,商务印书馆 1999 年版,第 95 页。
③ 徐爱国:《法学的圣殿:西方法律思想与法学流派》,中国法制出版社 2016 年版,第 219 页。

理论的推导可以划分为两种形式,即先验式的价值推导与经验式的事实推导,两种不同的推演范式决定了两种不同人权理论的成形。具体而言,理性权利理论着力于对人本身之认识能力、实践能力与其内部自足价值的论证,强调法律的内在价值、法律现实与法律理想的区分。而法律权利理论则着力于经验性的、实证性的法律规范研究,试图从既成事实与经验中推导出特定种类的权利,并将其上升为法律规范。

社会权利理论运用的是法社会学研究范式,法社会学将法律视为一种制度,认为法律"是依照一批在司法和行政过程中使用的权威性法令来实施的高度专门形式的社会控制"。① 法社会学关注的是法律的作用,即法律所产生的实际社会效果,而非法律本身的抽象内容。因而社会权利理论主要是侧重于从整体利益出发诠释个人权利。该种人权理论关注的重点由古典天赋人权学说中所关注的抽象个人的抽象意志转为具体人的具体主张,具体而言,是将抽象的个人放置在个人利益、公共利益与社会利益的大网之中,赋予其个人色彩,考察如何协调各种利益之间以达至平衡状态,从而型构出能够发挥良好社会效果的一整套社会控制系统。社会权利理论首先反对自然权利说,认为"自然人"和"自然状态"被证明为是不可靠的基础。② 其次,它还反对法律权利学说,认为在社会领域,仅有实证科学不足以应对多变的社会情势变化。社会权利理论最具显著性的特征体现在利益学说,该学说不仅肯定个人利益,将个人利益具体划分为人格利益、家庭关系利益与物质利益,③提出对人格利益加以保障,而且该学说还肯定了社会利益,将社会利益具体划分为一般安全的社会利益、社会制度安全的利益等,这些具体的不同利益涵括、覆盖了人权的各种不同种类,以利益学说为视角为人权保障重新打开了一扇新的窗口。

---

① ［美］罗斯科·庞德:《通过法律的社会控制》,沈宗灵译,商务印书馆 2010 年版,第 25 页。
② 邓正来译编:《西方法律哲学文选》(上),法律出版社 2008 年版,第 337 页。
③ 吕世伦主编:《现代西方法学流派》(上卷),西安交通大学出版社 2016 年版,第 300 页。

第六章
当代自然权利理论与实践之发展

　　第二次世界大战后至今是当代自然权利理论与实践的发展时期。在世界人民经过艰苦卓绝的斗争最终赢得反法西斯战争的胜利,鉴于对战争中各种惨绝人寰行径的痛恨与反思,人们对于人权、民主与世界和平的渴望之情空前强烈。自然法思想在沉寂了一个多世纪之后开始解封,人们重新拾起由自然权利演进而成的"人权"理论。在《世界人权宣言》等多个国际人权公约的广泛号召下,人们高举"人权"旗帜,更加高度重视人权的理论研究与实践发展。

第一节　当代自然权利理论
多元化之新发展

　　20 世纪中期至今已逾七十年,在这七十余年的发展进程中,当代自然权利理论在深度和广度方面均有较大进步,在法律理论上兴起了人权研究的新高潮,使得当代自然权利理论又一次呈现出类似于 17—18 世纪时期的繁盛状态,推动了自然权利理论朝着多元化方向发展,各个学派均急于对人权思想作出自己的注解。总体而言,当代自然权利理论在新自然法复兴的主流思潮下呈现出多元化的发展态势,形成了若干纷繁复杂的流派,主要表现在以下几个方面。首先,在这些异彩纷呈的自然权利理论流派之中,新自然法学人权理论占据着显性地位。有关自然法的理念一直是西方法哲学思想中最根深蒂固、历史最为悠久的权利理论。尽管存在一段时间的沉寂,但是人们对于法律道德性、正义性的价值判断与追求最终仍然促使自然法的复兴,并形成了新自然法人权理论。其次,与新自然法人权理论争相谈论随而形成的有功利主义人权理论等。此外,在理论的繁荣之外,世界各国还制定了宪法人权条款,如战后德国、日本、意大利等国的新宪法中均明确规定了人权条款,进一步促进了西方各国人权理论的深入发展,当代自然权利理论在获得世界范围内强烈认可的基础上呈现出多元化发展态势。

一、新自然法学人权理论

传统的自然法学思想从 19 世纪中期至 20 世纪上半叶衰落了近百年,于 20 世纪中期却悄然开始复兴。尤其是全球在经历了两次世界大战之后,基于对以往法西斯主义的深刻反思,以价值为导向的古典自然法学开始重新被人们记起,形成了新古典自然法学人权理论。该理论仍然强调尊重人的权利,认为尊重人的人格的自主性才是正义的体现,承认人的自主性与主体性。自然权利是古典自然法学理论中一个最为核心的概念,传统的自然权利来自抽象的人自身拥有的理性,理性赋予人们拥有某些特定权利的正当性。这些特定权利就是自然权利。它被天赋人权理论所运用,指代人们本来就拥有的、天生的某些权利,其具有固有性和永恒性。在 18 世纪的法典中,自然权利主要是指美国《独立宣言》中宣称的生存权、自由权和追求幸福的权利,或者说是指法国《人权宣言》中宣称的自由、财产、安全与反抗压迫权。这些古典自然权利并非来源于实在法,而是来源于自然或者造物主。在地位排序上,自然法处于最高地位,它高于人定法,同理,自然权利亦优先于法定权利,是评判人定法的标尺。在权利属性上,由于自然法是永恒不变的,因而自然权利亦是天赋不变的。

但是 20 世纪中期的西方社会已然进入资本主义高度发达的阶段,因而这一时期的自然权利理论与资产阶级早期的古典自然法学不同,这些新自然法学者不是像以前那样采用一种形而上的方法,而是采用一种人们称之为有资格限制的自然法方法,他们遵循某种新的特定方法或标准,去试图探寻存在于世间的、具有终极永恒价值的原则,而世俗社会中的实在法只有符合了那种永恒的价值才能被视为有效,才能作用于社会关系中,也才能发挥法律的作用。如拉德布鲁赫、富勒等人都认为,任何一种正义的权利体系都必须对个人自由和自主权予以确认。罗尔斯提出了一种基于"正义"的人权理论,麦克杜格尔、拉斯威尔、陈恩提出了一种"基于'尊严'"的人权理论、德沃金所提出了一种基于"尊严与关心平等"的人权理论。寻找一种永恒不变的人权保护原则开始成为西方国家人权理论的共同特点。

　　自然法理论强调实质上而非形式上的人类繁荣,强调幸福基本内容和实践理性规范具有多元性。当代自然法理论无疑受到了亚里士多德和阿奎那的影响。"新古典自然法"理论最早出现在杰曼·格里茨(Germain Grisez)、约翰·菲尼斯(John Finnis)、小约瑟夫·M. 博伊尔(Joseph M. Boyle Jr.)、罗伯特·P. 乔治(Robert P. George)等人的著作中。他们认为,自然法理论的基本要素是幸福和理性行为。对自然法理论学者而言,理想的生活是符合实践理性并以幸福、福祉或满足感为标志的生活。从实践理性原则的角度看,人们参与幸福基本内容是有意义的。合乎道德的行为,是指符合幸福内容的行为,常出现在我们自己或他人的现实生活中。因此,人类生活的目的既不是避免错误,也不是尽力最大化幸福本身。道德是约束人们理性参与幸福基本内容的次要事项。人类理性行动的目的是参与一个或多个可理解的、有内在价值的幸福内容。亚里士多德的哲学观点完全切中了要害,幸福是人们体验可感知幸福产生的满足感,而非其他的善(或是主善)。从对于法的自由、民主价值的推崇方面而言,复兴后的自然法理论承袭了古典自然法理论的精神,因而被称为新自然法理论。不过这一理论为了因应社会形势的发展,亦对古典自然法理论作出了部分修正,如古典自然法学说中肯定了人民推翻封建统治的革命权,而新自然法理论中只是肯定人民有权对现行社会制度作出局部改良;古典自然法学说中认为自然法具有永恒性,而新自然法理论中认为自然法是一种包容了不同价值的"普遍形式",自然权利从传统古典自然法中的生命权、自由权、财产权,逐步扩大其范围。新自然法学说的诸位思想家都分别提出了自己的人权理论,他们都强调人权对国家权力的制约。其中以是否信奉神学为标准,可以划分为新托马斯主义(神学)自然法学人权理论以及世俗(非神学)自然法学人权理论两大流派,其代表性思想家分别是法国学者马里旦以及美国学者罗尔斯、德沃金等。以下分述之。

(一)新托马斯主义自然权利理论

提出新托马斯主义自然法学人权理论的代表人物是法国思想家雅克·马里旦(Jacques Maritain,1882—1973 年)。马里旦是新托马斯主义[①]的宣扬者,也是新托马斯自然法学人权理论的奠基者。他的理论特色是重新阐释了中世纪神学家托马斯阿奎那自然法理论中的"共同善""自然倾向""良知"等核心理论,对神学自然法加以改良,推动了自然法理论的现代复兴,因而他的自然法学理论亦归属于新自然法学理论。作为一名新自然法学人权理论家,马里旦曾经参与了《世界人权宣言》等联合国多部国际人权法领域重要法典性文献之起草,因而他的人权理论代表了当代自然权利理论的主流,作为当代自然权利理论众多流派中一个重要的分支,他的人权理论主要体现在以下几个方面。

首先,马里旦对于自然法理论加以重新阐释论证,并使人权与自然法联结在一起,认为"人权的哲学基础是自然法"。[②] 马里旦将中世纪著名神学家托马斯·阿奎那的神学自然法思想融入进这一论证过程中,一方面使其区别于古典自然法,另一方面对于法律分析实证学派全然否定自然法的思想亦作出了批判。马氏于 1951 年出版的《人和国家》一书被视为其最重要的一部政治法律著作,其中对于自然法与人权等问题进行了

---

① 新托马斯主义(neo-Thomism)是 20 世纪天主教的神学思潮。以复兴中世纪基督教思想为宗旨,又称新经院主义神学。用科学和理性对托马斯·阿奎那的神学加以改造,以适应现代资本主义社会的世俗需要,并千方百计地把神与人统一起来。他们为给道德寻找客观根据而把"自然法"作为伦理学的重要概念。在他们看来,道德价值、道德标准的真正根据就是"自然法"。自然法是人的真正本性的要求,也是上帝的理性表现。它渊源于中世纪托马斯·阿奎那的学说,是一个具有完整的以上帝为核心、以信仰为前提、以神学为根据的宗教唯心主义理论体系。

② [法]马里旦:《人和国家》,霍宗彦译,商务印书馆 1964 年版,第 76 页。

尤为深刻的探讨。在论证古典自然法学说的缺陷方面,马里旦指出该种哲学并没有为人权建立起任何可靠的基础,它是一种幻想,这样的一种幻想反而会伤害到自然权利本身的神圣性,使自然权利无限膨胀,以至于可以不受任何客观标准的约束,当这种绝对性权利在现实社会中处处碰壁而行不通时,古典自然法学说就在 19 世纪像泡沫一样幻灭沉寂了。在对法律实证主义对自然法进行的批判加以反驳时,马里旦认为,实证主义在 19 世纪战胜自然法学说,"并不意味着自然法本身的死亡,而只是意味着 19 世纪前半期一般历史条件所要求的保守的历史学派对革命的理性主义学派的胜利"。[1]

马氏指出,重建的人权信念只能是建立在一种真正哲学的基础之上,也即自然法的真正观念。他创造性地将自然法从本体论和认识论两种不同意义上进行区分,人权只有根植于真正的自然法的基础之上才会拥有长久的生命力,而真正的自然法应当是本体论意义上的,自然法应当是一种理想秩序,处于一切现有的人的生存中,"它通过被创造的自然的主要结构和需要传达着造物主的智慧"。[2] 为了寻求真正本原意义上的自然法,马里旦往前追溯至古希腊和基督教思想,认为一脉相承的自然法之根应当到基督教思想中去寻找。在自然法之外,宇宙中还存在着永恒法与实在法。马氏继承了中世纪阿奎那的思想,同样认为永恒法即上帝统治整个宇宙的法则,在一切法则中位居最高位置;自然法来源于永恒法,是永恒法的一部分,是兼顾权利与义务、基于人性道德的法。永恒法无法为人类所了解,人类只能通过自然法这个中间法得以窥见永恒法的一斑,自然法只是永恒法的参与法,能够代表少部分为人类所了解到的永恒法,由此自然法便具有高于人类社会中实在法的地位,能够指导实在法的发展与变动。马里旦通过对于宇宙中各类法则的分类阐述,实际上奠定了自然法作为人权哲学基础的理论,为此后对人权的论述注入了一股崇高的内在力量。人权要体现其人性价值,必须从自然法中去找寻根源。自然法是人权力量的真正来源。人的自然权利以承认人的内在价值与尊严为

---

① 〔法〕马里旦:《人和国家》,霍宗彦译,商务印书馆 1964 年版,第 76—77 页。
② 同上书,第 79 页。

前提。

　　尽管在 20 世纪 40 年代末期,关涉人权的各种理论众说纷纭,但是马里旦认为不同的观点下仍然存在着人类的经验共识,即对于人性的肯定;不同的人权观点可以且应当能够汇聚在人性的旗帜下,从而提炼出主流理论。马里旦从人性的光辉出发对人权理论作出了强调,他认为人首先是一个人,人具有理性,具有逐渐领悟自然法则的天性与禀赋。同时人天生亦是政治动物,需要在政治群体中获得自身的人格尊严与自由,“在对巨大灾难的共同悲痛中,在耻辱和痛苦中,在行刑者的击打下或者在全面战争的轰炸中,在集中营中,在大城市饥民肮脏的小屋里,在所有共同的迫切需要中,独居的大门打开了,人就认识了人”。① 他指出,“正是靠着人性的力量,才有这样一种秩序或安排,它们是人的理性所能发现的,而且如果人的意志欲同人类基本的和必然的目的相协调,那么它就必须依凭这种秩序或安排采取行动。不成文法或自然法便是这种秩序或安排”。② 人类是已知的宇宙万物中唯一具有理性的生物,上帝赋予人类禀赋知识,以帮助人类意识到人格的独立性,知晓自己所拥有的人权,由此人类要想主张个人的尊严就应当重新皈依到上帝之神,从那里分享理性,找到人权最终的至高权威。马里旦“在《人和国家》等著作中提倡以基督教教义改造社会为核心的新人道主义或人格主义,强调自然法是对上帝永恒法的参与,是人权的哲学基础,主张国家应为人服务,最终为人能参与上帝生活这一目的服务”。③

　　其次,马里旦对自然权利加以重新分类,并论证了新出现的公民经济与社会权利。马里旦除了提倡以基督教教义改造社会之外,为了加强对人权的论证,他在其代表作《人的权利与自然法》(又译为《人权与自然法》)、《人和国家》等书中论述了自然权利理论以及由自然权利引申出来的各类当代人权问题。他将人权划分为一般人权与特殊人权。一般人权又包括自然法中的人权与实在法中的人权两大类。其中,自然法中的人

---

① 杨天江:《马里旦:自然法的现代复归》,黑龙江大学出版社 2013 年版,第 230 页。
② 〔美〕E. 博登海默:《法理学:法律哲学与法律方法》,邓正来译,中国政法大学出版社 2017 年版,第 195 页。
③ 张乃根:《西方法哲学史纲》(第四版),中国政法大学出版社 2008 年版,第 301—302 页。

权是通过倾向而为人所知的,是在任何情况下都不能被让与的权利,它主要包括"人对生存、人身自由以及追求道德生活的完善的权利"以及部分"对物质财富的私有权"。① 而实在法中的人权是通过从概念上对理性的运用或者通过理性知识而为人所知的,它的法律效力依赖于自然法而产生,它是基本不能让与的权利。实在法中的人权是自然法的延伸和扩展,进入到了人性的倾向越来越不能充分绝对的各个客观领域。授予我们每个人的选举国家官员的权利是从实在法中产生的。具体而言,实在法中人权包括言论、出版、集会、结社自由等权利。

由此可见,马里旦的人权理论不仅不同于古典自然权利学说,也更加不同于法律实证主义基础下的法律权利理论,该种理论是在自然权利基础上承认一定程度上的法律权利,因而亦称为新自然权利理论。马里旦具体论述了一般人权中的生命权、自由权以及财产权。他认为生命权包含生存权和生命权、追求生命永恒的权利、保持身体完整的权利。"人性的首先的和最普遍的目的就是保持存在——作为人这一生存者的存在以及一个和他本人有关的宇宙;因为人作为人而言,具有生存的权利。"② 在自由权方面,马里旦认为它包含个人追求自由和民族追求自由两种。民族与个人一样,都也有权利按照各自的发展模式摆脱贫困。在一般人权之外,还有一种特殊人权。这是由于随着人类对自然法的认识不断加深,对人权的内涵也同样会扩大。马里旦指出,"人类理性显然现在不仅已认识到人之作为一个人类和公民社会的人的权利,而且还认识到他作为从事生产和消费活动的社会的人的权利,尤其是他作为一个工作者的权利。"③ 在此,马氏阐述了公民的社会、经济和文化职能方面的权利,认为特殊人权是指"生产者和消费者的权利、技术人员的权利、从事脑力劳动的人的权利、每一个人分享文明生活的教育和文化遗产的权利"。④ 主要包含工作和自由选择工作权、自由组成职业集团或工会权等社会保障权、适当生活水准权、受教育权、参加文化生活权,等等。对于这些公民的经

---

① ［法］马里旦:《人和国家》,霍宗彦译,商务印书馆 1964 年版,第 94 页。
② 同上书,第 83 页。
③ 同上书,第 98 页。
④ 同上。

济社会权利,各国政府应当积极采取保障措施,以确保人民生活的尊严性。诸多国际人权公约如《世界人权宣言》《公民经济、社会和文化权利国际公约》中均吸纳了马里旦的理论,将公民的社会权利作为人权的一个重要组成部分写入进去。

最后,马里旦认为自然权利并非完全不受限制,并非全部是绝对性的,即若是为了增进公共利益,则某些自然权利仍然需要服从于实在法的约束。他将权利的享有与行使分离开来,指出就权利的享有而言,自然权利在性质上不容许任何人以任何理由、采取任何方式加以限制,不过就权利的行使而言,在特定情况下,自然权利也是可以受到限制的。限制的标准即为正义,马里旦认为,某些特定的自然权利虽然它们也是基于人性而产生,来源于自然法,是自然权利体系中重要的组成部分,但是当这些权利被过度行使时会发生与其他的自然权利相冲突的情形,同时还会损害到人类的共同福利,如结社权利、言论自由权利的行使等,它们作为自由权的一种在行使时需要以适当的方式加以限制。此外,还存在一些人权它们也是相互限制的,尤其是各种经济和社会权利,"即人作为一个包括在社会生活中的人的权利,不能不在某种程度上限制人作为一个个人的自由和权利而在人类历史上取得地位"。①总之,马里旦关于人权的论证精彩纷呈,不仅覆盖面涉及人权理论的各个领域,而且从深度上进一步阐释与推动了阿奎那的神学人权学说,极大地丰富与拓展了当代自然权利理论。

(二)新世俗自然权利理论

历经两次世界大战后,世界各国人们开始重新对残酷惨痛的战争行为加以反思,对于正义、公正、平等等价值观的强烈渴求引发了涉及"恶法非法"等道德论题的深入探讨。该时期的法学家将关注视野重新转向古典自然法,并在与功利主义法学思想的论战中又一次对自然法思想加以深刻阐释,以罗尔斯、德沃金等为代表的学者型构出新自然权利理论,为了与新神学自然权利理论相区分,该种理论亦称为新世俗自然权利理论,

---

① [法]马里旦:《人和国家》,霍宗彦译,商务印书馆1964年版,第99页。

它着重强调法律的正义价值导向与对于个人权利的承认和尊重。

1. 约翰·罗尔斯的权利理论

美国著名学者约翰·罗尔斯(John Rawls,1921—2002 年)是当代西方新自然法学派的典型代表人物之一。他的权利理论主要体现在其代表作《正义论》(1971 年)、《政治自由主义》(1993 年)、《万民法》(1999 年)、《作为公平的正义：正义新论》(2001 年)等之中。罗尔斯强调人权的公平正义价值,他对于新自然权利理论的贡献主要体现在以下几个方面。

首先,罗尔斯对于传统的正义概念进行了重新论述,特别是从公平角度深刻阐释了正义的价值。20 世纪 30 年代后,美国社会在度过了经济大萧条危机后,尽管经济方面快速发展,但同时也出现了一系列的社会危机问题,如种族歧视、民权运动、越战等,这些国内社会动荡削弱了美国人民的价值信仰,尤其是在社会政治伦理领域,实用主义理论以及实证分析研究方法通常占据了主流地位,古典理论被认为是迂腐守旧的、不合时宜的。罗尔斯所提出的正义理论便是在这样一种矛盾丛生的时代大背景下展开的。正义是一项拥有悠久绵长发展历史的价值观念,自古以来人们对于"正义"一词众说纷纭。对于到底什么才最能够体现出正义精神,此前的政治哲学多强调某些局部性的价值,如自由、平等、效率等单项价值。而罗尔斯则不以为然,他着重强调社会公平与否是评判一个社会是否真正达至正义的一项核心标准,即公平是社会各个方面、各项事务的终极最高价值,他在其《正义论》著作中提出了一种"作为公平的正义"(justice as fairness)的概念,从公平视角来挖掘正义,重新对正义概念加以定义。为了阐述他的正义理论,罗尔斯在《正义论》中以古典思想家洛克等人的古典社会契约论为背景,基于社会契约论,将正义放置在社会价值首位。他反对功利主义,否定将功利观念作为正义的标准。他认为,要求少数人为了大多数人的利益而牺牲自己固有的自然权利从而达到社会福利的最大化,这种功利主义的观点是非正义的。只有正义才是社会制度的主要美德和价值追求。因为"每个人都拥有一种基于正义的不可侵犯性,这种不可侵犯性即使以整个社会的福利之名也不能逾越。因此,正义否认为了一些人分享更大利益而剥夺另一些人的自由是正当的,不承认许多人享受的较大利益能绰绰有余地补偿强加于少数人的牺牲"。① 所有剥夺个人自由、歧视他人的行为均是违反正义的。

其次,罗尔斯从正义分配论的视角看待权利问题,为自然权利理论研究提供了一个新的视角。众所周知,在自然权利体系中,自由权与平等权占据了主要部分,不过两者性质上是存在一定冲突的。如何处理两者之间的张力一直以来都为学理上的困境。罗尔斯在其《正义论》一书中也探讨了这一问题,他认为自由权与平等权存在天然不可调和的矛盾,即由于人们之间天然存在的个体差异性,个人在行使自由权如言论自由权、财产权时会与平等权产生冲突。另一方面,若一味强调平等的话,也有可能出现政府强力干预个人自由权使得个人自由权受限的问题。对于如何调和两者之间的矛盾,罗尔斯提出了新颖的正义分配论。他认为,正义观是指"所有社会价值——自由和机会、收入和财富、自尊的社会基础——都要平等地分配,除非对其中一种价值或所有价值的一种不平等分配合乎每一个人的利益"。② 罗尔斯在对正义重新进行深刻阐释的基础之上凝练出了关于公平正义的两个著名原则。其中第一个原则是"平等自由原则",用以确定保障公民的平等基本自由的方面;第二个原则是"差异原则与机会的公正平等原则",用以规定与确立社会及经济不平等的方面。在《正义论》一书中,他进一步阐发了第一个原则,他认为"基本自由是一系列的这种自由。其中,重要的有政治上的自由(选举和担任公职的权利)与言论和集会自由;良心自由和思想自由;个人的自由——包括免除心理的压制、身体的攻击和肢解(个人完整性)的自由;拥有个人财产的权利;以及依照法治的概念不受任意逮捕和没收财产的自由"。③ 在第二个"差异原则"中他指出,允许社会和经济差异出现的前提是,这种差等应合乎

---

① ［美］约翰·罗尔斯:《正义论》(修订版),何怀宏等译,中国社会科学出版社 2009 年版,第 1 页。
② 同上书,第 48 页。
③ 同上书,第 47—48 页。

每个人的利益,且保证"权威与负责地位也必须是所有人都能进入的"。①
他指出,应当区分"对制度来说的正义原则"与"对个人来说的正义原则"。
"对制度来说的正义原则"具体又包含两点:一方面,每个人都有权拥有
与他人的自由并存的同样的自由,包括公民的各种政治权利、财产权利;
另一方面,对社会和经济的不平等应作如下安排,即人们能合理地指望这
种不平等对每个人有利,而且地位与官职对每个人开放。"对个人来说的
正义原则"首先体现的是公平的原则,当某种制度是被人们自愿接受的,
且人们在该制度下能够从中受益,我们就说这种制度代表了正义,个人也
必须遵守这种制度。由此,罗尔斯将自然权利问题简化为"分配正义"问
题,这种思路不仅极大丰富了自然权利体系内部各种权利类型的冲突化
解模式,而且从一种崭新的视角对权利加以探讨,升华与拓展了关涉自然
权利的理论层次。

最后,罗尔斯在《正义论》和《万民法》等著作中"揭示了个人自由和尊
严的价值是如何取得一种独立地位的"。② 罗尔斯在万民法的第六个原
则中就强调"人民要尊重人权"③,罗尔斯的"人权清单"中包括"生命权、
自由权、财产权以及由自然正义法则所表述的形式上的平等权"。他对其
中的每一项权利都作了具体阐述。罗尔斯指出,生命权也就是生存权,是
指人类维持生存与保证安全的各种方法与手段;自由权是指人们有权从
奴隶制、农奴制或者其他强迫性的劳作中解放出来,并能以有效措施确保
公民的宗教自由和思想自由;财产权是指个人可以合法拥有的财产权不
受他人侵犯;平等权指自然正义法则所表述的形式平等权,即"相似案件
同等处理"的权利。在罗尔斯的人权清单中罗列的人权类型并不多,他的
人权理论中并未涉及公民的政治参与权、经济和社会权利等诸多方面的
内容,这主要是因为罗尔斯对于人权是有所舍取的。他将人权与宪法权
利区分开来,认为"人权不同于宪法赋予的权利,不同于自由民主制公民

---

① [美]约翰·罗尔斯:《正义论》(修订版),何怀宏等译,中国社会科学出版社 2009 年版,第
　　48 页。
② [美]E. 博登海默:《法理学:法律哲学与法律方法》,邓正来译,中国政法大学出版社 2017
　　年版,第 214 页。
③ [美]约翰·罗尔斯:《万民法》,张晓辉等译,吉林人民出版社 2001 年版,第 40 页。

的权利,也不同于属于某种政治机构——包括个人主义式和联合式机构——的权利"。① 按照特定的标准,他列举出的人权均是与公共善(common good)相关,在此意义上的人权并非西方文化传统的独有产物,它们不涉及政治性,应当被广泛地遵行。因而罗尔斯提出的万民法所保障的人权实际上是一份不可再后退、不可再削减的人权清单,是一种最低限度的人权。

2. 罗纳德·德沃金的权利理论

在当代自然权利理论中,罗纳德·德沃金(Ronald Myles Dworkin,1931—2013 年)的权利理论占据重要地位,该理论以其论证的综合性、覆盖权利理论面的广泛性而著称,他的权利理论中对新自然法作出了阐释,因而在分类上亦同样归属于新自然权利理论。德沃金的权利理论具体表现为以下几点。

首先,德沃金重新完整阐述了权利理论的道德基础,即自然法。但他并不是简单拘泥于 18 世纪的自然原初状态、自然法、自然权利和社会契约论等说教,而是在传统理论的基础之上,继承了旧的理论框架,而重新赋予其新内容,或者扬弃一切前提假设与虚构,径直强调自然法中道德的前置性,以及法律对道德的依赖性。另外德沃金在阐释他的权利理论时,并不着重于从规范性角度对权利加以阐述,而是特别地从法律与道德的外在关系角度契入进行论证。德沃金在其代表作《认真对待权利》(*Taking Rights Seriously*)一书中从权利论的角度积极阐释了其新自然法思想,他认为个人拥有的权利具有不可侵犯性,这些权利不仅包括法律上规定的权利而且还包括法律规定之外的权利。"在大多数情况下,当我们说某人有权利做某件事的时候,我们的含义是,如果别人干预他做这件事,那么这种干预是错误的,或者至少表明,如果为了证明干涉的合理性,你必须提出一些特别的理由。"②德沃金承续了古典自然法学说,肯定法律与道德之间存在密切的联系,认为法律是道德的反映,道德是法律的基

---

① 〔美〕约翰·罗尔斯:《万民法》,张晓辉等译,吉林人民出版社 2001 年版,第 84 页。
② 〔美〕罗纳德·德沃金:《认真对待权利》,信春鹰、吴玉章译,上海三联书店 2008 年版,第252 页。

础,立法者在制定法律和法官在适用法律时,应当充分考虑到维护整个普通法传统中内在的公平、正义精神。在法律规定之外存在自然权利,在这一意义上,德沃金的权利论实际上是古典自然法和自然权利学说的现代说法。如此一来,古典自然法思想在德沃金的阐述下重新焕发生机,他阐述的新自然法思想为当代法治国家权利理论的发展可以提供持续的、源源不断的驱动力。

其次,德沃金是在与法律实证主义相对抗的论战中强调权利在法律中的核心地位。法律实证主义认为法律与道德相互分离,权利来自法律规定,个人享有的权利仅仅限于那些人定的法律所授予的权利,不存在法律明文规定之外的权利。对此德沃金则并不苟同,他深入批判了法律实证主义和功利主义思潮中关于权利乃法律之子的观点,认为人民的权利既是法定的权利,也是道德的或政治上的权利,权利具有道德上的依据。德沃金在与哈特的论战中明确地表示反对法律分析实证主义学派所提倡的法定权利观,相反,他将自然法理论的道德基础与权利相连接,认为权利并非仅仅指法律规范下的权利,它同时也存在于社会历史与传统之中,尤其"政治权利是历史和道德的产物:在公民社会中,个人被授权享有的权利依赖于这一社会的政治制度的公正和实践"。[①] 德沃金的名言"认真对待权利"再次重申了权利作为法律的价值核心所在,并赋予法律以正当性。在他的这种"以权利为基础的理论"中,他将权利视为个人手中的一种武器,个人能够用它来对抗某种集体目标或者政府权力,它是每个人手中的护身符,代表着每个人要求得到保护与尊重的道德主张。德沃金的权利论其核心思想主要包括,每个人都有自己的个人权利,每个人都有权利保护自己的利益。该种权利理论强调的是对个人独立的推崇,而不用考虑个人行为的服从性,"它们预先假设并且保护个人思想和选择的价值"。[②] 法律的价值即体现它赋予个人平等权和尊严权的功能方面。德沃金认为这种权利既可以是道德权利,也可以是政治权利或法律权利。

---

① [美]罗纳德·德沃金:《认真对待权利》,信春鹰、吴玉章译,上海三联书店 2008 年版,第125 页。
② 同上书,第 232 页。

其论证逻辑体现为，"任何以权利为基础的理论都必然认为权利不仅仅是有目的的立法产物，或者明确的社会习俗的产物，而是判断立法和习俗的独立根据"。① 而且权利并非一成不变，而是不断发展变化的，权利理论的道德基础这一事实还可以促进法律的产生与变化。在德沃金看来，权利的道德依据特征使得权利成了一个规范政治权利来源与界限的概念，政府对待权利的态度就是政府对待法律的态度，也就是评判政府是否合法的一个重要标志。个人尤其在政治上的自由需要权利来为其加以保障，从而与国家权力相对抗，从这个意义上而言，他认为"个人权利是个人手中的政治护身符"。② 由此可见，德沃金的权利理论是反法律实证主义的，是从自然权利理论推导出来的。

最后，德沃金着重论证了自然权利中的平等权利。他提出了一种"普遍的权利理论"，亦称之为"自由主义式的平等理论"，其中对于平等原则作出了详细的论述。针对自然权利理论中长期存在的自由权与平等权冲突之争，德沃金指出，相对于普遍自由权，人们拥有普遍平等权更加重要，而且自由与平等之政治理念并非互相矛盾，从平等权可以推导出自由权。他指出，由社会契约论推导出来的自然权利只能是一种抽象的权利，这种抽象的权利更多地体现为平等权，因为平等权是相较自由权而言更为抽象的权利，"人们不仅具有权利，而且在这些权利中还有一个基本的、甚至是不言自明的权利，这一最基本的权利便是对于平等权的独特观念。我将之称为受到平等关心与尊重的权利"。③ 德沃金指出，平等才是各种权利的基础，因而权利理论的核心应当是平等权，其他权利均是从平等权中推演而出的。平等权是一项基本的权利。在特别强调平等权之后，他还明确提出要注意区分两种看似相同实则不同的平等权，即"受到平等对待的权利"与"作为平等的人受到对待的权利"④。前者具体是指平等分配利益和机会的权利，如投票权中的一人一票权等；后者具体是指在制定利

① ［美］罗纳德·德沃金：《认真对待权利》，信春鹰、吴玉章译，上海三联书店 2008 年版，第238 页。
② 同上书，第 7 页。
③ 同上书，第 8 页。
④ 同上书，第 362 页。

益分配和机会的决定时,当事各方都应当拥有受到平等关心和尊重的权利。德沃金认为后一种平等权代表了平等概念中的核心要素。因此,"作为平等的人受到对待的权利"属于公民的一项基本人权,"政府必须不仅仅关心和尊重人民,而且必须平等地关心和尊重人民"。① 政府必须保障公民受到平等地关心和尊重的基本权利。

总体而言,德沃金对传统古典自然权利理论发展的推动表现为以下几点。首先,德沃金关于权利理论的论证范式有所改进。传统理论是经由自然法推导而出的,而德沃金的新自然权利理论仅仅是将自然法思想作为一种道德理论背景或者说社会政治哲学之传统学说,更多是从权利拥有的个人性、普遍性与平等对待性等现实客观角度加以阐述的。比如他在谈及权利的来源时指出,"作为公平的正义是建筑在一个自然权利的假设之上的,这个权利就是所有的男人和女人享有平等的关心和尊重的权利,这个权利的享有不是由于出生,不是由于与众不同,不是由于能力,不是由于他的杰出,而只是由于他是一个有能力作出计划并且给予正义的人"。② 其次,古典自然权利理论通说认为自然权利具有先天性,人们在相互之间订立了社会契约建立国家之后,那些天赋的自然权利便经由人民的同意转化为公民权利和政治权利。但是德沃金建立在道德基础之上的权利理论认为,法律的道德性要求权利自身不断发展,权利并非一成不变,权利的种类与范围会随着时代发展而改变。法治国家的任务除了确认自然权利之外,还需要根据时代发展扩大各类人权。一个承认个人权利的政府,绝不能限定公民的权利,仅仅依照既定的法律权利来框定公民的行为是存在局限性的,政府有责任制定出让人们自愿尊重的法律,也有义务认真地对待权利。德沃金有关权利理论的阐述与其对于美国当时各种社会热点事件的分析紧紧联系在一起。他对掩盖于社会现实之下关涉权利的各种相互之间存有冲突的不同观点进行了层层分析与比较论证,使人们对权利理论的核心认识更加清晰了,即多数人对尊重少数人的

---

① [美]罗纳德·德沃金:《认真对待权利》,信春鹰、吴玉章译,上海三联书店 2008 年版,第 362 页。
② 同上书,第 244 页。

尊严和平等的许诺。德沃金对权利理论的前述开创性贡献使得自然权利理论进入了一个发展的新时代。

二、新法律实证主义权利理论

新法律实证主义权利理论源自 20 世纪 60 年代末英国牛津大学教授赫伯特·哈特（Herbert L. Hart, 1907—1992 年）所提出并进而形成的新实证主义分析法学派，这一思潮的形成是与同时期针对新自然法学派的论战交锋紧密相联系的。19 世纪至 20 世纪初期，功利主义哲学思想风靡整个英国学界，功利原理即"最大多数人的最大幸福"成为评判某项法律制度是否合理的唯一标准。其间约翰·奥斯丁（John Austin, 1790—1859 年）将边沁的功利主义与实证主义结合起来，形成了分析实证主义法学流派。自此而后，在西方社会中占据主导地位的思潮即一直是实证主义法学思潮，人们接受并随后深信法律必须与道德相区分、道德不得进入法律领域之观念。在这种思潮的引导下，自然法学逐渐进入停滞不前的时期。奥斯丁仅肯定实在法，认为法律研究的范围应当仅限于实在法或严格意义上的法律，"而不管这种法律在道德上是好是坏"，[1]主张恶法亦法，不符合道德的法律仍然还是法律。显然，生活于 20 世纪的学者哈特承续了奥斯丁的实证主义流派，并且还发展了这一流派。这显著地体现在其所撰写的《实证主义和法律与道德之分》（1958 年）一文之中，它标志着新法律实证主义思潮之开端。在此基础之上，哈特的新法律实证主义权利理论主要体现在以下两个方面。

一方面，哈特对自然权利说持否定态度，认为"自然权利学说要么是胡言乱语和为恶势力辩护的托辞，要么是危险的无政府主义"。[2]他坚守功利主义和实证主义思想，主张法律与道德是截然不同的两个概念，法律的效力仅来自法律自身，而并不来自道德。两者之间不存在概念上的必然联系。在这一论点基础上，哈特提出，法律上的"权利"并不需要道德上的理由支撑，或者说不需要具备道德力量。他的理由是只有法律所具有

---

[1] ［英］约翰·奥斯丁：《法理学的范围》，刘星译，中国法制出版社 2003 年版，第 123 页。
[2] ［英］哈特：《法理学与法哲学论文集》，支振锋译，法律出版社 2005 年版，第 195 页。

的强制性才具有用以保障个人自由权的功能,只有法律具有的强制机制才具有遏制对破坏个人权利行为的惩处。因而,权利只能是在法律运作过程中才会被人们注意到的焦点问题,而法律运作过程与法律本身正义与否无关,它"独立于法律的道德评价之外"①。哈特坚守的法律权利理论中主要是从功利角度对权利加以论证,将权利纳入实证主义的理论体系,同时还注意到了实证主义无法阐释权利的情况,当出现法律无法涵盖的新权利时,强调新的权利若要得到社会大众的认可需结合功利主义的需求才可能成立。"任何建立在权利和功利基础上的自由都不需要寻找先验的、道德的或外在的基础,自由的基础就在法律本身。"②他始终捍卫着功利主义和自由主义,坚持以权利与功利相结合作为新法律实证主义权利理论的发展方向。

　　另一方面,新法律实证主义权利理论是在与二战后自然法思想复兴的历史背景下提出的,因而其学说中带有些许向新自然法学靠拢的特征。哈特也承认,法律和道德两者之间存在着最低限度的必然联系,法律中应该包含最低限度的道德内容。不过该种联系并非"概念上的"必然联系,而仅仅是"各种各样的偶然性连接"③。即他一方面仍坚持了实证主义的传统,另一方面却并不是绝对否定法律和道德之间的联系。他提出了"自然法的最低限度内容"的理论,指出任何法律都会受到一定社会集团的传统道德的深刻影响,④"在每个国家的法律里,处处都显示,社会既有的道德和更广泛的道德理念对法律影响甚巨","法律体系的稳定性部分地依赖于法律和道德的这些对应。如果所谓的法律与道德的必然关系指的就是这事实,那么我们也就必须承认它的存在"。⑤ 在"自然法的最低限度内容"理论背景下,哈特对 19 世纪边沁提出的"法律权利"理论作出了修正,提出了一种独特的"最低限度的自然权利"理论,试图将自然权利与分

① ［英］哈特:《法律的概念》(第二版),许家馨、李冠宜译,法律出版社 2011 年版,第 236 页。
② 谌洪果:《法律实证主义的功利主义自由观:从边沁到哈特》,载《法律科学》2006 年第 4 期,第 26 页。
③ ［英］哈特:《法律的概念》(第二版),许家馨、李冠宜译,法律出版社 2011 年版,第 236 页。
④ 沈宗灵:《现代西方法理学》,北京大学出版社 2009 年版,第 151 页。
⑤ ［英］哈特:《法律的概念》(第二版),许家馨、李冠宜译,法律出版社 2011 年版,第 179 页。

析法学派加以适度融合，认为生存是人类行为的本来目的，将人类道德上的自由权、平等权这些自然权利视为"其他权利产生的预先假定"。他承认人权作为立法的道德依据，人类在制定实在法时必须考虑到该实在法能够有助于社会所追求的道德目标实现，以此缓和社会矛盾，减轻社会压力，从而保障人类的生存权。不过值得注意的是，哈特提出的"最低限度的自然权利"仅仅只是一种"防御性结构"，"只能作为法律秩序的叙事基础，而不能作为道德的叙述性基础"，①该理论仍然是与新自然权利理论相互排斥的。

综上，新分析实证主义权利理论对人权的实体化与量化发展进程尽管起到了一定的推动作用，不过较之新自然权利理论，它也存在不可避免的理论性缺陷，比如这种权利理论多是基于功利主义原理，过于强调以人们可以感知的快乐或幸福为标准来衡量与论证人权领域，它仅注重社会中快乐与幸福的总量是否有所增大，因而该理论无法有效评判人际之间天生存在的差异性。再者，新分析实证主义权利理论仅仅关注那些效用最大化的人权，并以法律规范的明确规定限定了人权种类的发展与进步，这就压缩了人权理论中所蕴含的丰富内容，窄化了人权实现的其他可能性路径。

第二节　当代自然权利理论在实践中不断丰富

自然权利理论在经历了漫长的孕育、发展阶段后逐步走向成熟阶段。相较之前古希腊古罗马时代的萌芽状态到文艺复兴、启蒙运动时代的繁盛状态，以及 19 世纪末到 20 世纪初的低落状态，再到第二次世界大战后人权理论的正式登场，当代自然权利理论在历经千年的发展轨迹铺垫之后终于形成了一个成熟的、完整的理论体系。目前，人权问题已然成为各

---

① 刘日明：《法哲学》，复旦大学出版社 2005 年版，第 212 页。

国普遍认同与注目的焦点。伴随着七十余年的世界政治、经济社会发展实践，当代自然权利理论亦随之有了一个突破性的长足发展。在自然权利理论之外，广大发展中国家正逐渐推演自己的人权理论，从而冲淡了西方传统人权理论中曾经强有力的自然法理论依据。在资产阶级人权理论和马克思主义人权理论、发展中国家人权理论等多元化碰撞下，为应对这些挑战，自然权利理论自身也在不断发展演化着。随着 20 世纪六七十年代在美国兴起的黑人运动、妇女运动、学生运动等争取权利更多、更广泛意义上的人权内容的运动开展此起彼伏，这些社会实践均在深度上或广度上推动了当代自然权利理论的加速更新发展。自然权利理论随着社会实践的推动而不断变得丰富多彩，并进而在各地形成了独特的发展轨迹。当代自然权利理论在实践中的繁荣发展与演变逻辑主要体现为以下几个方面。

一、当代自然权利理论中的权利论证范式有所转变

权利论证范式指的是自然权利作为一种固定的概念以及理论，其背后用以支撑它的正当性的论证依据、基础和模式。传统观念上，自然权利思想发端于自然法学理论，人权观念脱胎于古典自然权利学说。根据自然权利学说，人权被论证为是自然理性赋予每个人的权利，政府是在每个人交出自己所拥有的部分权利之后才成立的。而在 20 世纪 50 年代之后，虽然新自然法学再次复兴带动了新人权理论的发展，不过其在论证时却渐渐不再是以自然法为名义了，而是转向为以抽象的正义论价值为论证基础（以罗尔斯等学者为代表提出）了，最后转向到当今以人性、人的尊严为论证依据的现代人权理念（以国际人权公约为例）。这其中的原因主要是历史阶段的发展进步。首先，"天赋人权"论只是在特定历史时期西方资产阶级的人权理论，已由繁盛走向没落，该理论本身具有一定程度的虚伪性与空洞性，仅体现着形式上的平等，用抽象的人、超验的人替代现实的人，理论上带有一种先验性与革命性。在 17—18 世纪资产阶级基于夺取政权的需要时可以用来当作一面理论性旗帜，但随着社会的进步，已经显现出与时代发展不合宜的现象。比如，现代人权中公民的经济保障、

社会保障、文化权利以及公民的发展权等,均是需要以一定的社会制度为铺垫,而非人们在自然状态中所享有的权利。

其次,当代自然权利理论"张扬理性逻辑的价值,强调任何人权价值正当性的证成,都需要通过理性的检验。……理性主义为人权准备了厚重的智识背景。这种智识也限定了人权的认知逻辑"。① 从二战后国际社会上颁布的各类人权宣言中可以看出,除了在一些国际文献如《世界人权宣言》②(*The Universal Declaration of Human Rights*)中仍留有些许痕迹,传统的"天赋人权"理论已不再占据大一统的地位。这主要表现为两个方面,一方面是古典自然权利理论自身虽然更多偏重于自然法基础,但发展至当代也不得不重新正视以自然法为基础所产生的一些弊端。如该理论模型有其特定的前提假设,认为在国家形成之前的自然状态下人人都拥有天赋的自然权利,然而这种假定未必具有历史事实基础。自然权利理论认为客观上存在着一种应然价值上的先天的权利,而事实上,人的权利到底是来源于何物,不同的学派有自己不同的主张。因此,20世纪中期后,西方资产阶级为了继续巩固自身的统治地位,亟需一种更加具有时代特征、更加有力的理论话语来代替此前的古典自然权利学说,遂逐步弱化了自然法最初所携带的革命性色彩,转而将人权理论的出发点归结为个人,即人的尊严。以个人主义为基础的人权学说重新焕发生机,当代新人权学说逐渐抛弃了中世纪时期的神学、抛弃了近代时期的自然法学说,而是重新借助于正义论、人之尊严等新的价值理念作为人权的证成范式。

第二次世界大战以来的国际人权法实践表明,人权日益成为国际社会共同关注的对象。对人之尊严和价值的尊重成为全球各国奉行的基本理念,它逐渐取代古典自然法成为当代人权正当性论证的新范式。如1945年6月通过的《联合国宪章》③(*Charter of the United Nations*)作为国际人权公约之鼻祖,其开篇即提出,联合国欲"重申基本人权,人格尊严与价值"。其第一条规定,联合国的宗旨即"增进并激励对于全体人类之

---

① 唐健飞、肖君拥:《当代西方人权谱系的裂变》,载《中国社会科学院研究生院学报》2009年第1期,第69页。

② 1948年12月10日由联合国大会第217A(Ⅱ)号决议通过。

③ 1945年6月26日由联合国国际组织会议在美国旧金山签字通过,于同年10月24日生效。

人权及基本自由之尊重",将"人的尊严"视作人权的准则和基础。此后的
1948 年 12 月,联合国大会通过了作为人权共识框架性公约的《世界人权
宣言》,它是国际人权发展的一个里程碑式的标志。在这份国际人权公约
中亦指出,"对人类家庭所有成员的固有尊严……的承认,乃是世界自由、
正义与和平的基础"。强调"人的尊严"是固有的,并非法律中所确立的。
"人人生而自由,在尊严和权利上一律平等",这就将人的尊严放置在世界
人权标准的首要位置。任何一个主权国家,都需要参照此标准确立本国
的人权规范。人格尊严不仅成为了人权的标准与人权证成的基础范式,
更是成了国际人权法的基础。随后于 1966 年分别通过的《公民权利和政
治权利国际公约》①(International Covenant on Civil and Political
Rights/ICCPR)以及《经济、社会与文化权利国际公约》②(International
Covenant on Economic, Social and Cultural Rights/ICESCR)中也明确
表示,人权"是源于人身的固有尊严"。以"人的尊严"作为人权论证范式,
这使得人权的享有主体、人权的具体种类在进行扩张、伸展时有了一个统
一的理论上的源头,即所有具体的权利种类存在的合理基础都应当是人
的尊严。正如日本学者所言,"近代的基本人权思想是以所有人的人格尊
严和平等为前提而形成的。因此……第一,人权的行使不得有害于他人
的生命和健康。不言而喻,对人来说,生命和健康是最基本的东西,也是
'个人尊严'的前提;第二,不能损害他人作为人的尊严。不仅他人的生
命、健康不能被损害,而且损及他人人格尊严的行为也是不能允许的;第
三,不得妨碍他人正当人权的行使"。③ 由此可见,以"人的尊严"为标准
阐明了所有人权的来源与目的,即所有人权种类都应当是围绕着保障人
的尊严在社会生活中全面实现而拓展开的,所有人权种类都可以最终从
人的尊严中找到得以存在的依据。

简言之,各国法律制度中"人的尊严"条款,既是各国产生并形成具体
人权种类的理论依据和指导标准,亦是各类新型人权得以强劲发展的动

---

① 1966 年 12 月 16 日由联合国大会第 2200A(XXI)号决议通过,于 1976 年 3 月 23 日生效。
② 1966 年 12 月 16 日由联合国大会第 2200A(XXI)号决议通过,于 1976 年 1 月 3 日生效。
③ 沈宗灵、黄枬森主编:《西方人权学说》(下),四川人民出版社 1994 年版,第 97—98 页。

力与源泉。在人权理论中以"人的尊严"为权利论证范式而非虚无缥缈的自然法哲学基础,这一重要转变在客观上为各国人权法律制度奠定了同样的伦理基础,为各国人权法律制度建设提供了一个更为广泛意义上的准绳。人权论证范式的国际化与趋同化使得人权问题研究范围扩大化,有助于更加广泛的主体在不同的平台上对人权加以研究。以人的尊严为论证范式还可以有助于人权类型的深化与拓展。例如,今天人们所提及的人权通常是"与诸如大屠杀、酷刑、不公正审判、禁止自由集会、无法避免或无法有效应对饥荒、教育不完善等现象频发有关"①。又如,1994 年由联合国开发计划署颁布的《人类发展报告》提出"人的安全"保障的概念,即认为个人应当享有经济安全、食品安全、健康安全、环境安全等权利。人权之所以能够扩展至这些权利,正是得益于新的权利论证范式。

二、当代自然权利理论中对人权内涵理解不断加深

自然权利演进至当代,逐渐被"人权"一词替代。尤其是第二次世界大战以后,随着《世界人权宣言》的通过,"人权"一词为世界各国所普遍认可。人权是一个基于道德而产生的概念,每个人的价值观不同,因而也会随着不同的价值观、道德观而产生不同的人权观。道德观会随着社会发展而变化,因而,即便是同一阶级的人权理论也是在随着时代发展而不断产生变化的。如 1789 年法国《人权宣言》、1948 年《世界人权宣言》、1966年《公民权利与政治权利国际公约》、《经济、社会与文化权利国际公约》中所体现出来的当代自然权利理论也是在实践中不断丰富着其内容。伴随着当代各国实践的不断丰富,自然权利理论中对于人权的内涵、享有主体、权利类型等方面的理解也在不断加深与拓展。人权经历了一个从自然权利至法律权利,从道德权利向国际化、多元化发展的过程。西方社会中对人权问题的探索也经历了一个由浅入深的过程,主要体现在以下几个方面。

首先,权利的主体范围逐步扩大化与具体化。从古典自然权利时期

---

① [美]詹姆斯·尼克尔、大卫·A.雷迪:《论人权的哲学基础》,安恒捷、童寒梅译,载《研究生法学》2014 年第 2 期,第 144 页。

的"抽象的人"转变为"具体的人"。欧洲知名汉学家、中国法律专家胜雅律（Harro von Senger）认为"在联合国成立之前，西方人对人权中'人'字的理解很狭隘，他们把人权的范围，就人权的主体而言，限制于白种人。《联合国宪章》以及《世界人权宣言》两个文件都承认了人种平等原则，这样把'人'字的理解扩大到了各种人种的人"。① 譬如在 1948 年《世界人权宣言》之前，人权中的"人"是不包括妇女、奴隶、黑人的，但在 1948 年《世界人权宣言》签署之后，"人"扩大化了。根据当年联合国起草委员会主席罗斯福夫人的建议，将"Right of Man"改为"Human Rights"。这样，从《世界人权宣言》签署之后，人权的享有主体——"人"才被理解为广义上的"人"，并得到全世界的认可。人权主体扩展至此才真正地体现了人权的普遍价值。在人权享有主体的具体化方面，此后的国际人权立法更加偏向于关注人的本身，关注到不同特征的人群主体之间的差异。如在强调男女平等的基础之上也体恤到了女性与男性之间的差异，先后通过了有关男女同工同酬的《1951 年同酬公约》、1979 年《消除对妇女一切形式歧视公约》等国际人权公约，以进一步加强对妇女权益的保障。此外，国际人权理论还注意到了针对不同年龄的不同人群以及其他特殊主体给予其具体的保障，如 1989 年通过的《儿童权利公约》强调对儿童的人权保障，2006 年通过的《残疾人权利公约》侧重对于残疾人的特别保障，以及针对战时平民、囚犯、战俘、难民、被奴役者等特殊主体的各种国际人权公约，分别考虑到了人权享有的不同受众群体，使人权主体不断朝着具体化方向发展。

其次，权利所具体指向的权利类型、权利范围亦同样在扩展。从权利的具体表现形式而言，当代自然权利理论中关于人权具体类型的理解开始逐渐发生拓展与变化。20 世纪之前，"天赋人权"强调的重点在于生命权、自由权、平等权、财产权与追求幸福的权利。在洛克、卢梭等人思想的影响下，美国《独立宣言》和法国《人权宣言》中并未明确提出"人权"概念，仅仅以列举的方式阐述自然权利。20 世纪以后，因应社会发展的客观需

---

① 胜雅律：《人权概念在联合国的发展》，载《人权》2009 年第 1 期，第 31 页。

要,西方国家则更为强调个人自由权。1944 年美国总统富兰克林·罗斯福关于"四大自由"①的演说中的观点,肯定了体现实质平等的社会正义原则,被写入《大西洋宪章》,并随后被写入 1948 年联合国《世界人权宣言》,体现了自由权的发展。之后通过的国际人权文件几乎都是将公民的自由权与其他政治权利并排在一起,如 1966 年通过的《公民权利和政治权利国际公约》等,作为国际人权宪章的一部分对公民的各项权利作出了完整的列举。以不同权利的价值属性为标准来看,公民权利和政治权利体现了权利的自由价值诉求,具体包括:生命权、自由权、健康权、人身安全权、享用生活用品权(饮食权、衣着权、居住权)、隐私权和财产权;婚嫁和建立家庭的权利;接受公正审判的权利;免做奴隶,免受酷刑和任意逮捕的权利;自由迁徙和寻求庇护的权利;拥有国籍的权利;思想、良知和宗教自由的权利;言论自由的权利;自由集会和结社的权利以及自由选举和参与公共事务的权利等。该类权利又可以根据人在自然状态下和政治状态下的不同属性而区别为公民权利或者政治权利。② 此后的 1950 年《欧洲保护人权和基本自由公约》(*European Convention for the Protection of Human Rights and Fundamental Freedoms*)、1969 年《美洲人权公约》等区域性国际人权公约中通过对一系列权利的阐述进一步拓展了人权类型。如《美洲人权公约》第三条至第二十六条逐条规定了个人所享有的法律人格的权利、生命权、人道待遇的权利、不受奴役的自由、个人自由的权利、公平审判的权利、不受事后法律的溯及力约束、受赔偿的权利、隐私权、良心和宗教的自由、思想和表达自由、回应的权利、集会的权利、结社的权利、家庭的权利、姓名权、儿童的权利、国籍权、财产权、迁徙和居住的自由、参与政府的权利、平等保护的权利、司法保护的权利等。③ 总体而言,自然权利理论在传统上是以个人权利为核心的,尤其是自由权更是被视为人权的主要内容。在学理上,个人的自由权又称消极权利,即个人

---

① 即"免于匮乏的自由""免于恐惧的自由"以及传统上一直存在的"言论自由"和"信仰自由",统称为"四大自由"。
② 参见韩大元主编:《比较宪法学》(第二版),高等教育出版社 2008 年版,第 185 页。
③ 参见白桂梅、刘骁编:《人权法教学参考资料选编》,北京大学出版社 2012 年版,第 295—299 页。

权利是为了防御国家权力的干预,也称为第一代人权。

不过,在国际人权公约通过之后,"西方消极自由的权利图式已经为经济、社会及文化权利所突破。其原因在于,就经济、社会及文化权利而言,传统国家一个人的关系发生了重大变化。这些权利的实现不再恪守国家的消极无为,而是强调国家要有所作为。国家不仅被假定为恐惧与作恶的可能者,而且也是公共福利与公共善的推动者、保护者与实施者"。① 譬如 1966 年通过的《经济、社会与文化权利国际公约》就旨在规定国家积极采取措施推动并保障公民的各项经济、社会与文化权利。经济、社会、文化权利,亦称为社会权利,它体现了权利的平等价值诉求,具体包括:工作和公正报酬的权利;组织和加入工会的权利;享有休息、闲暇和带薪定期休假的权利;享有具有足够卫生和福利条件和生活水准的权利,以及参与社区文化生活的权利。② 其中最典型的社会权表现为公民的劳动权和受教育权。这样一来,人权包含的具体权利类型就从最初的公民权利和政治权利方面扩展至经济、社会和文化权利方面。这方面的权利又称为第二代权利,属于一种积极的权利,它要求政府积极回应公民,主动作出有利于公民权益的举措,是一种通过社会来保障的权利以及完全为集体规定的权利。

20 世纪六七十年代,民族国家的独立运动和殖民地国家的非殖民运动为人权理论的发展提供了新的社会实践基础。新型人权先后出现在各个独立国家宪法之中。在联合国的努力之下,1986 年通过的《发展权利宣言》③(*Declaration on The Right to Development*)中再次突破既定的人权类型框架,提出了发展权也属于人权的观点,这又大大拓展了人权的权利范围,发展出了第三代人权,即涉及人类生存条件的各种集体权利,如生存权、发展权、和平权、环境权、民族自决权等。这些人权新类型是对全球相互依存现象的回应,是一种"团结(团体)权利"④。

---

① 唐健飞、肖君拥:《当代西方人权谱系的裂变》,载《中国社会科学院研究生院学报》2009 年第 1 期,第 68 页。
② 参见韩大元主编:《比较宪法学》(第二版),高等教育出版社 2008 年版,第 185—186 页。
③ 1986 年 12 月 4 日由联合国大会第 41/128 号决议通过。
④ 徐显明主编:《人权研究》(第二卷),山东人民出版社 2000 年版,第 171 页。

三、当代自然权利理论呈现出国际化发展态势

二战结束之后,尤其是随着《世界人权宣言》在 1948 年由联合国通过,人权日益成为当今国际社会中的热点话题。西方人权理论呈现出国际化的发展趋势。人权问题不仅是一个本土问题,同时也是一个国际问题。在世界经济一体化的时代背景下,人权问题的国际化性质凸显,尽管人们对人权的认识仍未达至统一,但是截至目前,世界上已经有 170 多个国家及地区都在法律中承认或者规定了人权。甚至有学者言,我们的时代是权利的时代。人权是我们时代的观念,是已经得到普遍接受的唯一的政治与道德观念。① 无论是西方发达国家,还是广大亚非拉发展中国家;无论是资本主义国家,还是社会主义国家;无论是强大之国,还是弱小之国,人权是得到世界各国以宪法形式认可的观念。人权在国际法与国际政治中扮演着重要角色。在当代的国际关系对话中,由自然权利演进而来的人权已成为无可争议的共同性话题。

一方面,世界各国在本国宪法中都规定了人权保障条款,使得人权作为普遍性原则为各国所公认。在那些实行宪法典的国家,其人权内容大致远则本于《法国人权宣言》,近则摹于《世界人权宣言》,各国体系有趋同或趋近的倾向。② 如美国《权利法案》中确立了公民的基本权利和自由,禁止包括国会在内的任何个人和机构剥夺这些权利。第二次世界大战后,鉴于德国、意大利法西斯暴政,当代欧洲各个国家均把人权保护作为其宪法中的核心内容。此外包括 1950 年《欧洲人权公约》、1969 年《美洲人权公约》、1981 年《非洲人权与民族权宪章》等区域性人权公约中均体现出对于基本人权的尊重和推崇,人权条款成为衡量和检验各国法律正当性的"高级法"。

另一方面,人权发展呈现日益国际化态势。联合国的成立对于人权的国际保护方面起到了关键性的作用。联合国等各类国际组织在法律实践中发布了一系列的国际人权法律文件。1945 年 6 月联合国通过的《联

---

① ［美］L.亨金:《权利的时代》,信春鹰译,知识出版社 1997 年版,前言第 2 页。
② 徐显明:《人权的体系与分类》,载《中国社会科学》2000 年第 6 期,第 96 页。

合国宪章》中首次将人权的保护作为国际组织的宗旨之一,这是人权问题趋向国际化发展的一个重要表征,标志着人权开始成为国际法领域所强调的一个重要领域,人权的国际保护问题开始受到国际上的普遍关注。《联合国宪章》正文分为 19 章,共 111 条,其中有 7 处提到人权。《宪章》在序言部分开宗明义,"重申基本人权、人格尊严与价值,以及男女与大小各国平等权利之信念"。《联合国宪章》第 1 条规定,"……不分种族、性别、语言或宗教,增进并激励对于全体人类之人权及基本自由之尊重"为联合国的宗旨之一。它高举人权大旗,使人权成为一项国际适用的法律系统核心内容。《宪章》第 55 条规定,联合国应促进"全体人类之人权及基本自由之普遍尊重与遵守,不分种族、性别、语言或宗教"。《联合国宪章》中对于人权问题作出的原则性规定为现代国际人权的发展提供了现实指导,成为此后开展国际人权理论研究的重要法定依据。依据该宪章,促进与发展人权是联合国重要任务之一。

在联合国的努力下,第二次世界大战后通过了十几部全球性以及区域性国际人权公约。① 其中,1948 年 12 月 10 日联合国第三届大会上通过的《世界人权宣言》是最有影响力的国际人权公约。《世界人权宣言》是自然权利理论发展至当代社会的一个历史性产物,也是自然权利理论发展过程中一个里程碑式的标志,它使得当代人权理论首次以国际公约这种世界法典化的形式展现于全球各国人民面前,不仅进一步体现了人权理论的法典化进程,同时也反映出人权理论在世界范围内被广泛地认可与实践化。它将完善与保障人权作为该国际公约的主题,标志着人权理念在世界各国范围内逐步达成较为一致的理解。《世界人权宣言》第 21 条以前是有关公民和政治权利;第 22 条至第 27 条是关于经济、社会和文化权利。特别是 1966 年《公民权利和政治权利国际公约》以及《经济、社

---

① 全球性国际人权公约有 1948 年《世界人权宣言》、1966 年《公民权利和政治权利国际公约》、1966 年《经济、社会与文化权利国际公约》、1926 年《禁奴公约》、1949 年《防止和惩治灭绝种族罪公约》、1951 年《难民地位公约》、1966 年《消除一切形式种族歧视公约》、1979 年《消除对妇女一切形式歧视公约》、1984 年《禁止酷刑和其他残忍、不人道的或有辱人格的待遇或处罚公约》、1989 年《儿童权利公约》等。区域性国际人权公约有 1950 年《欧洲人权公约》、1961 年《欧洲社会宪章》、1967 年《美洲国家组织宪章议定书》、1981 年《非洲人权和民族权宪章》等。

会和文化权利国际公约》等国际人权文件的相继开放，以人权划分的不同类型为标准，对公民所应当享有的各种不同类型的人权作了进一步的规范与细化。前三者以及 1986 年的《发展权利宣言》等，这些随着时代的演进逐渐形成的宣言与公约共同构成了一套国际人权宪章，人权的国际化保护得到了世界上大多数国家的普遍认可。随后，区域性人权国际公约如《欧洲人权公约》《美洲人权公约》范围扩展至全球性人权国际公约的签署。1977 年联合国大会通过的《关于人权新概念的决议案》①(*Resolution on the New Concepts of Human Rights*)规定，"一切人权和基本自由不可分割并且是互相依存的；对于公民权利和政治权利以及经济、社会和文化权利的执行、增进和保护，应当给予同等的注意和迫切的考虑"。不仅如此，1993 年 6 月第二次世界人权会议通过的《维也纳宣言和行动纲领》(*Vienna Declaration and Programme of Action*) 中继续强调，所有人权都是普遍、不可分割、相互依存和互相联系的。这些各具特色的国际人权公约共同推进了人权保护的国际化发展。

此外，在人权工作机构方面，联合国大会以及联合国的一些专门机构，尤其是驻日内瓦的人权委员会与人权理事会等国际人权事务机构相继设立，这些专门机构进行的活动为发展人权概念和制度作出了突出贡献，这些国际人权实践均大大丰富了人权理论的内容，并有力促进了人权理论的国际化发展。

第三节　当代自然权利理论评析

自然权利理论在 20 世纪 50 年代之后获得了较为成熟的发展，西方发达国家的经济、政治社会基础为人权理论的完善提供了良好的培育土壤；持续几十年的新自然法学与法律分析实证学派在学理上的论争为人权理论的深化夯实了哲学基础；80 年代后伴随着全球化进程步伐的加快

---

①　1977 年 12 月 16 日由联合国大会第 32/130 号决议通过。

而出现的各类反殖民、争取国家独立的人权运动为人权理论的发展提供了丰富的社会实践。人权不仅逐步获得了世界各个国家的肯定与支持，而且呈现出多元化发展态势。一方面，这些国际人权实践活动推动了人权理论的深入与完善；另一方面，这些理论与发展中国家的新兴人权理论之间存在的一些立场性差异也凸显出来。

一、当代人权理论内部不同学说之间的共识与冲突

第二次世界大战后迄今，西方人权学说在新的形势下再次兴起并经历了重大演变。以美国为代表的西方发达的资本主义国家，"这些国家的人权学说，在战后的不同时期也有各自不同的特征"。① 新形势下形成的各种人权流派之间存在较大的共识，但亦存在些许冲突之处。

其一，当代人权理论各种流派之间存在较大共识。当代人权理论演化出各种差异纷纭的不同流派，如新自然权利理论、新分析实证人权理论等等。它们之间的差异主要在于对于人权的哲学基础，即人权的来源的认识不同而造成的。有的流派认为人权来源于自然法；有的流派认为人权来源于实在法的规范；还有的流派认为人权仅仅来源于人们的道德，或者是来源于社会习俗。尽管人们对于人权来源的看法各不相同，但是当代人权理论界总体而言仍然是高度统一认可"人权"这一概念及其理论的。当代人权理论承认人权的普遍性，并总结出了人权的特征、人权的若干不同分类以及人权各种分类的具体权利类型。

首先，在人权的概念方面。人权理论界普遍认为，人权（基本人权或自然权利）是指"人，因其为人而应享有的权利"。人权的普遍性和道义性是它的两种基本特征。人权的普遍性是指承认并肯定一切人权都源于人所固有的尊严和价值，人是人权和基本自由的中心主体。如美国学者亨金认为人权意味着任何地点和任何时间的所有人的权利。美国神学哲学家 W.霍勒曼认为，"普遍人权的观念是在第二次世界大战的漫天阴霾之中的一束光明"，"在最近的 40 年间出现了一种特别新型的人权，即争取

---

① 沈宗灵：《二战后西方人权学说的演变》，载《中国社会科学》1992 年第 5 期，第 58 页。

普遍人权的运动。人权问题第一次不再简单地限于本地或本国范围的问题，不再简单地强调一个少数人集团或一个人权原则的问题。争取普遍人权的运动强调国际范围的人权"。①

其次，在人权的类型方面，人权理论界普遍认为可以按照权利的内容来划分，人权包括公民权利与政治权利以及经济、社会、文化权利两大类。前者是指一些涉及个人的生命、财产、人身自由的权利以及个人作为国家成员自由、平等地参与政治生活方面的权利；后者是指个人作为社会劳动者参与社会、经济、文化生活方面的权利，如就业、劳动条件、劳动报酬、社会保障、文化教育等权利。

最后，在人权的内容方面，人们一致认为生命权、自由权、财产权、尊严权、获得物质帮助权、公正对待权等均属于人权内容的必要之范畴。具体而言，当代人权理论均认可生命权是其中最基本、最重要的人权，认为若公民的个人生命权都无法得到保障的话，则其他的一切权利保障均是空谈。对生命权的侵犯包括无端剥夺他人的生命、肆意恐吓、虐待、以非人道的方式折磨他人，世界各国对于这类危害个人生命权的行为都给予最严厉的刑罚措施。关于自由权方面，由于自然权利理论从诞生以来就是建立在个人主义思想基础上，因而对个人自由权的保护亦是各国人权保护的核心主旨之一。关于财产权方面，财产权也是人权理论中公民的核心权利之一，西方各国普遍认为财产权是生命权和自由权的延伸，也是生命权和自由权必不可少的保障。财产权的本质是个人支配自己正当所得的权利。关于人格尊严权方面，随着人格和尊严的价值在当代社会得到人们的普遍认同，西方各国均将它视为一种基本的人权，尊严权是指"人"所应有的最基本的社会地位并且受到他人和社会的最基本尊重的权利，如人与人之间在社会交往中互敬互爱、文明礼貌。如果无视个人的尊严权，则意味着人们可以肆无忌惮地羞辱、威胁、骚扰、中伤某个人，这显然是与人权的原则与精神不相容。关于获助权方面，它属于经济社会权利中的一种重要权利，获助权

---

① 沈宗灵、黄枬森主编：《西方人权学说》(下)，四川人民出版社 1994 年版，第 308 页。

是指公民在由于某种原因丧失劳动能力或者发生了天灾人祸的情况下,有从国家和社会获得物质帮助的权利。获助权时常与"人道主义"相联系,是公民生存权的重要保障。关于公正权方面,公正权是指每个人都有被他人公平合理对待的权利。将公正权纳入人权的重要组成部分,是为了将人权平等地扩展到每一个人身上。

其二,当代人权理论各种流派之间存在些许冲突之处。这里主要是指新自然权利理论与法律实证主义人权理论流派之间关于人权哲学基础方面的观点不同。新自然法学人权理论流派认为,人权的哲学基础是新自然法思想与人本主义。新自然法学思想接受并发展了洛克、卢梭、康德等提出的社会契约论,并继续以此为理论基础,来抨击在西方法律思想领域中长期占统治地位的功利主义法学观。新自然法学说主要强调的是公民的自然权利,它具有道德性,时常能够超越实在法。而如前文所述,新法律实证主义人权理论的哲学基础是功利主义法学思想。这种由边沁提出的功利主义法学思想被哈特传承,他们认为法律一般的和最终的目的就是整个社会的利益最大化。这种观点将人类的情感划分为快乐与痛苦两种类型,以此两种感情来说明社会利益是否增进的基本因素。把人们的这些"苦乐感"作为立法的目的和标准、法律和道德的"寒暑表"。由这种功利观点引申出的法律实证主义则认为人权只能是法律之内的权利,不存在超越法律的道德权利。这两种流派关于人权哲学基础的论争在美国持续了整整半个世纪之久。

其三,当代人权理论不同流派之间呈现融合发展趋势。当代西方人权理论在内部不同流派相互竞争的背后也都在顺应社会形势变化从而作出一定程度的修正,新自然权利理论与新法律实证主义人权理论相互靠拢。一方面,新自然权利理论吸收了部分法律实证主义的思想,如罗尔斯等人的"制度性人权理论"就是在功利主义人权观的影响下形成的。"制度性人权理论"试图通过推动"人权→基本权利→法律权利"的转化,建立完善的法律制度来保障人权。① 另一方面,功利主义人权理论中开始对

---

① 童骏:《功利主义人权观的三个理论缺失》,载《中国社会科学报》2017 年 11 月 8 日第 5 版。

道德权利部分认可。如对边沁有些极端的"法律人权观",哈特进行了修正,承认人权是立法的道德根据:"人们主要是在将道德权利纳入法律体系时,才会谈到它们。"如果说在边沁那里,权利被视为"法律之子",那么在哈特这里,权利则被视为"法律之母",正是它们推动了具体的立法。①由此,哈特提出了"最低限度的自然权利"理论。两大流派分别取长补短,修正自身,使得对人权价值的注重与对法律下权利的注重两种观念相互融合,竞相发展。由于世界各国经济政治发展水平的不同,有关人权的理论在各国发展并不均衡,例如人权的具体内容和类型以及人权保障方式的理解等,各国无法达成一致看法,使得人权理论呈现出一种多样化的状态。为了对多元化加以弥合,当代英国人权学者米尔恩(Milne)提出了一种"作为最低限度标准的人权"。他认为,人权来自普遍道德,是一种最低限度普遍道德权利。他以"普遍的最低限度的道德标准"为基础提出了七项"普遍的道德权利",认为严格意义上的人权是指以下七项,即"生命权、公平对待的公正权、获得帮助权、在不受专横干涉这一消极意义上的自由权、诚实对待权、礼貌权以及儿童受照顾权"。② 米尔恩指出,尽管现代社会各国经济发展并不平衡,各国文化传统亦不完全相同,发达国家构建起来的人权理论无法适用于世界上每个国家,但是无论各国之间存在多少差异,仍然存在某些普遍的道德权利是需要全世界人类普遍遵循的。他列举了联合国《世界人权宣言》,认为该宣言秉持了这样一种思想,反映了人权理论的多样化发展。

二、当代人权理论与发展中国家关于人权问题存在的立场差异

20 世纪 80 年代之后,随着新兴的发展中国家经济社会的发展力量逐步强大,在国际关系与国际交流等各项事务中所起的作用愈来愈不可或缺,人权问题由传统上的西方国家问题逐步演变为一个世界性的热点

---

① 童骏:《功利主义人权观的三个理论缺失》,载《中国社会科学报》2017 年 11 月 8 日第 5 版。
② [英] A. J. M. 米尔恩:《人的权利与人的多样性——人权哲学》,夏勇、张志铭译,中国大百科全书出版社 1995 年版,第 171 页。

问题,发展中国家在融入世界政治经济舞台过程中,对于人权问题提出了自己的立场,逐渐培育出发展中国家自己的人权理论。一方面,当代人权理论越来越具有国际共识性,但是另一方面,西方国家与发展中国家在人权问题上的立场仍然是存在差异的。人权立场归根结底在于社会经济关系,不同阶级"从他们阶级地位所依据的实际关系中——从他们进行生产和交换的经济关系中,吸取自己的道德观念"。① 所处的社会政治经济关系不同,自然对于东西方国家而言,二者之间对于人权问题所秉持的立场亦各不相同。

(一)西方国家与发展中国家关于人权的性质与内容在理解上存在分歧

人权理论在 20 世纪 50 年代之后越来越呈现出国际化的发展趋势。一方面,人权问题日益国际化,《世界人权宣言》《公民权利和政治权利国际公约》以及《经济、社会和文化权利国际公约》等相继通过,反映世界各国人民对人权概念普遍接受。另一方面,从国际人权立法的实践来看,国际人权公约在缔结过程中也存在一系列的冲突和矛盾,主要表现为西方发达国家与发展中国家之间在一系列有关人权基本问题上的尖锐冲突,其中影响最大的问题集中表现在两个方面:

其一,双方对人权的性质理解不尽相同。西方国家认为人权具有普遍性。"一切人,或至少是一个国家的一切公民,或一个社会的一切成员,都应当有平等的政治地位和社会地位。"②就人的本质与共同特性而言,每个人都拥有平等等人权。人权具有"普遍的、超出个别国家范围的性质"③,因而当代社会会产生对人权加以保护的国际性要求,促成了国际人权公约在各国的签署。"人权的普遍性就是人权主体的普遍性,是每一项人权都应当属于无一例外的每一个人的普遍性。"④发达国家强调人权的普遍性,漠视甚至否认人权的特殊性。

而发展中国家则认为,人权既有普遍性,又有特殊性,"二者的关系并

---

① 《马克思恩格斯选集》(第三卷),人民出版社 2012 年版,第 133 页。
② 同上书,第 142—143 页。
③ 同上书,第 145 页。
④ 徐显明:《对人权的普遍性与人权文化之解析》,载《法学评论》1999 年第 6 期,第 16 页。

不是同一层面上割裂对立的关系，而是不同层面上彼此联系的关系"①，应该兼顾两个方面。人权的普遍性原则需要与各国发展的具体实际情况相结合。人权的普遍性在于人人都享有人权，因而各国也积极加入签署落实国际人权公约，尊重和保障人权，但是各国的历史背景、经济发展、政治水平、文化传统不同，在实际落实人权普遍性原则时，从内容到形式都会有所不同，因而人权需要与各国实际情况相结合。人权也同时具有相对性，"人权的相对性是指，人权和基本自由是与特定的文化传统、政治制度、经济制度相关联的价值标准，它的存在和实现是有条件的、相对的，在不同的国家、不同的文化、不同的种群当中存在着不同的人权价值和行为准则。历史和现实的差异决定了人权只具有相对的属性"。② 发展中国家认为"权利永远不能超出社会经济结构以及由经济结构所制约的社会的文化发展"。③ 即便在美国国内的人权，也是逐步发展的，奴隶、有色人种、妇女的人权都是逐步实现的。在西方，如英国、法国与美国，它们各国的人权保护模式也不同。

其二，双方对人权的内容理解不尽相同。随着现代文明社会的发展，人类对人权理论所包容的权利类型提出了更多的要求，出现了许多对人权的扩充。不过由于经济发展的不平衡性和文明的多样性，西方国家与发展中国家对于人权的具体内容还存在不同程度的分歧。从人权具体内容的发展沿革来看，人权按照出场的时间顺序可以划分为三代人权，其中第一代人权是指以 1776 年美国《独立宣言》和 1789 年法国《人权和公民权宣言》为标志所涉及的公民权利和政治权利；第二代人权是指以 1948 年联合国《世界人权宣言》中新增加的经济、社会和文化权利，随后还被 1966 年《经济、社会、文化权利国际公约》具体明确；第三代人权是指在 20 世纪七八十年代由发展中国家提出的生存权、发展权等集体人权。当代人权理论界非常关注公民权利、政治权利同经济、社会、文化权利之间的

---

① 徐显明：《对人权的普遍性与人权文化之解析》，载《法学评论》1999 年第 6 期，第 18 页。
② 李林：《跨文化的普遍人权》，载《市场社会与公共秩序》，生活·读书·新知三联书店 1996 年版，第 84 页。
③ 《马克思恩格斯选集》（第三卷），人民出版社 2012 年版，第 12 页。

各方面差异①,甚至有观点认为,仅承认公民权利和政治权利为人权的应有内容,而否认经济、社会、文化权利的人权属性,认为它们具有集体权利的倾向,且仅表示一种希望、理想,而不一定能够实现,该观点认为经济、社会和文化权利并不属于人权范畴。即便在 1966 年联合国通过《经济、社会、文化权利国际公约》,以国际公约的形式明确了经济、社会和文化权利同样属于人权的具体类型之后,一些西方国家才无奈接受了这一观念,不过在实践中这些西方国家仍然继续坚持强调公民权利和政治权利是最重要的人权,忽略甚至漠视经济、社会和文化权利也是人权的重要组成部分。与之相反的是,发展中国家则十分认同经济、社会和文化权利,认为它同公民权利和政治权利一样都是人权不可分割的一部分,应给予同等关注。

西方国家与发展中国家在关于经济、社会、文化权利是否属于人权问题上存在分歧的主要原因在于,二者关于"人"的看法不同。西方法哲学中所探讨的自然状态中的"人"是启蒙思想家基于理论的建构所臆想出来的。当代人权实践始终是以天赋人权论为基础的。如美国学者路易斯·亨金(Louis Henkin)认为,"美国人的个人权利是'天然的'、固有的权利;它们不是社会或任何政府的赠与。它们不是来自宪法;它们是先于宪法而存在的"。② 他肯定了当代人权理论建立在自然权利理论基础之上。而发展中国家在承认自然权利理论的个人主义基础之时,也强调不能忽视外界社会联系,人不是孤立的个体,而是生活在群体中,与社会存在千丝万缕不可分割的联系,人无法脱离社会而存在。马克思曾言:"人的本质不是单个人所固有的抽象物,在其现实性上,他是一切社会关系的总和。"③由此,发展中国家在人权理论中更加强调人权实现的现实基础与条件。

此外,双方之间更大的一个分歧还在于是否承认生存权和发展权为

---

① 一般认为,这些差异主要体现为:对公民权利、政治权利的规定要求国家尽快实现;对经济、社会、文化权利则仅要求国家采取步骤"尽最大能力"逐步实现。

② [美]路易斯·亨金:《美国人的宪法权利与人权》,载沈宗灵、黄枬森主编:《西方人权学说》(下),四川人民出版社 1994 年版,第 369 页。

③ 《马克思恩格斯选集》(第一卷),人民出版社 2012 年版,第 368 页。

人权的首要内容。发展中国家认为生存权是人权中最基本、最核心的权利。它的享有主体既包含个人，也包含集体。生存权对于个人而言是指保障个人生命安全和生活基本要求的权利；对于一个民族或者国家即集体概念而言是指使一个民族或者种族免受被迫害、被屠杀、被灭绝的权利。《公民权利和政治权利国际公约》第 1 条第 2 款就规定"在任何情况下不得剥夺一个国家人民自己的生存手段"；第 6 条又进一步规定"人人有固有的生命权，这个权利应受法律保护"。《经济、社会和文化权利国际公约》第 11 条也规定"人人有权为他自己和家庭获得相当的生活水准，包括足够的食物、衣着和住房，并能不断改善生活条件"；确认人人有"免于饥饿的基本权利"。与此同时，发展中国家还认为发展权[①]亦为首要的基本人权。发展权是指各国、各民族都拥有平等的发展机会，都能自由、友好地交流合作，共享发展成果，使每个人、每个国家都能得到全面而又充分的发展。发展权是个人人权与集体人权的统一。1986 年联合国通过的《发展权利宣言》[②]对发展权的主体、内涵、地位、保护方式和实现途径等基本内容作了全面的阐释，认为"发展机会均等是国家和组成国家的个人的一项特有权利，任何国家和组成国家的任何个人，都有参与发展、平等享有发展成果的权利"。[③] 1993 年《维也纳宣言和行动纲领》再次重申发展权是一项不可剥夺的人权，从而使发展权的概念更加全面、系统。相反，对于这一问题，西方发达国家一直对发展权持否定态度，认为发展权不属于人权的范围，只有个人的公民和政治权利才是人权的基本内容。

西方国家与发展中国家在关于生存权与发展权是否人权首要权利问题上存在分歧的主要原因在于双方不同的历史背景和经济基础。西方的自然权利理论产生于西欧反封建王权的革命斗争中，自然权利或者说人权是作为封建特权的对立物而出现的。当时的资本主义生产方式所要求的平等、自由价值观念上升到国家政治和法律权利的高度，就自然衍生并体现为资本掩盖下的人人享有自由权、平等权和财产权。而对于广大发

① 1979 年，第三十四届联合国大会在第 34/46 号决议中确认发展权属于人权。
② 1986 年，由联合国大会第 41/128 号决议通过。
③ 国务院新闻办公室：《发展权：中国的理念、实践与贡献》，参见新华网，http://news.xinhuanet.com/politics/2016-12/01/c_1120029207_2.htm。

展中国家而言,进入近代社会以来,从 16 世纪直到 20 世纪上半叶,在四个多世纪里,亚、非、拉各洲的大多数国家并不存在人权保护,这些国家的人民一直处于殖民主义和帝国主义的统治之下,毫无人权可言。① 及至20 世纪六七十年代,在全球反殖民化运动浪潮中,这些国家相继独立并处于发展中国家的水平。为了重振经济、保障人民的日常生活需求,发展中国家较为强调个人与国家的发展权,以期能够打破旧式由西方发达国家主导的国际经济秩序,建立一种公平合理的国际经济新秩序。因而,发展中国家十分重视公民的生存权和发展权。西方社会中至高无上的自由价值并非绝对、首要的价值,因为自由权利的授予与行使不得绝对超越其他权利诉求。人的生存权与发展权应高于自由权,只有实现国家与民族的集体发展,才能更好地享有个人自由权。

（二）西方国家与发展中国家关于人权与主权的关系在理解上存在分歧

随着人权问题日益呈现国际化发展态势,人权与主权的关系问题成为国际焦点。这一问题突出地表现在 20 世纪下半叶美国卡特政府首先在全球推行"人权外交"战略,开启了人们对"人权与主权关系"问题的思索与辩论。所谓人权外交就是用一国国内的人权问题作为他国干预该国内政事务的合法借口。当代西方发达国家为了达到这一目的,强行向广大非西方地域推广自己的"人权"理念。他们在国际人权会议上一再宣扬"人权高于主权说",认为人权是全人类的事情,主权则是一个国家的权利,随着经济全球化的发展,国家主权已经失去了昔日无所不包的至上权威性,因而人权高于主权。"人权高于主权说"具体包含三个方面的内容。其一,人权不是一国内部管辖的事情。② 该理论认为,尽管从历史发展角度来看,人权问题一直归属于一国内部事务的管辖范畴,但是当代社会中的国际人权运动使得人权问题超出了一国国界,变得不再仅仅是一国内部的事务了。由此,联合国大会通过的《联合国宪章》以及其他国际公约

---

① 朱晓云:《发达国家与发展中国家关于人权内容的论争及其根源》,载《山西高等学校社会科学学报》2009 年第 4 期。
② 张晓玲:《论人权与主权的关系》,载《人权》2014 年第 8 期。

中有关不干涉他国内政的规定无法适用于人权领域方面,无法限制人权保护的国际化。其二,国家主权概念应当受到限制。传统的国家主权概念的秉持会妨碍对人权的国际化保护,因而主权已经成了一种过时的概念,无限制的主权现在已经不被认为是国家最宝贵的特性。国家可以自由对待本国国民,但要受国际法和特别是人权的国际保护原则的限制。一个较好的例子为联合国宪章中规定了联合国设立的宗旨是促进并激励各国对人权的尊重。联合国作为一个超国家的实体,它已经成功地制定了现代的人权标准,这就暗含了一种对国内管辖权的限制。[①] 其三,人道主义干涉合法。西方发达国家大多以英国当代国际法学家劳特派特的观点为例证。劳特派特在其修订的《奥本海国际法》一书中写道:"当主权国家的法律的制订或适用违反了起码的人权从而可以正当地被认为震动人类良知时,人道法则是高于主权国家的法律的。"[②]该理论把人道主义干涉作为人权国际保护战略的重要组成部分,认为国际社会有权对世界任何国家的人权状况予以关注和采取行动。

但发展中国家并不认可"人权高于主权说",而是赞同"主权高于人权说"。理由有以下几点。其一,人权属于一国的国内事务,它仅在一定范围内具有国际保护性,且人权的国际保护原则也是建立在对各个国家主权一致尊重、认可并相互合作、承担国际义务这些观念的认同之上。尽管人权保护在近几十年内被国际社会持续关注,但并不是就等同说否定了国家主权问题,互相尊重国家主权的原则始终是整个国际关系的基础。根据联合国的相关规定,人权的国际保护大多限于战争中侵犯人权的严重行为;种族灭绝、种族隔离、迫害难民以及恐怖主义活动;殖民主义、霸权主义行为;奴隶制度;或者严重违背对保护人类环境有根本重要性的国际义务等领域。[③] 除前述以外的其他人权事项在本质上都属于国内管辖,并不是国际法问题,不属于人权的国际保护范畴。其二,所谓"人道主义干涉"是非法的。"人道主义干涉"的本质是一种外交策略,是以人权事

---

① 沈宗灵、黄枬森主编:《西方人权学说》(下),四川人民出版社 1994 年版,第 497 页。
② 〔英〕劳特派特修订:《奥本海国际法》(上卷·第一分册),王铁崖、陈体强译,商务印书馆 1989 年版,第 220 页。
③ 参见 1977 年联合国大会第 32/130 号决议通过的《关于人权新概念的决议案》。

务问题为借口,超越一国主权权限,侵犯他国的主权,实际上违反了"互不干涉内政"这一国际法基本原则。以美国为首的西方发达国家以人权为幌子肆意干涉插手他国内政,其初衷并非真正为了维护他国人民的人权,而是意图实现自身掌控他国、获取他国经济与资源利益等特殊目的。"人权高于主权说"的实质是以人权问题为名,行干涉广大发展中国家内政之实,因此,广大发展中国家坚决抵制。

综观发展中国家与西方发达国家在当代人权理论方面的各项差异,可以这样说,人权本身就是一个具有多面向的事物,"人权在本质上就是将历史知识表述成为关于人类个性的知识。在这个意义上,人权的价值将是永恒的"。① 人权理论有可能表现出的面向也是多元化的,在不同的历史发展时期、基于不同的社会文化背景,自然权利可以被多种多样的表述理念呈现给全世界的人们,不同的观点相互之间时常进行争论、辩驳,甚至是制约或压制。不过真理越辩越明晰,东西方国家有关人权理论的不同观点、不同思考正是在交互作用与演替中,在吸收融合与排斥中不断丰富、充实与拓展自身理论的。当今世界发展形势已然进入全球化时代,如何直面东西方国家在人权问题上的差异,尽最大可能沟通与扩大人权问题上的国际共识,是使人权理论趋于完善的一个自身要求。

结　　语

自然权利思想可谓浩瀚如海,在西方社会的历史发展长河中,探讨过自然权利问题的思想家、学者不计其数。本书在前几章内容中撷取其中最具有代表性人物的自然权利思想加以条分缕析,勾画出自然权利理论的不同流派,旨在对自然权利理论作一个条块状的梳理与分析,力图展示自然权利理论的发展脉络与未来走向。黑格尔曾言,过程对理解结果来说是必不可少的。对于自然权利理论的发展过程来说亦是如此,其发展

---

① 林国荣:《历史上的人权》,广西师范大学出版社 2015 年版,第 159 页。

的每一个在后的阶段均包含着其之前的所有不同的发展阶段,那些曾经的历史阶段并不会由于新思想的出现而被完全取代。相反,正是那些各个不同发展阶段的自然权利观念一起共同构成并赋予了自然权利理论的全貌。同时,自然权利理论也在逐步以各种方式积极融入世界人权理论框架,以期影响、甚至主导世界人权理论的形成,它的这种自我发展的要求却使得自然权利理论自身呈现出多样化态势,反而日渐模糊,愈来愈不清晰了。

不过一旦揭开模糊的面纱,回顾整个西方世界历史,可以发现自然权利思想的演进史仍然存在一条清晰的发展线索,即"自然—自然法—自然权利—人的权利(人权)"这样一个明显的逻辑走向。在古希腊以及中世纪时期,"自然"一词更多地指向客观世界的发展规律这一特征,然而西方社会初步进入近代后,"自然"之观念开始发生某些特征性的转变,"自然"从一种规范性的特征逐渐转变为一堆经验性的特征,"自然"从宇宙的一般规律逐渐演变为人们天赋的理性能力。如此一来,人们对"自然法"的理解亦随之发生了改变。从英国思想家霍布斯开始,他认为每一个人在自然状态下必然会尽其所能地实现自我保全,[①]如何保障生活的和平性,人们会遵循理性找寻道路,这便引申出了"自然法",也即自然法在本质上演变成为了个人为实现自我保全这一最基本的"自然权利"而需要遵循的一系列法则,且人类可以凭借理性发现这些法则。霍布斯的学说与古代传统自然法中关于人仅仅是依附于自然秩序的这种观念相区别,他为传统自然法披盖上了理性主义外衣,并且使得传统自然法朝着世俗化方向演进。霍氏之后的洛克将自然法的内容进一步丰富,明确指出人们在自然状态下拥有生命权、自由权以及财产权这三项自然权利,这些权利来自自然,且是人类生来就有的、不可剥夺的和人人平等的。

如此一来,从格劳秀斯、霍布斯伊始,发展至洛克,于这一阶段内,自然法逐渐完成了向近代自然权利演化的进程。其中,由格劳秀斯首次提出了"自然权利"这一概念;霍布斯首次提出个人最基本的自然权

---

① [英]雷蒙德·瓦克斯:《法哲学:价值与事实》,谭宇生译,译林出版社2013年版,第7页。

利是自我保存权；洛克则首次将自然状态、自然法、自然权利串联起来加以系统的论证，形成了一个完整的自然权利论证链。并且在这一阶段内，以自然法为前提引述出来的社会契约论为近代有限政府的建立提供了理论铺垫，由此，自然法发展至近代遂呈现出明显的理性化与权利化特征。

在自然法向自然权利演进发展过程中，有关自然的内涵正随着社会的不断发展而同步发生着变化。相较于此前的自然法，近代以降的"自然"一词的概念发生了巨大变化，它已经不代表那种客观上的宇宙秩序了，自然法逐步从一种客观性的、不证自明的宇宙秩序的代表而演变为一种具备主观性的、人之为人所拥有的自然权利。这恰好印证了本书在之前章节内容中所论证的自然权利的论证范式由自然法朝着人的尊严转化的清晰过程。这一转变的重要意义在于，以人的尊严为世界各国人权问题探索的基础与平台，它能够解放长期以来套在自然权利上的外在客观性枷锁，有益于自然权利在当代社会的内涵转变与扩张。当个人的权利建立在人之为人的基础之上，我们便会发现，古典自然权利意义上的权利所指向的范围是有限的，它们仅仅包括个体所享有的一般性道德权利，而并未能够将人们在现代社会中的政治经济文化等方面的制度性权利涵盖进去。

随着"自然"一词内涵的衰败与无力，替代它的"人权"一词遂逐渐兴盛起来，从而实现了自然权利向人权的演进。"人权"一词由于它独有的延展性与包容性而容纳了人类在发现自我、认识自我、尊重自我、实现自我的过程中所提炼出来的个人应当享有的各项权利，它大大丰富了权利的类型，拓展了人类对权利的认识，人权得以成为个人权利对抗国家公权力的一件最有效的利器。当然，人权本身也是一个发展性的概念。如美国著名人权理论学者佩里（Michael J.Perry）认为人权理念可以分为两个构成部分，即一是每一个人都是神圣的，是不可侵犯的，或者说是每个人都是目的本身，具有内在的尊严和价值——所有世界性的人权文献都强调这一点，将其作为人权的根据。二是由于每个人都是神圣的，我们必须作出某些选择、拒斥某些选择，尤其是，某些事情是对任何人都不能做的，而有些其他的事情则是必须对每个人都要做的。① 佩里对于人权概念的阐析实际上是论述了西方国家人权含义发展的两个阶段,即 18—19 世纪时期较为强调的对抗政府的各种公民权利和政治权利以及 20 世纪中叶之后联合国《世界人权宣言》中进一步提出的依赖于政府供给的各项经济、社会、文化权利。显而易见的是,当代人权的重心已然由自由权为主向平等权为主的方向倾斜,且"整个人权的内容包含了各种权利与自由,其内涵十分丰富"。② 权利类型与自由理念的交织发展使得二者的外延均得到了不断拓展,共同铸就了当代人权理论的庞大体系。

　　总体而言,若上溯至古希腊的自然权利思想萌芽时期,自然权利理论发展至当代迄今已逾两千年,有一个漫长的人类思想结晶的过程,这段冗长的演进过程类似一条射线,随着人类历史发展,它也在同步进展。从 17 世纪近代欧洲首次形成天赋人权概念,自然权利理论的演变也历经了四百余年。自人类对于自我价值、人的尊严产生了肯定面的意识以来,这种人本思想穿越历史发展各阶段,从未中断,反而历久弥新,在一代又一代伟大的思想者加以传承与创新下逐步发展成为一套清晰的自然权利理论学说。随着世界经济政治的进一步发展,当代自然权利理论在融入世界人权理论的过程中也逐步呈现出多样化与世界化发展态势,如联合国一系列国际人权公约在很大程度上是在自然权利理论影响下出台的。

　　自然权利理论虽然产生于西方社会各国,可是并不意味着它仅仅属于西方社会智识;自然权利理论的产生虽然是建立在西方社会人文法律传统之上,可是并不意味着它只能适用于西方社会。简言之,自然权利理论中体现出的对于人权的肯定和尊重之精神是现代人类社会的共同精神财富,体现着现代法治的共同原则。任何现代国家,只要是推崇人权建设事业,必然都会遇到对于人权的概念、含义、类型等方面的理解问题。因而,主动借鉴自然权利理论的合理部分,不啻为一道探索中国特色人权理论制度建设之捷径。

---

① Michael J. Perry, *The Idea of Human Rights: Four Inquiries*, New York: Oxford University Press, 1998, pp.4 - 5, p.13.
② [美]塞缪尔·莫恩:《最后的乌托邦:历史中的人权》,汪少卿、陶力行译,商务印书馆 2017 年版,第 226 页。

自然权利理论中的合理因素概括起来主要包括以下几个方面。其一,自然权利理论以个人主义思想为基础,较为强调个人中心论,主张个人的权利和自由。反映在学理上,它注重从人权的来源角度论证人权的内容与发展,认为人权来自人性以及人之尊严,人是权利本身的基础和背景。在以人为本的思潮鼓励下,人权理论的内涵可以随着人们对自身的认识加深而不断得以扩展,从而具备较大的吸纳性与包容性,这一特性有助于人权理论的自我生长。自然权利理论中对于个体价值的重视和对个性自由的追求是中国传统文化观念中所缺失的,对这一价值的吸收有助于提升中国个人人权的地位。其二,自然权利理论中涉及个人与国家之间关系的阐述,为中国人权理论的深入研究提供了一个可资借鉴的全新视角。个人-国家关系是人权理论的背景性原理,近代人权概念正是作为国家权力的对立物而出现的,"所谓人的基本人权正是以禁止来自国家的干预、介入为内容的自由权为中心而构成的"。① 尽管人权的对立面并非仅仅是国家权力,但是国家权力可以说是人权主张的主要威胁。"人权标明了国家权力的边界,对立法机关的权力设置了一种限制,要求政府尊重人的尊严。"②人权概念的提出有两个进步目的,其一是为了防范国家权力的侵犯,其二是说明了国家权力的最终来源和根本目的。它要求国家权力不能侵犯人权,同时国家权力还要积极促进和保护人权的实现。自然权利理论既注重从权利本原角度探讨人权的产生、内容、发展,也注重从多个相关学科如哲学、政治学、社会学、历史学、人类学等不同视角对人权进行探讨,这些都对人权理论的形成、完善与系统化起到重要的作用,客观上推动了世界人权理论与实践的发展。

综上,近代自然权利观念起源于西方社会,在长期的历史发展过程中孕育出了丰富多样的自然权利理论,它是世界人权理论的重要组成部分。人权的本质——人之为人所应享有的权利,在不同的历史时期戴着不同的面具出现在人类历史发展舞台之上。随着社会实践的展开,这种权利

① 沈宗灵、黄枬森主编:《西方人权学说》(下),四川人民出版社1994年版,第73页。
② [瑞士]托马斯·弗莱纳:《人权是什么》,谢鹏程译,中国社会科学出版社2000年版,第3页。

理论不断自我完善,最终以"人权"二字定格在当代世界文明的话语中,成为世界文化瑰宝。人权思想在经历了数百年的发展演进后逐渐成为世界各国普遍接受的基本价值,它的内涵或许会因为不同的时代、社会、民族、阶级而有所区别,但是愈见明确的是,时至今日,尊重和保障人权已经成为全社会、全人类的一种共同的话语与思潮,其中蕴含着一种超越社会、超越民族、超越阶级的因素。全球一体化的进展使得自然权利理论在世界范围内被迅速加以推崇,为构建一种公平的、正义的社会奠定了基础。第二次世界大战后,随着以《世界人权宣言》为代表的一系列国际人权公约的相继通过,全世界人民对民主与和平的要求不断高涨,推动世界人权理论的新发展,尊重和保障人权俨然成为世界政治发展的主题,人权成为世界各国人民交流对话的共通言语,人权问题成为各国展开各项事务合作的沟通桥梁,人权理论越来越具有国际共识性。世界上每一个国家都应当尊重和保障人权,将人权作为努力奋斗并最终实现的理想和目标。

为构建一套更加完善的人权理论,广大发展中国家也应当积极参与这一进程。这就需要真正深入了解自然权利理论及其演化定型的人权理论,以便在了解的基础之上对其不足之处加以有力批判,并形成自身完备的人权观点与人权理论,从而更好地因应发达国家与发展中国家之间在有关人权基本问题上的各种冲突,尽力化解分歧,共同推进世界人权理论和谐、有序、持续与健康发展。

就中国而言,中国特色人权观及人权理论形成的过程也是与自然权利或者说人权理论交互碰撞、斗争的一个长期的过程,在这一交互过程中,二者之间虽然存在较大争议之处,但也并非完全不兼容。我们可以通过研究自然权利理论的形成过程,借鉴其中的合理因素,并与中国的主导思想马克思主义人权理论以及中国本土人权思想及人权理论相结合,从而形成一系列完整的中国特色人权观及人权理论。

参考文献

一、著作

1. ［德］阿图尔·考夫曼、温弗里德·哈斯默尔主编：《当代法哲学和法律理论导论》，郑永流译，法律出版社 2002 年版。

2. ［德］黑格尔：《法哲学原理》，范扬、张企泰译，商务印书馆 1982 年版。

3. ［德］黑格尔：《黑格尔政治著作选》，薛华译，商务印书馆 1981 年版。

4. ［德］黑格尔：《小逻辑》，贺麟译，商务印书馆 1980 年版。

5. ［德］康德：《纯粹理性批判》，蓝公武译，商务印书馆 1960 年版。

6. ［德］康德：《道德形而上学探本》，唐钺译，商务印书馆 1957 年版。

7. ［德］康德：《法的形而上学原理》，沈叔平译，商务印书馆 1991 年版。

8. ［德］康德：《实践理性批判》，韩水法译，商务印书馆 1999 年版。

9. ［法］卢梭：《论人类不平等的起源和基础》，李常山译，商务印书馆 1997 年版。

10. ［法］卢梭：《社会契约论》，何兆武译，商务印书馆 2003 年版。

11. ［法］马里旦：《人和国家》，霍宗彦译，商务印书馆 1964 年版。

12. ［法］孟德斯鸠：《论法的精神》，张雁深译，商务印书馆 1987 年版。

13. ［芬］罗明嘉：《奥古斯丁〈上帝之城〉中的社会生活神学》，张晓梅译，中国社会科学出版社 2008 年版。

14. ［古罗马］奥古斯丁：《上帝之城》（上），王晓朝译，人民出版社 2006 年版。

15. ［古罗马］奥古斯丁：《上帝之城》（下），王晓朝译，人民出版社 2006 年版。

16. ［古罗马］西塞罗：《国家篇　法律篇》，沈叔平、苏力译，商务印书馆 1999 年版。

17. ［古希腊］柏拉图：《柏拉图全集》，王晓朝译，人民出版社 2002 年版。

18. ［古希腊］柏拉图：《理想国》，郭斌和、张竹明译，商务印书馆 1986 年版。

19. ［古希腊］色诺芬：《回忆苏格拉底》，吴永泉译，商务印书馆 1984 年版。

20. ［古希腊］修昔底德：《伯罗奔尼撒战争史》，谢德风译，商务印书馆 1978

年版。

21.〔古希腊〕亚里士多德：《尼各马可伦理学》，廖申白译注，商务印书馆 2003 年版。

22.〔古希腊〕亚里士多德：《雅典政制》，日知、力野译，商务印书馆 1999 年版。

23.〔古希腊〕亚里士多德：《政治学》，吴寿彭译，商务印书馆 1997 年版。

24.〔荷兰〕斯宾诺莎：《神学政治论》，温锡增译，商务印书馆 1996 年版。

25.〔美〕L. 亨金：《权利的时代》，信春鹰等译，知识出版社 1997 年版。

26.〔美〕E. 博登海默：《法理学：法律哲学与法律方法》，邓正来译，中国政法大学出版社 2017 年版。

27.〔美〕阿伦·布洛克：《西方人文主义传统》，董乐山译，三联书店 1997 年版。

28.〔美〕爱德华·S. 考文：《美国宪法的"高级法"背景》，强世功译，北京大学出版社 2015 年版。

29.〔美〕菲利普·方纳编：《杰斐逊文选》，王华译，商务印书馆 1963 年版。

30.〔美〕菲利普·李·拉尔夫等：《世界文明史》（上），赵丰等译，商务印书馆 1998 年版。

31.〔美〕菲利普·J. 阿德勒、兰德尔·L. 波韦尔斯：《世界文明史》（第四版），林骧华等译，上海社会科学院出版社 2012 年版。

32.〔美〕吉尔贝·希纳尔：《杰斐逊评传》，王丽华等译，中国社会科学出版社 1987 年版。

33.〔美〕科斯塔斯·杜兹纳：《人权的终结》，郭春发译，江苏人民出版社 2002 年版。

34.〔美〕列奥·施特劳斯、约瑟夫·克罗波西主编：《政治哲学史》（上），李天然等译，河北人民出版社 1993 年版。

35.〔美〕列奥·施特劳斯、约瑟夫·克罗波西主编：《政治哲学史》（下），李天然等译，河北人民出版社 1993 年版。

36.〔美〕列奥·施特劳斯：《霍布斯的政治哲学》，申彤译，译林出版社 2001 年版。

37.〔美〕列奥·施特劳斯：《自然权利与历史》，彭刚译，生活·读书·新知三联书店 2003 年版。

38.〔美〕罗纳德·德沃金：《认真对待权利》，信春鹰、吴玉章译，上海三联书店 2008 年版。

39.〔美〕罗斯科·庞德：《法理学》（第一卷），邓正来译，中国政法大学出版社 2004 年版。

40.〔美〕罗斯科·庞德：《通过法律的社会控制》，沈宗灵译，商务印书馆 2010 年版。

41. [美] 乔治·萨拜因:《政治学说史》(上册),盛葵阳、崔妙因译,商务印书馆 1986 年版。

42. [美] 乔治·萨拜因:《政治学说史》(下册),刘山等译,商务印书馆 1986 年版。

43. [美] 乔治·萨拜因:《政治学说史:城邦与世界社会》,邓正来译,上海人民出版社 2015 年版。

44. [美] 梯利:《西方哲学史》,葛力译,商务印书馆 1995 年版。

45. [美] 约翰·罗尔斯:《万民法》,张晓辉等译,吉林人民出版社 2001 年版。

46. [美] 约翰·罗尔斯:《正义论》(修订版),何怀宏等译,中国社会科学出版社 2009 年版。

47. [苏联] 涅尔谢相茨:《古希腊政治学说》,蔡拓译,商务印书馆 1991 年版。

48. [意] 阿奎那:《论法律》,杨天江译,商务印书馆 2016 年版。

49. [英] 哈特:《法理学与哲学论文集》,支振锋译,法律出版社 2005 年版。

50. [英] A. J. M. 米尔恩:《人的权利与人的多样性——人权哲学》,夏勇、张志铭译,中国大百科全书出版社 1995 年版。

51. [英] 边沁:《道德与立法原理导论》,时殷弘译,商务印书馆 2000 年版。

52. [英] 边沁:《政府片论》,沈叔平等译,商务印书馆 1995 年版。

53. [英] 哈特:《法律的概念》(第二版),许家馨、李冠宜译,法律出版社 2011 年版。

54. [英] 哈特:《哈特论边沁——法理学与政治理论研究》,谌洪果译,法律出版社 2015 年版。

55. [英] 霍布斯:《利维坦》,黎思复、黎廷弼译,商务印书馆 1985 年版。

56. [英] 雷蒙德·瓦克斯:《法哲学:价值与事实》,谭宇生译,译林出版社 2013 年版。

57. [英] 罗素:《西方哲学史》(上卷),何兆武、李约瑟译,商务印书馆 1963 年版。

58. [英] 罗素:《西方哲学史》(下卷),马元德译,商务印书馆 1976 年版。

59. [英] 洛克:《政府论》(下篇),叶启芳、瞿菊农译,商务印书馆 1996 年版。

60. [英] 梅因:《古代法》,沈景一译,商务印书馆 1984 年版。

61. [英] 休谟:《人性论》(下册),关文运译,商务印书馆 1980 年版。

62. [英] 休谟:《休谟政治论文选》,张若衡译,商务印书馆 1993 年版。

63. [英] 约翰·菲尼斯:《自然法和自然权利》,董娇娇等译,中国政法大学出版社 2005 年版。

64. [英] 约翰·密尔:《论自由》,许宝骙译,商务印书馆 1998 年版。

65.《阿奎那政治著作选》,马清槐译,商务印书馆 1963 年版。

66.《潘恩选集》,马清槐等译,商务印书馆 1981 年版。

67. 邓正来译编:《西方法律哲学文选》(上),法律出版社 2008 年版。

68. 侯健、林燕梅:《人文主义法学思潮》,法律出版社 2007 年版。

69. 黄颂:《西方自然法观念研究》,华中师范大学出版社 2005 年版。

70. 梁志学:《费希特青年时期的哲学创作》,中国社会科学出版社 1991 年版。

71. 梁志学主编:《费希特著作选集》(第一卷),梁志学等译,商务印书馆 1990 年版。

72. 吕世伦主编:《现代西方法学流派》(上卷),西安交通大学出版社 2016 年版。

73. 沈宗灵:《现代西方法理学》,北京大学出版社 2009 年版。

74. 徐爱国:《法学的圣殿:西方法律思想与法学流派》,中国法制出版社 2016 年版。

75. 杨天江:《马里旦——自然法的现代复归》,黑龙江大学出版社 2013 年版。

76. 张定河、白雪峰:《西方政治制度史》,山东人民出版社 2003 年版。

77. 张桂林:《西方政治哲学》,中国政法大学出版社 1999 年版。

78. 张乃根:《西方法哲学史纲》(第四版),中国政法大学出版社 2008 年版。

79. 张文显:《当代西方法学思潮》,辽宁人民出版社 1988 年版。

80. 张志伟:《康德的道德世界观》,中国人民大学出版社 1995 年版。

81. 赵敦华:《西方哲学简史》(修订版),北京大学出版社 2012 年版。

82. Andrew Clapham, *Human Rights: A Very Short Introduction*, second edition, Oxford University Press, 2015.

83. Brian Tierney, *The Idea of Natural Rights: Studies on Natural Rights, Natural Law and Church Law 1150 - 1625*, Atlanta: Emory University Scholars Press, 1997.

二、论文

84. 何志鹏:《"自然的权利"何以可能》,载《法制与社会发展》2008 年第 1 期。

85. 陈林林:《从自然法到自然权利》,载《浙江大学学报》(人文社会科学版)2003 年第 2 期。

86. 董晓杰等:《法国大革命:自然权利理论的实践与反思》,载《浙江社会科学》2013 年第 10 期。

87. 何志鹏:《非自然权利论》,载《法制与社会发展》2005 年第 3 期。

88. 田夫:《菲尼斯新古典自然法理论的渊源》,载《国家检察官学院学报》2013 年第 4 期。

89. 王庆新:《近代西方自然法和自然权利的演变》,载《贵州社会科学》2019 年第 2 期。

90. 申建林:《论马克思对自然权利理论的质疑和超越》,载《政治学研究》2005 年第 2 期。

91. 薄振峰：《权利的发现——罗马法中权利概念的萌芽》，载《北方法学》2020 年第 4 期。

92. 方新军：《权利概念的历史》，载《法学研究》2007 年第 4 期。

93. 程萌：《生命、财产和自由：从自然法到人权理论》，载《理论观察》2019 年第 1 期。

94. 胡玉鸿：《天赋人权论自洽性之商榷》，载《现代法学》2021 年第 4 期。

95. 陈根发：《新自然法学与人权理论》，载《浙江学刊》2005 年第 1 期。

96. 韩振文：《中国特色人权理论的法理重述——从自然权利到马克思主义"类本质"权利》，载《法治现代化研究》2021 年第 1 期。

97. 孟锐峰：《自然法：洛克社会契约理论的基石》，载《学术交流》2017 年第 8 期。

98. 陆幸福：《自然法理论的认识论难题》，载《法制与社会发展》2019 年第 2 期。

99. 陈驰：《人权思想的哲学基础及其历史解读》，载《四川师范大学学报》(社会科学版)2004 年第 6 期。

100. 陈义平：《论古希腊罗马的公民政治哲学》，载《南京政治学院学报》2006 年第 2 期。

101. 谌洪果：《法律实证主义的功利主义自由观：从边沁到哈特》，载《法律科学》2006 年第 4 期。

102. 丛日云：《西方政治法律传统与近代人权学说》，载《浙江学刊》2003 年第 2 期。

103. 傅有德：《希伯来〈圣经〉正义：观念、制度与特征》，载《文史哲》2014 年第 1 期。

104. 黄洋：《希腊城邦政治与西方法治传统的建立》，载《经济社会史评论》2015 年第 2 期。

105. 李步云：《论人权的本原》，载《政法论坛》2004 年第 2 期。

106. 李步云：《论人权的三种存在形态》，载《法学研究》1991 年第 4 期。

107. 李国亮：《简论人权思想的起源与演变》，载《中外法学》1991 年第 5 期。

108. 苗贵山：《自然法理论的嬗变与近代人权观的确立》，载《辽宁大学学报》(哲学社会科学版)2006 年第 2 期。

109. 齐延平：《论古希腊哲学中人权基质的孕育》，载《文史哲》2010 年第 3 期。

110. 齐延平：《论西塞罗理性主义自然法思想》，载《法学论坛》2005 年第 1 期。

111. 胜雅律：《人权概念在联合国的发展》，载《人权》2009 年第 1 期。

112. 汪小珍：《从基督教圣经看人权》，载《太平洋学报》2009 年第 2 期。

113. 徐显明：《人权的体系与分类》，载《中国社会科学》2000 年第 6 期。

114. 徐显明：《对人权的普遍性与人权文化之解析》，载《法学评论》1999 年第 6 期。

115. 杨共乐：《古代希腊城邦特征探析》，载《北京师范大学学报》（社会科学版）2008 年第 6 期。

116. 张乃根：《论西方法的精神》，载《比较法研究》1996 年第 1 期。

117. 周濂：《后形而上学视阈下的西方权利理论》，载《中国社会科学》2012 年第 6 期。

118. 周叶中、胡伟：《论古典自然法思想对近现代宪法与宪政的影响》，载《法学家》1997 年第 6 期。

119. Brian Tierney，"The Idea of Natural Rights-Origins and Persistence"，*Northwestern Journal of International Human Rights*，Vol.2(Spring 2004)。

120. H. D. Hazeltine. The Influence of Magna Carta on American Constitutional Development，*Columbia Law Review*，1917，Vol.17，No.1.

后　记

　　本书的形成基础是我在复旦大学法学院从事博士后研究期间完成的出站报告,其后经过多次修改与完善,现终于行将付梓。回想书稿成文过程中的点点滴滴,许多记忆清晰又深刻。

　　博士后出站,我入职上海师范大学哲法学院。作为大学教师,给学生们讲授宪法学、立法学、行政法学等课程。在授课和研究过程中,我对熟悉的法律时常会产生新的感悟,正所谓常学常新。尤其是宪法这个部门法,我的体会是对它的专研也许不能仅仅停留在宪法文本、宪法规范的学习中,还应将其与人民生活实际联系起来,与国家整体治理体系和治理能力的现代化联系起来,关注民生,关照社会现实,做到研究厚度与高度两者兼备兼顾。

　　宪法的核心价值就是尊重和保障人权。2022年,党的二十大报告肯定了"坚持走中国人权发展道路,积极参与全球人权治理,推动人权事业全面发展"。我们知道,人权一词最早并非源自中国,它是近代中国与西方社会接触之后,从西方引进而来,如同一颗坚强的种子,落入中国,逐步生根发芽、苗壮成长,并形成了自己的一脉体系。中国特色人权事业的发展并不意味着与西方社会的人权及其理论基础自然权利理论简单割裂开来,对自然权利理论历史嬗变过程中各种学说的全面梳理,有助于我们对该理论的完整了解与深入剖析,从而超越其自身的历史局限性,让人权理论在中国广袤大地上与本国国情充分融合,不断丰盈充实,最终形成完善的中国特色社会主义人权理论。此即本书写作的初衷。

　　本书的出版得到以下多家机构和多位师友的帮助,特此记录下来,感怀在心。

　　感谢复旦大学法学院为我提供周全的科研环境,在那里的学习生活平和又充实,教人难忘。感谢我的工作单位上海师范大学,哲法学院对青年学者科研工作给予全力支持,并为本书提供出版资助。学院里的同事们经常相互探讨、彼此鼓励,友好的工作氛围滋养出欣欣向上的持续创造力。

　　今年年初,我有幸来到上海市人大教科文卫委立法监督处挂职工作。人大本身就是人权保障的最佳实践场域,在人大工作的这段经历让我对诸如中国特色社会主义法治、全过程人民民主、人权保障等宪法相关核心理念制度机制有了更加生动鲜活、更为深刻严谨的认识。谢谢多位领导、同事的指导和关心,让我不断取得新的成果与新的进步。

　　最后,感谢中国出版集团东方出版中心张爱民编审和黄驰编辑,他们对书稿的肯定以及细致认真的编辑工作促使本书得以顺利付梓。

　　个人经历放入时代洪流中都是微不足道的,不过还是盼望本书能给各位读者带去些许心得或者思考,足矣。

张　晗

2023 年 4 月